한국인과 영어

한국인과 영어

한국인은 왜
영어를 숭배하는가

강준만 지음

한국인의
영어 전쟁

어느 날 심심해서 케이블 채널을 여기저기 돌려보다가 어느 출연자가 한국인의 '영어 유학'과 관련해 재미있는 이야기를 하는 걸 들었다. 영어 유학을 가는 영어권 국가들 사이에 존재하는 서열에 관한 이야기였다. 학부모가 금전적 이유 때문에 아이를 미국이나 영국이 아닌 다른 영어권 국가들로 유학을 보내면 그 나라의 수준에 따라 유학을 가는 학생의 등급도 결정된다는 그런 이야기였다.

영어만 잘 배우면 됐지, 어느 나라에서 배우든 그게 무슨 상관이야? 이렇게 생각했던 사람들에겐 쓸쓸한 이야기겠지만, 징그러울 정도로 서열을 따지는 한국의 서열 문화와 더불어 한국에서 벌어지고 있는 '영어 전쟁'의 실상을 보고 있노라면 그럴 법한 이야기라는 생각이 들었다. 대학 입시 전쟁이 이른바 '능력주의meritocracy'의 가면을 쓴 적나라한 계급투쟁이듯이, 영어 전쟁 또한 그러하다. 신문에 보도된, 영어 전쟁의 10가지 전투 장면을 감상해보기로 하자.

에피소드 • 1 "A(17) 군은 매일 아침 양부모가 사는 서울 용산구 한남동으로 향한다. 양부모 집 앞으로 오는 스쿨버스를 타야 하기 때문이다. A 군은 2년 전 용산 미군 부대에서 일하는 미국인 양부모에게 입양됐지만 사실은 친부모와 함께 살고 있다. 미군 부대 내 외국인 학교를 보내기 위해 친부모가 미국인에게 '허위 입양'을 시킨 것이다. 서울 용산 등 미군 부대 안의 미국인 학교에 보내기 위해 자녀를 미국인에게 입양까지 시키는 한국 부모들이 있는 것으로 확인됐다. 멀쩡한 부모가 자신의 자녀를 미군 및 미군속 등 미국인의 아이로 둔갑시키는 것이다. 이 과정에서 친부모와 양부모 사이에 불법적 돈 거래가 이뤄지고 있는 것으로 파악됐다.……서울 용산 미8군에 있는 서울미국인고등학교SAHS의 경우 지난해 9월 현재 전체 656명의 학생 중 아시아계가 195명으로 30%를 차지했다. 백인 학생 192명(29%), 여타 인종 학생 155명(24%) 순이다. 아시아계는 거의 다 한국계 학생이다.……서울 이태원의 이민 수속 대행 사무소에서 만난 입양 전문 브로커 P 씨는 '혈연관계가 아닌 입양의 경우 약 2억 원(미화 15만 달러) 안팎에 거래가 이뤄진다'고 밝혔다. 그는 '입양할 미국인을 구하지 못해서 그렇지, 자녀를 입양시키려는 한국 부모는 줄을 섰다. 다들 미8군 학교에 보내려고 난리다'라고 말했다. 그는 '입양 후 3년이 지나면 시민권도 얻을 수 있다'며 '한때 한 달에 10여 명의 입양 수속을 밟아준 적도 있다'고 했다."[1]

에피소드 • 2 "연전에 인도에 있는 유명한 영어기숙학교를 방문했다가 재학생의 절반이 한국인이어서 놀란 적이 있다. 맹모를 능가하는 한국 엄마들의 교육에 대한 열성이 어제오늘의 현상은 아니지만 세상과 차단된 그 먼 히말라야 산중의 기숙학교에서 그들을 보니 반가움에 앞서 복잡한 생각이 뇌리를 스쳤다.

국제적으로 알려진 그 학교뿐 아니라 영어로 수업을 진행하는 인도의 웬만한 '좋은 학교'에서도 한국 학생들을 얼마든지 만날 수 있다."[2]

에피소드 • 3 "서울경찰청 광역수사대는 23일 휴대전화 문자메시지와 무선 차임벨을 이용, 토익 수험생에게 답을 전송해주고 5,000여만 원을 챙긴 김 모 씨(42)와 박 모 씨(31)를 업무방해 혐의로 구속했다. 이 모 씨(22·여) 등 수험생 28명도 같은 혐의로 불구속 입건했다. 경찰에 따르면 김 씨 등은 지난 2~5월에 실시된 194~197차 토익시험에서 수험생들에게 답을 제공하는 대가로 1인당 200만~300만 원씩 받아 총 5,000여만 원을 챙긴 혐의를 받고 있다. 경찰조사 결과 이들은 인터넷 취업·영어 카페에 '토익 고득점 보장'이라는 글을 올려 수험생을 끌어모은 것으로 밝혀졌다. 이들은 정답을 수집·전파하는 역할을 각각 분담하고 수험생 사전 교육을 하는 등 치밀하게 성적 조작을 준비했다. 27년간 미국에 거주해 영어에 능통한 박 씨는 직접 토익에 응시, 수험생들과 동시에 시험을 치르면서 무선 차임벨을 통해 고사장 근처 차 안에 대기 중인 김 씨에게 답을 보냈다. 차임벨을 한 번 누르면 답이 1번, 두 번 누르면 답이 2번이라고 알리는 식이었다."[3]

에피소드 • 4 "서울 강남구 청담동의 한 영어유치원은 수업료와 식비 등으로 1개월에 150만 원이 든다. 연간 1,800만 원으로 올해 국립대 연평균 등록금(416만 원)의 4.3배가 넘는다. 서울 서초구에 있는 한 유치원도 점심과 통학버스 비용이 월 98만 원이고, 여기에 6개월간 재료비 20만 원, 교재비 40만~60만 원 등 연간 1,300만 원이 들어간다. 통상 영어유치원에 2년 이상 다니고, 이와 별도로 피아노 · 태권도 등 각종 예체능 교육 비용이 추가된다는 점을 감안하면 초등학교 입학 전에 아동 1명당 투입되는 사교육 비용은 5,000만 원을 넘어선다."[4]

에피소드 • 5 "서울여대가 1995년부터 마련하는 여름방학 영어 합숙 훈련 '스웰Swell'은 '악명 높기'로 유명하다. 전국 10여 개 대학이 하계 영어 합숙 프로그램을 내놓고 있지만 빡빡한 교육 일정과 군대 뺨치는 엄격한 규율 면에서 서울여대의 스웰을 따르지 못한다. 수강생 대부분은 대학 3~4학년 취업 준비생들이다. 서울 · 부산 · 대구 · 인천은 물론 멀리 거제도에서 올라온 학생도 있다. 6월 30일 입소한 이들은 '8일까지 40일 동안 우리는 영어의 노예'라고 말했다. 수강료는 280만 원. 요즘 같은 경제난 속에서 만만치 않은 금액이다.……박재령(19 · 인하대 1년) 씨는 '한참 자고 있는데 감독관이 들어와 한국말로 잠꼬대를 했으니 벌점을 받으라고 해서 깜짝 놀랐다'고 했다. 같은 학교의 이형원(19) 씨는 '영어 스트레스가 극심하다'며 '얼마 전에는 가위에 눌렸는데, 꿈에 나온 귀신조차 영어로 말하고 있었다'고 했다. 한국말을 사용하는 것이 적발되면 벌점 10점이다. 수업이나 저녁 점호 시간에 늦어도 벌점을 받는다. 몰래 휴대전화를 사용하면 정학이다. 수강생 중 20~30%는 중간에 낙오한다. 벌점이 25점을 넘으면 집으로 '경고장'이 날아간다. 스웰 프로그램을 운영하는 정인주(55) 외국어교육원 부원장은 '벌점이 40점을 넘으면 2박 3일 정학을 맞는다'며 '정학 두 번이면 합숙소를 나가야 한다'고 했다. 매주 집으로 성적표가 배달된다. 100점 만점에서 평균 75점을 넘지 못하면 교육을 마쳐도 수료증을 받지 못한다."[5]

에피소드 • 6 "미국 워싱턴DC 근교의 솔즈베리대학교 정치학과 교수인 남태현(42) 씨. 2010년 여름, 세 자녀를 데리고 9년 만에 한국을 찾았다. 기왕 고국을 찾았으니 자녀들이 한국말이라도 배우기를 바랐다. 하지만 서울에 머문 한 달 동안 이상한 일이 벌어졌다. 놀이터에서 만난 한국 아이들은 한결같이 영어로 말하고 있었다. 영어유치원이나 외국어학교에 다닌다는 그 아이들 앞에서 한국 친구와 사귀며 한국말을 배우리라는 기대는 수포가 되고 말았다. 자녀들의 영어 능력 성취를 위해서라면 부모들이 모든 것을 희생할 것 같은 기세에 놀란 그는 미국으로 돌아가 한국 사회의 '영어 망국병'을 다룬 『영어 계급사회』(도서출판 오월의 봄)를 집필했다."[6]

에피소드 • 7 "서울 목동의 태권도 학원. 도복을 입은 6~7세의 어린이들이 30대 후반으로 보이는 관장에게 '굿 애프터눈, 서' 하고 허리 굽혀 인사하자 수업이 시작됐다. '프런트 킥(앞차기)을 해볼까? 자, 이번엔 선생님을 봐. 스트레치 유어 레프트 암stretch your left arm(왼팔을 뻗어).'……세계 어느 나라를 가든 태권도는 종주국 언어인 한국어로 가르치는데, 정작 한국에서는 영어로 태권도를 가르치고 있는 것이다. 영어 교육 전문가들은 '대한민국에는 전 세계 가능한 영어 교육 모델은 다 있다'고 말한다. '태글리시(태권도+잉글리시)' 뿐 아니라 영어발레, 영어미술, 영어요리도 가능하면 더 어릴 때, 최대한 많은 시간 자녀를 영어에 노출시키고 싶어 하는 부모들의 욕구를 발판으로 큰 인기를 끌고 있다."[7]

에피소드 • 8 "스펙 열풍, 토익 광풍이 어제오늘만의 이야기는 아니다. 토익 학원가는 성수기면 경쟁에 불이 붙어 각종 이벤트와 강의 '세트메뉴' 등을 구성해 선보이고, 온라인 강의 시장 규모도 지속적으로 커지고 있다. 이런 가운데 최근에는 토익 점수에 돈을 거는 '신개념' 애플리케이션까지 등장해 이목을 끌고 있다. 이용 방법은 먼저 이전에 받은 토익 점수 이상의 목표 점수를 설정하고 2,000원~1만 원 상당의 금액을 건다. 만일 다음 시험 때 이 목표 점수 이상을 달성하면 걸었던 금액의 최대 5배에 이르는 성과금을 환급받는 것. 이 같은 토익 목표 달성 서비스는 이른바 '토익펀딩'이라고 불리며 토익 응시자들에게 학습 동기를 부여하고 흥미를 돋워준다는 이유로 성행하고 있다."[8]

에피소드 • 9 "요즘 버스나 지하철에서 한국어가 아닌 영어로 대화하는 아이와 엄마의 모습을 어렵지 않게 발견할 수 있다. 유치원복을 입은 아이가 영어 문장을 구사하는 것을 보는 엄마의 표정에는 흡족한 미소가 가득하다."[9]

에피소드 • 10 "'토익 성적표 위조합니다'라는 인터넷 게시글이 급증하고 있다. 상반기 취업 기간에 접어들면서 토익 성적표나 각종 자격증 위조를 알선하는 인터넷 게시글이 급증해 방송통신심의위원회가 '피해주의보'를 내렸다. 심의위는 지난 1월부터 26일까지 문서위조 게시글을 중점 모니터링한 결과, 두 달간 총 505건에 대해 시정요구 조치를 했다고 밝혔다. 이는 지난해 1~2월과 비교해 2배 이상 증가한 수준이다. 문서위조 정보에 대한 시정요구는 2011년 864건, 2012년 1,467건, 2013년 1,842건으로 해마다 증가하는 추세다."[10]

복잡하게 이야기할 것 없이, 이상 소개한 10개 에피소드는 한국인의 영어 교육열이 '영어 전쟁'이라 불러도 좋을 정도라는 걸 잘 말해준다. 어느덧 50만을 넘어선 이른바 '기러기 가구'도 실은 영어 전쟁의 산물이다. 학부모가 어린 자녀를 유학 보내는 국가들이 거의 대부분 영어권 국가이기 때문이다. "공부는 잘 못하더라도 영어라도 하나 제대로 배워오겠지"라는 생각을 해보지 않은 기러기 부부가 얼마나 있을까? 기러기 아빠의 77.8퍼센트가 영양불량에 시달리고 있으며, 29.8퍼센트는 "우울함을 느낀다"는 2012년의 한 연구 결과를 보자면, 영어 전쟁은 전쟁이되 참으로 처절한 전쟁이다.[11]

이런 영어 전쟁의 현실에 대해 혀를 끌끌 차며 개탄을 금치 못하는 사람이 많다. 그런데 흥미로운 건 공개적으로 개탄조의 발언을 하는 이들은 다 영어를 잘했기 때문에 그렇게 발언할 수 있는 자리에 오른 사람들이라는 점이다. 또 자식의 영어 교육만큼은 '개탄'보다는 '열정'으로 대한다는 점이다. 사정이 그러하니 괜히 핏대 올릴 것 없이 담담하고 차분한 자세로 한국 '영어 공부의 역사'나 살펴보기로 하자.

「맺는말」에서 자세히 말하겠지만, 나는 한국 사회를 휩쓸고 있는 '영어 열풍' 또는 '영어 광풍'에 대해 기존 주장들과는 좀 다른 시각을 제시하려고 한다. 그렇긴 하지만, 이 책은 기록에 무게를 두고 있다. 이 책은 나의 '한국 사회문화사 시리즈' 가운데 15번째 책이다. 한국 사회의 모든 것을 역사적 기록으로 남기겠다는 나의 뜻에 지지와 격려를 아끼지 않은 독자들께 깊이 감사의 말씀을 드린다.

2014년 4월

강준만

차례

머리말 한국인의 영어 전쟁 • 5

제1장 영어는 처음부터 '권력'이었다 개화기~일제강점기

1816년 최초의 영어 교육 • 17   김대건, 최한기, 개신교 선교사들 • 19   '영어 천재' 윤치호 • 22
1883년 보빙사 미국 파견 • 23   알렌 · 아펜젤러 · 언더우드의 입국 • 26   육영공원 · 배재학당 · 이화
학당 개교 • 28   1888년 주미 한국공관 설립 • 31   영어로 출세한 이하영과 이완용 • 33   배재학당
의 영어 교육 • 35   '영어의 달인' 이승만 • 37   출세 도구로서의 영어 • 39   『대한매일신보』의 활약
• 43   이상설의 영어와 이완용의 영어 • 44   '삼인칭'의 뜻을 알게 된 양주동의 '미칠 듯한 기쁨' •
46   『동아일보』· 『조선일보』의 영문란 설치 • 48   "이제 영어 모르면 패배자됩니다" • 50   사교권
장악 수단으로서의 영어 • 52   진주만 폭격 이후 영어는 복음의 소리 • 53

제2장 영어는 '시대정신'이었다 해방 정국~1950년대

해방 정국의 공용어가 된 영어 • 59   '통역정치'의 전성시대 • 61   영어는 최대의 생존 무기 • 64
'사바사바'의 성행 • 66   6 · 25전쟁과 영어 • 67   '샌프란시스코'는 마력적인 상징 • 70   미국 지향
성은 시대정신 • 72   AFKN과 YMCA의 활약 • 75

제3장 영어는 '선택'이 아닌 '필수'였다 1960~1980년대

미군과 영어로 통해야 권력을 잡는다 • 79   "조국을 버린 자들"? • 81   수출 전쟁 체제하에서의 영
어 • 84   박정희의 '문화적 민족주의' • 87   1970년대의 '조기 영어 교육' 논쟁 • 89   "빠를수록 좋
다" VS "주체적 인간" • 90   영어는 '선택'이 아닌 '필수' • 92

제4장 세계화 시대에 영어 광풍이 불다 1990년대

'영어 격차'의 소외감 • 99   조기 유학 붐 • 102   〈톰과 제리〉 논쟁 • 104   국제화 바람 • 106   어머
니 90퍼센트가 찬성한 조기 영어 교육 • 108   세계화 바람 • 111   '카투사 고시'와 '토익 신드롬' •
114   '바람난 조기 영어 교육' • 117   "이대 신방과 94학번들이 절반도 안 남은 까닭은" • 119   세
계화의 파국적 결과 • 121   복거일의 영어 공용화론 • 123   박노자의 '영어 공용화론의 망상' • 125
기업이 선도한 '영어 열풍' • 126

제5장 "한국에서 영어는 국가적 종교다" 2000~2002년

"토플과 토익만 잘해도 대학에 갈 수 있다" • 133 "영어 하나만 제대로 배워오면 성공이지요" • 135 "민족주의자들이여! 당신네 자식이 선택하게 하라" • 137 '영어 자본-영어 권력 시대' • 139 영어와 대중문화 • 141 "영어! 영어! 영어!……요람에서 무덤까지 '영어 스트레스'" • 144 '영어 열풍 이렇게 본다' • 147 영어 시장은 연간 4~5조 원 규모 • 149 "한국 영어 배우기 국가적 종교 방불" • 151 '우리에게 영어는 무엇인가' • 154 토익 산업의 팽창 • 155

제6장 영어, 정치와 유착하다 2003~2007년

영어캠프 · 영어마을 붐 • 149 거리로까지 뛰쳐나간 영어 • 163 '대한민국은 그들의 천국인가?' • 166 '영어가 권력이다' • 169 '2006, 대한민국 영어 보고서' • 171 '영어 인증 시험 열풍' • 173 계속되는 '토플 대란' • 176 '영어에 홀린 한국' • 178 '스파르타식 학원 성황' • 181 '영어 사교육 부추기는 빗나간 대선 공약' • 183

제7장 '영어 망국론'이 등장하다 2008~2014년

영어로 회의하는 '뚱딴지' 서초구청 • 189 "영어 잘하면 군대 안 간다" • 191 '오렌지와 아린지' 파동 • 194 '신해철'인가, '박진영'인가 • 196 영어 몰입교육 파동 • 198 '영어 망국론' • 200 "한국에선 영어가 '종교'나 다름없죠" • 202 '영어에 미친 나라' • 205 '복지 예산 깎아 영어 교육' • 208 "영어가 입에 붙은 '아린지 정권'" • 210 "영어에 '고문' 당하는 사회" • 212 '토익 계급사회' • 215 '공포 마케팅'과 '탐욕 마케팅' • 218 '근본적 개선 방안'이 존재할 수 있는가? • 221

맺는말 영어 광풍에 너그러워지자

근본적 개선 방안은 있을 수 없다! • 225 '이웃 효과'와 '서열주의' • 228 '영어 광풍'의 기회비용 • 230 "영어 교육, 진보의 콤플렉스를 깨라" • 233 'SKY 소수 정예화'는 안 되는가? • 235 진보적 근본주의자들의 보수주의 • 237 삼성 입사 경쟁이 치열해지면 안 되는가? • 239 '학벌 공정거래법'은 안 되는가? • 241 학벌주의를 긍정하는 언론의 보도 프레임 • 243 학벌만 좋은 '천민 엘리트' • 246 진정한 경쟁을 위해 • 249

주 • 253

제1장

영어는 처음부터 '권력'이었다

개화기~일제강점기

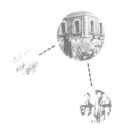

1816년 최초의 영어 교육

1653년 8월 네덜란드(화란) 선박 스페르베르Sperwer호가 제주도에 표류했다. 선원 64명 중 28명은 익사하고, 살아남은 36명은 조선 당국에 체포되어 오랜 구금 생활에 들어갔는데, 이들 가운데 우리에게 널리 알려진 인물이 바로 『하멜표류기』(1668)의 저자인 헨드릭 하멜Hendrick Hamel(1630~1692)이다. 『하멜표류기』는 그의 억류 생활 14년간의 기록으로 한국의 지리·풍속·정치·군사·교육·교역 등을 유럽에 소개한 최초의 문헌이다. 이 표류기가 네덜란드와 유럽에서 선풍적인 인기를 얻으면서 그간 전혀 알려지지 않았던 조선이 유럽에 알려지기 시작했다.

그러나 한국에서 영어의 역사라고 하는 관점에서 보자면, 하멜보다 중요한 인물은 스페르베르호의 목수인 스코틀랜드 태생 샌더트 바스켓Sandert

Basket이다. 그는 13년간 서울과 순천에서 억류 생활을 하는 동안 조선인에게 쉬운 영어를 몇 마디쯤은 가르쳐주었을 것으로 여겨지지만 기록에 남은 것은 없다.[1]

스페르베르호의 표류를 예외적인 것으로 본다면, 조선과 서양의 만남은 18세기 말부터 조선 연해에 서양의 배, 즉 이양선異樣船이 출몰하면서 이루어지기 시작했다. 이양선은 '이상한 모습을 한 배'라는 뜻이다. 서양인들의 배는 조선 선박과는 전혀 다르게 생겼는데, 조선인들이 보기에 선체는 마치 태산과 같았고, 범죽帆竹은 하늘 높이 치솟았으며, 빠르기가 나는 새와 같았다.[2]

조선의 본토 연안에 출현해 최초로 조선 관원의 문정問情까지 받은 이양선은 1797년 9월 동래 용당포까지 온 영국 탐험선 프로비던스Providence호였다. 영국 해군 중령 윌리엄 브로튼William R. Broughton(1762~1821)이 이끈 이 배는 동아시아 일대의 해도海圖를 작성하다가 식량과 식수를 얻기 위해 온 것으로, 이게 조선과 영국의 최초의 만남이었다.

프로비던스호에 올라 영국인을 만나고 돌아온 경상도 관찰사 이형원(1739~1798)은 영어 알파벳을 이렇게 표현했다. "오게 된 연유를 물었더니 한어, 청어, 왜어, 몽골어를 모두 알지 못했습니다. 붓을 줘 쓰게 했더니 모양새가 구름, 산과 같은 그림을 그려 알 수 없었습니다."

1997년 '한 · 영 만남 200주년'을 기념하기 위해 전국 곳곳에서 50여 가지의 행사가 열렸다. 이 가운데 가장 눈길을 끈 것은 5월 24일 부산에 입항한 영국 최대의 항공모함 일러스트리어스Illustrious호였다. 14층 건물 높이의 거대한 항공모함을 구경하기 위해 수천 인파가 몰려들었다.[3] 거대한 항공모함이 주목의 대상이 되었지만, 사실 '한 · 영 만남 200주년'의 의미는 조선 관리가 영어 알파벳 구경을 최초로 했다는 점에서 찾아야 하는 건 아닐까?

프로비던스호의 출몰 이후 수많은 선박이 출몰했다. 주로 영국이나 프랑스 선박이었으며, 러시아와 미국 선박은 1850년대부터 나타났다.[4] 1797년 이후 조선인이 다시 영어와 접촉하기까진 거의 20년이 걸렸다.

1816년, 라이라Lyra호를 비롯한 영국 군함 3척이 측량을 위해 조선 서해안 일대로 왔다. 9월 8일 배질 홀Basil Hall(1788~1844) 함장 일행이 신안 앞바다의 한 섬에 내려 부녀자들이 모여 있는 골짜기로 가려 할 때 한 조선인이 홀의 팔을 꽉 잡아 눌렀다. 다급해진 홀은 "페이션스, 서Patience, Sir(노 형 참으시오)!"라고 외쳤다. 주민들은 한참 동안 "페이션스 서"라고 따라 했다. 그날 어두워질 때까지 언덕 위에서 주민들에게 영어 단어를 가르쳐주었던 홀은 "영국인은 한국의 토박이 발음을 내기가 어려웠으나, 한국인들은 영어 발음을 곧잘 흉내냈다"고 썼다.

이게 한국인에게 '영어 교육'이 이루어졌다는 최초의 기록인 셈인데, 김명배는 "9월 8일 영어가 전수된 신안 앞바다의 섬은 '한국영어전습지韓國英語傳習趾'라는 기념비라도 세울 만한 곳이라고 여겨진다"고 말한다.[5] 한국에서 '영어 공부의 역사' 출발점을 언제로 볼 것인지에 대해선 여러 해석이 가능하겠지만, 홀의 영어 교육이 이루어진 1816년으로 보는 게 어떨까?

김대건, 최한기, 개신교 선교사들

라이라호와의 만남은 돌발적인 사건이었을 뿐이고, 한국인으로서 최초로 영어를 공부한 이는 김대건(1822~1846)이었다. 그는 1837년부터 5년간 마카

오 포르투갈 신학교에 체류하면서 라틴어·프랑스어·영어 등 6개 언어를
구사하는 천재성을 보였고, 1845년 9월 조선 최초의 신부가 되었다.

김대건이 상하이에서 모교의 은사인 리브와P. Libois 신부에게 보낸 1845년
7월 23일자 서한에는 이런 말이 있다. "이때, 청국 관리들은 제가 영국인하
고 얘기하는 것을 보고, '저 사람이 조선 사람인데 어떻게 해서 영국인 친구
가 있고 영국 말을 알아듣는가?' 하면서 이상하게 여겼습니다." 김대건은 귀
국 후 지하 포교 활동을 벌이다가 황해도 연안을 답사하던 중 1846년 5월에
체포되어 26세의 나이로 20여 명의 신자와 함께 순교했다.[6]

영어에 관한 국내 최초의 기록은 혜강惠岡 최한기崔漢綺(1803~1877)의 『지구
전요地球典要』(1857)에 나와 있다. 최한기는 알파벳 26자를 한자로 음역해 소
개하면서 다음과 같이 말했다. "글자 수는 26개이나 서로 이어지고 서로 형
성되어 그 변화가 무궁하다. 글자를 이어 쓰는 법이 있으니 2자모字母를 이어
한 낱말이 되나 3자로 혹은 9자모로도 되어 일정치 않다.……26자모는 이를
흩어놓은 즉 무궁하고, 합하여 놓은 즉 일정하여지나니 그 용법이 헤아릴 수
없이 많으나 삼척동자도 익히 배울 수 있다." 이에 대해 김태수는 "영어의 편
리성에 자못 감동한 듯한 이 기록을 조정에서 눈여겨봤더라면 한국의 근현
대사는 달라졌을지도 모른다"고 아쉬워했다.[7]

이후 영어와의 접촉은 개신교 선교사들에 의해 이루어졌다. 1872년 미국
의 유명한 부흥사인 드와이트 무디Dwight L. Moody(1837~1899) 목사가 미국의
조그만 교회에서 부흥회를 열었는데 열흘 동안 400명이 구원 받는 놀라운 역
사가 일어났다고 한다. 박용규는 '무디 부흥'을 비롯해 미국, 캐나다, 영국 전
역을 휩쓴 놀라운 부흥을 경험한 젊은이들이 뜨거운 심장을 가지고 세계 오

대양 육대주로 흩어졌다며 다음과 같이 말한다.

"그중에 아시아는 최대의 선교 대상지였고, 그 가운데서도 조선은 이들이 가장 선호하는 선교지였다. 한국 선교의 개척자 가운데 한 사람이었던 찰스 A. 클락은 놀라운 사실을 전해준다. 그가 매코믹신학교 재학 시절 44명의 졸업반 학생 중 18명이 해외 선교를 지망했고, 그들 모두가 조선을 지망했다는 것이다. 그러나 그와 컨스 두 사람만이 조선에 선교사로 입국할 수 있었다. 이처럼 당시 조선의 선교사로 입국하려면 엄청난 경쟁률을 뚫어야 했다. 선교에 대한 열정만 가지고서는 조선 땅에 발을 디딜 수 없었다."[8]

이와는 별도로 1873년 조선 선교에 뜻을 둔 스코틀랜드 연합장로교회 소속의 존 로스John Ross와 그의 매제인 존 매킨타이어John McIntyre는 청국과 조선 간의 국경이자 합법적인 교역 관문인 만주 통화通化현 고려문에서 조선 상인들을 만나 한문 성경을 팔며 전도에 나섰다. 조선 상인들은 『성경』에는 관심이 없고 이들이 입은 영국산 면제품인 '양복'에만 관심을 보여 이들을 실망시켰지만, 나중에 여관에 있는 로스에게 50대의 남자 상인 한 명이 찾아와 『신약성경』을 받아갔다. 이 상인은 최초의 개신교 순교자가 된 백홍준(1848~1893) 장로의 아버지였다.[9]

1876년 강화도조약으로 조선의 문호가 개방되자 로스는 다시 만주를 방문해 의주 상인 이응찬, 이성하, 김진기, 서상륜 등을 만나 이들에게 『성경』을 가르치면서 함께 성서 번역에 손을 댔다. 이 4명은 1879년 매킨타이어에게서 세례를 받고 신앙공동체를 형성해 최초의 한국 교회를 출발시켰으며, 1881년에는 최초의 한글 성경 『예수성교누가복음전서』를 간행했다. 이들은 한글로 번역한 『누가복음』과 『요한복음』을 들고 1884년 고향인 황해도 장연

소래松川(솔내)에 교회를 세우고 선교에 나섰다. 훗날 백낙준은 소래를 '한국 개신교의 요람'이라 불렀다.[10]

'영어 천재' 윤치호

영어 유입의 결정적인 계기는 조미朝美수호통상조약(1882년 5월 22일) 체결과 비준(1883년 1월 9일)이다. 이에 따라 1883년 5월 12일 초대 미국 전권공사 루서스 푸트Lucius H. Foote(1826~1913)가 입국해 비준서를 교환했다. 푸트의 통역관으로 활약한 이는 윤치호(1865~1945)였다.

충남 아산에서 출생한 윤치호의 부친 윤웅렬은 무인武人으로서 형조 판서를 지냈다. 윤치호는 유길준과 함께 조선 최초의 일본 유학생이자 중국·미국에서 유학한 지식인으로서 그의 일생은 개화기에서 일제 치하를 거쳐 해방에 이르는 기간 동안 한국의 운명을 시사해주기도 하는 것이었다.

윤치호는 서얼 출신으로 이 출신 배경이 내내 윤치호의 사상과 행태에 큰 영향을 미쳤다. 윤치호는 17세 되던 1881년에 신사유람단의 수원隨員으로 일본에 유학해 약 2년간 일본어와 영어 공부에 힘썼고 일본 최고의 개화 사상가였던 후쿠자와 유키치福澤諭吉(1835~1901)에게서 사상적으로 깊은 영향을 받았으며, 당시 일본에 체류 중이던 김옥균·서광범 등과 접촉하면서 동지적 관계를 맺었다.[11]

일본 유학 중이었던 윤치호는 김옥균에게서 "일본 말만 배우지 말고 영어를 배워야 태서(서양) 문명을 직접 수입할 수 있다"는 말을 들었다. 윤치호는 1883년 1월부터 넉 달간 일본에서 영어를 배웠는데, 그 실력으로 미국 공사의 통역관이 되었다. 직접 통역은 아니었다. 윤치호는 일본어를 유창하게 구사할 수 있었기에 영어 통역 초기에는 일본어 통역의 도움을 받아 이중 통역을 했다. 그는 귀국 이후 갑신정변이 일어나기까지의 1년 8개월 동안 푸트의 통역관으로 일하는 동시에 개화당의 멤버로 활약했다.[12]

윤치호는 '영어 천재'였다. 박노자는 「윤치호와 영어 배우기」라는 글에서 "그의 천재성은 1888년 11월 4일부터 시작된 미국 유학 때 더욱 빛을 발합니다. 그는 미국에 온 지 1년쯤 되던 1890년 12월 7일부터 거의 완벽한 영어로 일기를 쓰기 시작했습니다. 믿어지지 않는 이야기지만, 윤치호의 일기에는 현재의 미국 지식인들도 쉽게 이해하지 못할 만큼 수준 높은 어휘들이 보입니다"라면서 다음과 같이 말한다.

"예컨대 그는 미국에서 만난 한 일본계 의사에 대해 'dissimulation을 지혜로 잘못 알고 있다'(『윤치호 일기』 1890년 2월 27일자)라고 평하고 있는데, 'dissimulation'이 '본인의 나쁜 점을 숨기는 위선'을 뜻한다는 것을 아는 미국인이 얼마나 되겠습니까? 변변한 영한사전도 없이 난삽한 인문서적을 탐독하여 'dissimulation'과 같은 라틴 계통의 고급 어휘를 습득한 윤치호의 실력과 투혼이 실로 감동적이지 않습니까?"[13]

1883년 보빙사 미국 파견

푸트가 입국한 1883년에 최초의 영어 교육 기관인 동문同文학교(또는 동문학)가 서울 재동에 설립되었다. '동문同文'은 "둘 이상의 민족이나 국민이 같은 글자를 쓰는 경우"를 가리키기도 하지만 동문동궤同文同軌라 하여 "천하가 모두 같은 글자를 쓴다"는 뜻도 있다. 동문학교에서는 15세에서 30세 사이의 지체 높은 집 자제들이 공부했는데, 영어와 문장 구조가 비슷한 한문에 능했던 덕에 해석은 비교적 잘했다.

동문학교의 1회 졸업생인 남궁억(1863~1939)은 길에서 만나는 친구들조차 '서학쟁이'라며 외면했으나 삯바느질하는 모친 슬하의 냉방에서 밤새도록 영어사전을 읽어 책이 다 떨어질 정도로 열심히 공부해 국왕의 영어 통역관을 거쳐 정부의 여러 요직을 맡게 된다.[14]

푸트는 고종을 배알하는 자리에서 미국 제21대 대통령 체스터 아서Chester A. Arthur(1829~1886)가 사절단 파견을 환영한다는 의향을 전했고, 여기에 고종이 쾌히 동의했다. 1883년 7월 조선 정부는 미국에 보빙사報聘使(報聘은 '답례로서 외국을 방문하는 일')를 파견했다. 사절단은 정사正使 민영익(1860~1914), 부사副使 홍영식(1855~1884), 종사관(서기관) 서광범(1859~1897) 등으로 모두 20대의 젊은이들이었다. 이 밖에 유길준, 고영철, 변수, 현홍택, 최경석과 중국인 오례당, 미국인 퍼시벌 로웰Percival Lowell(1855~1916), 일본인 미야오카 쓰네지로宮岡恒次郎 등이 수행했다. 모두 11명이었다.[15]

이들은 7월 15일 푸트가 주선한 아시아 함대 소속 미 군함 모노카시호를 타고 제물포(인천)항을 떠나 일본 요코하마에서 동서 기선 회사 소속 태평양 횡단 여객선 아라빅호로 갈아타고 9월 2일 이른 아침에 미국 샌프란시스코항에 도착했다. 제물포항을 떠난 지 한 달 반 만이었다.[16]

보빙사 일행은 샌프란시스코에서 기차로 제노, 솔트레이크, 덴버, 오마하를 거쳐 시카고에서 1박 하고 다시 클리블랜드, 피츠버그를 거쳐 8일간의 기차 여행 끝에 워싱턴에 도착했다. 그러나 당시 미국 대통령 아서가 수도인 워

조미수호조약 체결 1년 후인 1883년 7월 최초로 미국에 파견된 보빙사 일행. 앞줄 왼쪽부터 통역관 로웰, 홍영식, 민영익, 서광범이다. 뒷줄 왼쪽에서 세 번째는 유길준으로, 민영익의 수행원이었던 그는 이후 미국에 남아 한국 최초의 미국 유학생이 되었다.

싱턴을 떠나 뉴욕에 가 있는 중이어서, 이들은 대통령 접견과 신임장 제정을 위해 다시 뉴욕으로 갔다. 9월 18일 오전 11시쯤, 민영익 등 사절단은 뉴욕 5번가 호텔의 대귀빈실에서 아서를 만나 신임장을 제정했다. 일행은 민영익의 신호에 따라 마룻바닥에 엎드려 이마가 닿을 정도의 큰 절을 해 아서를 당황하게 만들었다.[17]

복잡한 통역 절차는 모두에게 당황스러운 것이었으리라. 조선어-영어 통역을 할 수 있는 사람이 없어 보빙사 일행엔 '중국어-영어', '일본어-영어', '조선어-중국어', '조선어-일본어'를 구사하는 통역관 4명이 포함되었다. 이런 식이었다. 아서가 영어로 말하면, '중국어-영어' 통역이 중국어로 옮기

고, 이어 '조선어-중국어 통역'이 조선어로 옮겼다. 그것으로는 부족하다고
생각했던 것인지 똑같은 방식으로 '일본어-영어 통역'과 '조선어-일본어
통역'을 활용함으로써 두 가지를 종합해 의사소통을 했던 것이다.[18]

이어 보빙사는 40여 일간 각지를 순방하면서 공공기관, 산업박람회, 시범
농장, 병원, 전신회사, 소방서, 우체국, 상점, 제당 공장, 해군 기지 등을 시찰
했다. 민영익 일행이 뉴욕항을 떠나 귀국길에 오른 것은 1883년 11월 10일
이었다. 민영익은 자신이 수행원으로 발탁했던 유길준을 국비 유학생으로
미국에 남겨두고 떠났다. 이렇게 해서 유길준은 한국 최초의 미국 유학생이
되었다. 부사 홍영식을 단장으로 하는 일행은 갔던 길을 다시 택해, 그해 12월
말에 귀국했고, 정사 민영익과 서광범 · 변수는 유럽 제국諸國을 역방歷訪하고
1884년 5월 말에 귀국했다.[19]

알렌 · 아펜젤러 · 언더우드의 입국

한편 무디가 촉발시킨 선교 붐을 타고 일본에서 활동하던 미국 감리교 선
교사 로버트 매클레이Robert S. Maclay(1824~1907)는 주일 미국 공사 존 빙햄John
A. Bingham과 주조선 미국 공사 루서스 푸트Lucius H. Foote의 적극적인 후원을 받
아 1884년 6월 24일부터 7월 8일까지 조선을 방문했다. 그는 이때 김옥균을
통해 한국에서 학교와 병원 사업을 할 수 있도록 고종 황제에게 허락받아줄
것을 요청했다. 고종의 허락이 떨어지자, 미국 북장로교 선교사로 중국 상하
이에서 활동하던 의료 선교사 호러스 알렌Horace N. Allen, 安連(1858~1932)이
1884년 9월 20일 인천 제물포에 도착, 22일 서울에 들어섰다.[20]

알렌에 이어 1885년 4월 5월 장로교 목사 호러스 언더우드Horace G. Underwood(한국 이름 원두우元杜尤, 1859~1916)와 감리교 목사 헨리 아펜젤러Henry G. Appenzeller(1858~1902)가 일본 상선 미쓰비시호를 타고 인천 제물포항에 상륙했다.[21] 1884년 12월 미국을 출발한 지 5개월 만의 일이었다.

당시 서울은 갑신정변(1884)의 여파로 매우 혼란한 상태였다. 대리공사 조지 포크George C. Foulk(1856~1893)는 이들이 서울로 들어가는 걸 만류했다.[22] 아펜젤러 부부는 아펜젤러 부인이 만삭인지라 잠시 제물포에 머물다 4월 13일 일본 나가사키로 잠시 돌아갔다. 그러나 언더우드는 혼자였기에 이틀을 지낸 후 포크의 안내를 받아 서울에 입성했으며, 이미 자리를 잡고 있던 알렌 의료 선교사의 사역장인 광혜원에서 첫 사역을 시작했다.[23]

조선의 국내 사정이 안정되었다는 사실이 알려지면서 선교사들이 속속 서울로 입국했다. 1885년 5월 3일 미 감리교회의 목사이자 의사인 윌리엄 스크랜턴William B. Scranton(1856~1922)이 입국했으며, 6월 26일에는 아펜젤러 부부가 재입국하고 스크랜턴의 모친 메리 스크랜턴Mary S. Scranton(1832~1909) 여사가 입국했다. 일본 요코하마에서 언더우드와 같이 이수정에게서 한국어를 배웠던 미 북장로교 의료 선교사 존 헤론John W. Heron(1856~1890)도 이들과 함께 한국에 도착했다.[24]

이들은 교육 선교에 열을 올렸다. 아펜젤러 부부는 선교를 위해 교육의 필요성을 느끼고 헌 집 한 채를 매입해 작은 교실을 만들어 학생 2~3명을 모아 영어를 가르치기 시작했다. 아펜젤러의 일기에는 "나는 지난 8월 3일 월요일에 이겸라와 고영필이라고 하는 두 한국인에게 교육을 시작하였다"라고 쓰여 있다. 이로써 배재학당은 비공식적으로는 1885년 8월 3일 문을 연 셈이다.[25]

1885년 11월 아펜젤러는 주조선 미국 대리공사 포크를 통해 고종에게서 학교 설립 허가를 얻어내는 데 성공했다. 1886년 2월에는 고종에게서 '배재학당培材學堂'이라는 교명까지 하사 받았다. '배재'란 당시에 흔히 쓰이던 '배양인재培養人材'라는 말에서 따온 것이었다.[26] 배재학당은 1886년 6월 정식 학교로 개교했다. 처음에는 두 명이었지만, 곧 영어를 배우고자 하는 학생들이 몰려들어 가을에는 학생 수가 30여 명으로 늘어났다.[27]

이와 관련, 아펜젤러는 이런 기록을 남겼다. "한국인들 사이에 영어를 배우려는 열정이 강합니다. 새로운 언어에 대한 부족한 지식이 출세의 걸림돌이 되어왔으며, 지금도 그런 형편입니다. 한국인에게 '왜 영어를 배우려 하시오?' 하고 물으면 거의 공통된 대답이 '벼슬을 얻기 위해서요'라고 합니다."[28]

육영공원 · 배재학당 · 이화학당 개교

이런 흐름을 타고 1886년 서울 정동에 한국 최초의 근대식 공립 교육기관인 육영공원育英公院이 설립되었다. 육영공원은 좌원과 우원 두 반을 두고, 호머 헐버트Homer B. Hulbert(1863~1949) · 조지 길모어George W. Gilmore(1858~?), 댈지엘 벙커Dalziel A. Bunker(1853~1932) 등 세 사람의 미국인 교사를 초빙해 신식 교육을 했다. 이들은 조선 정부의 요청과 미국 정부의 추천에 의해 내한한 뉴욕 유니온신학교 출신이었다. 좌원에는 젊은 문무 관리를 뽑아 통학하게 하고, 우원에는 15~20세의 양반 자제 중 준재를 뽑아 기숙하게 하면서 가르쳤다. 처음 총인원은 35명으로 모두 양반 고관 자제들이었으며, 교과서는 영어로 쓰인 것이었고, 교사들은 영어로 강의했다.[29]

그러나 1회생 35명은 영어를 몰라서 알파벳부터 배웠으며 강의는 통역을 두고 이루어졌다. 학교 측은 학생들이 영어를 잊지 않도록 여름방학에도 닷새마다 등교시켰다. 영의정의 아들이 시험을 보았는데, 교사들에게 높은 점수를 매겨달라고 청탁했다가 거절당해 체면을 구겼다는 일화도 있다. 육영공원은 1894년 학생들의 불성실한 수업 태도로 말미암아 영어학교로 개편되면서 폐지되었다. 육영공원의 엄격한 교육 방법이 게으른 선비들의 생활습관과 일치하지 않은데다 관직을 얻거나 승진을 하는 데 직접적인 도움을 주지 못했기 때문이다.[30]

그런 한계에도 육영공원이 영어 열풍에 미친 영향은 컸다. 고종 황제는 육영공원에서 친히 영어 시험을 감독했으며 황태자에게는 영어 개인 과외를 시키기도 했다. 영국인 헨리 새비지랜도어A. Henry Savage-Landor(1865~1924)는 『고요한 아침의 나라 조선Corea: Land of Morning Calm』(1895)에 "두 달 전 f와 p 발음을 구분하지 못하던 19세의 이 조선 젊은이는 영어의 해석과 회화에 완벽했다. 그는 하루 200단어를 외우는 속도로 영어사전을 정복해 나갔다"고 썼다.[31]

배재학당은 1887년 3월에 한국 최초의 르네상스 양식의 교사校舍를 신축했는데, 그 비용은 미국 감리교 선교부가 보낸 4,000달러로 충당했다. 아펜젤러는 이 새 교사의 반지하실에 산업부를 두어 가난한 학생들이 학비를 벌면서 공부할 수 있게 했다. 학생들은 처음에 붓을 매고 미투리 삼는 일을 했으나 곧 실패했다.

1887년 12월에 프랭클린 올링거Franklin Ohlinger(1845~1919) 목사가 부임해 이듬해 1월부터 삼문출판사Trilingual press라는 인쇄소를 경영하게 되면서 학생들은 그곳에서 일자리를 얻게 되었다. 이 출판사는 국문, 한문, 영문의 세 가

한국 최초로 르네상스 양식의 학교 건물을 지은 배재학당의 신축 공사 모습. 근대적 교육을 표방한 배재학당에서는 영어와 한문, 천문, 지리, 수학 등을 가르쳤다.

지 활판 시설을 갖추고 있었기 때문에 그렇게 이름을 붙인 것이었다. 이후 성서 번역이 진전됨에 따라 많은 부수의 성서를 인쇄하게 되고, 주일학교용 교재나 일반 인쇄물도 주문을 받게 되어 학생들의 일거리가 많아졌다.[32]

당시 한국인을 상대로 전도하는 일은 법으로 금지되어 있었지만, 1887년 12월 25일 배재학당 교실에서는 성탄절 축하 예배가 열리기도 했다.[33] 아펜젤러는 배재학당의 첫 연례 보고서(1888~1889)에서 다음과 같이 밝혔다.

"배재학당의 목적은 조선 학생들에게 서구의 과학과 문학, 교육 과정에 대한 철저한 훈련을 제공하는 것이지만, 현재의 조선의 학교 체제의 본질적인 특성과 결합시킨 것이다. 이 목적에 따라서 비록 수업의 대부분이 영어를 전달매체로 삼고 있으나, 중국 고전이 가장 중요한 비중을 차지하고 있으며, 모든 학생은 의무적으로 중국 고전 과목을 공부해야 한다."[34]

배재학당 개교와 비슷한 시기인 1886년 5월 31일 선교사 메리 스크랜턴 부인이 조선 최초의 여자 학교인 이화학당을 개교했다. 이듬해 고종은 '이화학당'이란 이름을 짓고 '이화梨花'라는 현판까지 내렸다. '이화'의 근거에 대해선 여러 설이 있지만, 학교 주변에 배꽃이 많아 고종이 '배꽃 핀 골에 세운 학당'이란 뜻에서 그리 명명했을 것이라는 설이 유력하다. 지금의 이화여대는 "1886년 5월 31일을 이화의 창립일로, 다시 말하면 한국 여성 근대 교육의 원년으로 기념"하고 있다.[35]

당시 여성 중에서는 소실小室과 기생이 영어 공부에 앞장섰는데, 이는 영어가 신분 상승의 수단이었음을 시사해준다. 이화학당에 최초로 들어온 학생도 양반의 소실小室인 김 씨였는데, 그녀는 영어를 배워 왕비의 통역을 맡겠다는 야심을 갖고 있었다. 아쉽게도 그녀는 3개월 후 병을 얻어 학교를 그만두었다고 한다.[36]

1888년 주미 한국공관 설립

1887년 11월 12일(음력 9월 27일), 미 해군 함정 오마하Omaha호는 조선의 주미 전권대신 박정양 일행(이완용, 이하영, 이상재, 이채연)을 태우고 인천항을 출발했다. 미국에 공사관을 설치하기 위한 임무였다. 고종은 미국에 가는 외교관들을 안내하도록 알렌에게 '공사관 외국인 서기관'이라는 직함을 주었다.

급료는 장로교에서 지급한 것의 2배가 넘는 3,000달러였다. 다른 선교사들과의 싸움에 지친 알렌은 이를 수락하고 박정양 일행의 미국행에 동행했다.[37]

한국인 10명을 데리고 배를 탄 알렌은 미국으로 가는 도상에서 쓴 일기에 한국인 일행에 대해 저주에 가까운 험담을 했다. 읽기에 민망할 정도다. 그는 "공사는 약하고 우둔한 친구"라고 했다. 그러나 그가 분노하는 건 주로 '매너'에 관한 것이다.

"그들은 일등석 티켓을 5장만 가지고 있었지만 다 같이 일등석 객실에서 머물렀고 객실에서 식사도 같이했다. 나는 하는 수없이 일등석 티켓을 두 장 더 구입해야 했다. 싸돌아다니기를 좋아하는 강진희와 더러운 사내 이상재는 하인에게 식사를 타오게 해서 박정양 공사와 함께 객실에서 식사했다. 번역관 이채연은 얼간이였고 영어를 한마디도 할 줄 몰랐다. 그나마 이하영과 이완용이 일행의 나쁜 인상을 상쇄해주었다."[38]

혹 영어 실력 탓은 아니었을까? 알렌이 좋게 평가한 이하영과 이완용의 영어 실력이 비교적 뛰어났기 때문이다. 당시의 영어 소통과 관련, 이상재(1850~1927)는 훗날 다음과 같이 회고했다.

"지금은 미국의 유학생도 많고 따라서 영어 잘하는 사람도 많지마는 그때만 하여도 영어 해득자가 퍽은 귀했었다. 번역관이라 하는 이도 그때 외무아문에서 불과 1년 공부에 지나지 못하여 간신히 쉬운 말이나 할 뿐이라 미국인과 국제 교제를 할 때에는 미국인으로서 조선에 와서 의사 노릇하든 모 씨(알렌)와 같이 통역을 하였는데 그도 역시 조선어가 불충분하여 항상 교제할 때면 미국 반벙어리와 조선 반벙어리가 서로 절장보단絶長補短(긴 것을 잘라서 짧은 것에 보태어 부족함을 채운다)하여 의사를 소통하게 되었다. 그러므로 이

따금 우스운 일도 많았다."[39]

조선 외교관들은 1888년 1월 13일 미국 대통령 그로버 클리블랜드Grover Cleveland(1837~1908)에게 신임장을 봉정했지만, 박정양은 청국 원세개袁世凱의 농간으로 1888년 11월 조선으로 소환되었다. 그래서 이하영(1858~1919)은 외교부 말단 직원으로 들어간 지 2년 만에 대리공사를 맡았다. 경주 농민의 아들로 태어나 아버지를 따라 이주해 간 부산에서 영국인 병원의 '하우스보이'로 들어가 영어를 익힌 젊은이가 영어 하나로 나이 30에 그런 중책을 맡았으니 이거야말로 '코리언 드림'이 아닐 수 없었다. 김태수는 "이하영은 영어를 '출세의 자본'으로 삼은 대표적 인물이다"고 했다.[40]

영어로 출세한 이하영과 이완용

이하영은 박정양이 추진하던 200만 달러 차관 건을 물려받아 백방으로 뛰어다닌 끝에 마침내 뉴욕은행을 통해 그 일을 성사시켰다. 그런데 한 가지 큰 문제가 남아 있었으니, 그 돈으로 미국 병사 20만 명을 빌려오라는 고종의 밀명이었다. 이하영은 100만 달러를 인출해 그 돈의 일부를 펑펑 쓰고 다니면서 로비를 벌였지만, 20만 병사를 원병으로 조선에 파견한다는 의안은 미 상원에서 부결되었다. 이미 16만 달러를 써버렸으니 이 일을 어찌할 것인가! 미국 정부는 그 돈은 안 받을 테니 남은 돈이나 내놓으라고 했다. 훗날(1925년) 이하영은 "나는 미국의 관대한 태도에 감복하는 동시에 미국이라는 나라는 존경할지언정 믿고 따를 나라는 못 되는 줄 깨닫게 되었다"고 회고했다.[41]

이하영은 영어도 잘하고 춤도 잘 추어 워싱턴 사교계를 누비면서 금발 미녀들의 인기까지 얻었던 모양이다. 미국 어느 유명한 부호의 딸에게서 약혼을 해달라는 간청도 받고, 그 금발 미녀의 어머니는 자신의 맏사위가 이탈리아의 현직 육군 장관이라는 걸 뻐기면서 자기 딸과 결혼해달라고 졸라댔다니, 이 거짓말 같은 이야기는 진짜 일어난 실화라곤 하지만 어디까지 믿어야 될지 모르겠다.[42]

그러나 이하영의 꿈같은 미국 생활도 1889년 6월 본국 귀국 명령을 받으면서 끝이 났다. 이하영은 대리공사 자리를 이완용에게 물려주고 귀국해 내내 출세가도를 달리다가 1904년 외부대신의 자리에까지 오르게 된다. 을사늑약 직전 법부대신으로 자리를 바꿔 '을사5적'의 타이틀은 피했지만, '을사7적'으로 불리기도 한다. 이승만 정권 시절 육군참모총장을 한 이종찬은 이하영의 손자인데, 당시 군의 정치적 중립을 지키던 이종찬이 마음에 안 들었던 이승만은 유엔군 사령관 클라크에게 이종찬을 소개하면서 "이 사람 할아버지가 구한말 외부대신을 지낸 사람인데 그 사람이 바로 '한일합방' 때 도장을 찍어 나라를 팔아먹은 사람이오"라고 말했다고 하니, 이 또한 '믿거나 말거나' 장르에 속할 이야기가 아닐 수 없다.[43]

한편 이완용은 어찌 되었던가? 이완용은 처음에 박정양 밑의 참찬관으로 임명되어 미국에 왔다가 병을 이유로 1년이 채 못 되어 귀국해 동부승지 벼슬을 했다. 그러다가 박정양이 귀국한 후에 다시 미국으로 가서 일하다가 이하영의 자리를 물려받았다. 이완용은 2년간 일하고 귀국하게 된다.[44]

이하영과 이완용의 경우가 잘 말해주듯이, 영어는 이미 이때부터 출세의 유력한 도구였다. 1892년 미국 전기 회사가 궁궐의 전기 사업 영구 독점권을 헐값으로 얻으려고 교섭 문서를 보내자 조정에서 아무도 읽을 줄 아는 사람이 없어 쩔쩔맸다. 이것을 해독하고 '절대 불가'라는 회신까지 영어로 작성한 사람이 미국에서 돌아와 유폐 중에 있던 유길준이었고, 그는 이 공으로 유폐가 풀려 귀가할 수 있었다.[45]

이 일화는 사실 여부에 관계없이, 당시 조선이 열강들의 '이권 사냥터'가 된 배경 중의 하나를 말해주는 데에 부족함이 없다. 이런 언어 문제를 넘어서기 위해 1895년 5월 10일 고종의 칙령에 따라 관립 한성외국어학교가 설립되었다. 처음에는 각 외국어별로 분과를 해 가르치다가, 각기 다른 외국어학교로 독립했다. 1895년에 영어학교, 일어학교, 청어학교가 독립했고, 1896년에는 러시아어학교가 개교했다.[46] 그러나 모든 종류의 협상에서 가장 일반적으로 사용되는 언어는 영어였다.[47]

1892년 1월 최초의 영어 잡지인 『코리안 리포지터리The Korean Repository』가 창간되었는데, 이는 한국에서 선교를 시작한 미국 감리회 선교부가 앞서 언급한 삼문출판사를 운영하면서 발행한 것이었다. 한국에서 발행되지는 않았지만, 한국에 관련된 최초의 영어 전기 간행물은 영국 성공회가 1890년 7월부터 발행한 『모닝 캄The Morning Calm』이다. 이 잡지는 서울에서 만든 원고를 런던으로 보내 그곳에서 인쇄해 한국과 영국 등 여러 나라에 배포되었다.[48]

배재학당의 영어 교육

1895년 12월 30일(음력 11월 15일) 김홍집 내각은 '500년 조선사 최대의 개혁안'[49]을 공포했으니, 그게 바로 태양력 도입과 단발령斷髮令이었다. 단발령이 떨어지자 드물게나마 흔쾌히 단발에 응한 사람들도 있었는데, 21세 청년 이승만(1875~1965)도 그런 사람 중의 하나였다. 그는 상투를 "조선이 결별해야 할 낡은 보수적인 과거의 상징"으로 생각하고, 거의 일요일마다 찾아가서 영어를 연습하고 조선의 장래에 대해 논의하고는 했던 제중원 의사 올리버 에이비슨Oliver R. Avison(1860~1956)과 단발 문제를 상의했다. 훗날 이승만은 다음과 같이 회고했다.

"닥터 에이비슨이 가위로 나의 머리를 잘랐다. 그때에 몇몇 외국 사람들이 동정어린 눈으로 그것을 지켜보았는데, 머리카락이 잘리고 상투가 내 앞에 떨어질 때에 나는 싸늘한 전율을 느꼈다. 그리고 나는 병원에 딸려 있는 작은 방에서 이틀 밤을 지냈다.……내가 나타나자 어머니는 무척 놀라고 자식이 죽기나 한 것처럼 통곡을 하였다. 나의 그 귀중한 상투는 어느 여선교사가 필라델피아 근처의 자기 친구에게 보냈는데, 그 뒤에 행방불명이 되었다."[50]

당시 이승만이 다니던 배재학당의 당면 3대 교육목표가 ① 영어를 배우게 하고, ② 상투를 자르게 하고, ③ 기독교를 믿게 하는 것이었기에, 모든 배재학당 학생들이 단발을 했으며, 이에 아펜젤러가 크게 기뻐했다는 설도 있다.[51]

이승만보다 한 살 아래인 김구(1876~1949)는 단발령 당시 평양에 있었다. 그는 훗날 『백범일지』(1947)에서 "평양에 도착하니 관찰사 이하 전부가 단발을 하고, 길목을 막고 서서 지나가는 행인들을 붙들고 머리를 깎고 있었다. 단발령을 피하려고 시골로나 산골로 숨어 들어가는 백성들의 원망이 길을 가득 메운 것을 목격하고, 나는 머리끝까지 분기가 가득하였다"고 회고했다.[52]

이승만이 배재학당에 입학한 시기에 대해선 '1894년 말 설'과 '1895년 2월 설' 등 두 가지가 있다.[53] 이승만은 뒷날 1895년이었다고 회고했지만, 배재학당에 입학하고 나서 알게 된 제중원의 여의사 조지아나 화이팅Georgiana E.

Whiting의 사진에 있는 이승만의 친필 사인에 1894년으로 적혀 있는 것으로 보아 배재학당 입학일은 1894년의 동짓달 어느 날이었던 것으로 보인다.[54]

이승만은 미국인들의 조선말 선생을 겸하면 생활비는 벌 수 있다는 점에 매력을 느껴 다음 날 배재학당에 입학했다. 물론 가장 큰 목적은 영어 공부였다. 이승만은 훗날 "내가 배재학당에 가기로 한 것은 영어를 배우려는 큰 야심 때문이었고, 그래서 나는 영어를 열심히 공부했다"고 회고했다.[55]

'영어의 달인' 이승만

이승만이 입학했을 때 배재학당에 등록된 학생 수는 모두 109명이었다. 학생들은 영어부, 한문부, 신학부의 셋으로 나누어져 있었는데, 이승만이 소속된 영어부에 등록된 학생들이 76명으로 가장 많았다. 이 무렵의 배재학당은 한국인, 미국인, 청국인, 일본인이 두루 섞여 배우고 가르치는 국제적 분위기의 학교였으며, 이 학교의 가장 큰 장점은 우수한 교사진이었다.[56]

이승만은 곧 학생들 사이에서 두각을 나타내 서양인 선교사들에게도 알려졌다. 그런 유명세 덕분에 이승만은 서양인 병원인 제중원의 여의사 화이팅에게 조선어를 가르치고 또 그녀에게서 영어를 배우는 기회를 얻게 되었다. 화이팅에게 조선어를 가르친 지 꼭 한 달이 되던 날 이승만은 그녀에게서 한 달 사례비로 은화 20달러를 받았는데, 이는 배재학당의 조선인 교사 월급과 같은 액수였다. 이 돈이면 가족의 생계 문제를 넉넉하게 해결할 수 있어 이승만은 뛸 듯이 기뻐했다. 이승만이 돈이 든 봉투를 어머니 앞에 내놓으면서 그간의 경위를 설명하자, 너무나 엄청난 돈에 기겁을 한 어머니는 울음을 터뜨리며 "아가야. 굶어 죽어도 좋으니 행여 천주학은 하지 마라"고 말했다. 이에 이승만은 "어머니 나를 믿으세요!"라고 말했다.[57]

이승만의 영어 실력은 빠르게 발전해 공부한 지 6개월 만에 배재학당의 신입생 반을 맡아 영어를 가르칠 정도가 되었다. 주위 사람들에게서 천재라는 평까지 받았다. 이승만은 훗날 "영어 공부를 시작한 것이 6개월밖에 되지 않았는데, 영어 선생이 되었다고 하여 사람들의 칭찬이 자자했다"고 회고했다.[58]

당시 학생들을 유치할 수 있는 최상의 방법은 영어였기에, 배재학당은 신문광고를 통해서도 그 점을 강조했다. 나중에(1905년) 배재학당이 선교에 치중하고자 영어 과목을 없애자 학생들의 절반이 자퇴할 정도로 학생들의 영어에 대한 집착은 강했다.[59]

1896년 4월 7일에 창간된 『독립신문』도 그런 영어 열기에 일조했다. 이 신문은 4월 7일부터 그해 말까지 국문 3면과 이를 축약한 영문 1면(『The Independent』)으로 편집되어 주 3회(화·목·토요일) 발행되었으며, 1897년 1월 5일부터는 국문판과 영문판이 각각 4면씩 별도로 발행되었기 때문이다 (영문판은 1898년 12월 29일자를 끝으로 발행이 중단되었다가 약 6개월 후인 1899년 6월 9일자로 복간되어 주간으로 나오다가 9월 14일자를 끝으로 다시 중단되었다).

이승만은 입학한 지 2년 반 남짓한 때인 1897년 7월 8일에 배재학당을 졸업했다. 그런데 배재학당의 역사서에 따르면 배재학당에서 정규 졸업생을 배출하기 시작한 것은 1909년부터이며, 이승만을 포함한 그 이전의 수료자는 명예 졸업생으로 간주되었다. 방학예식放學禮式으로 불린 이 졸업식은 배재학당이 설립되고 나서 처음으로 거행하는 공식 졸업식이었기 때문에 큰 사회적 이벤트가 되었다. 『독립신문』은 한글판 「잡보」란과 영문판의 머리기사로 이 방학예식(영문판에서는 'commencement exercises'라고 했다) 광경을 자세히 보도했다.[60]

예식은 정동예배당에서 거행되었다. 식장에는 조선 국기와 미국 국기가 높이 게양된 가운데 황실을 비롯해 각부 대신들과 중추원 의관中樞院 議官 등 조선의 정치인들과 관리들, 각국 외교관들, 외국 부인들을 포함한 내빈 600여 명이 참석했다. 이승만은 졸업식 행사의 일환으로 '조선의 독립'이라는 제목의 영어 연설을 했는데, 이에 대해 『독립신문』은 "리승만이가 영어로 조선 독립 문제를 연설을 하는데, 뜻이 훌륭하고 영어도 알아듣게 하여 외국 사람들이 매우 칭찬들 하더라"라고 보도했다.[61]

출세 도구로서의 영어

배재학당의 성공에 자극받아 1894년 이후 평양의 광성학교(1894년 감리교), 숭덕학교(1894년 감리교), 정의여학교(1894년 감리교), 정진학교(1896년 감리교), 숭실학교(1897년 장로교) 등의 기독교계 사립학교가 설립되었다.[62] 부산의 일신(1895), 재령의 명신(1898) 등도 문을 열었다.

『독립신문』 1898년 7월 4일자에는 학교 다닐 사정이 안 되는 사람들을 위해 외국인이 특별 영어 교습을 한다는 광고가 실릴 정도로 영어 바람이 제법 세게 불었다.[63] 1903년에 생긴 YMCA Young Men's Christian Association도 영어 학습의 좋은 기회를 제공했다. 1904년 미국 유학을 마치고 돌아온 김규식(1881~1950)은 YMCA 운동에 관여하면서 이곳에서 직접 영어를 가르치기도 했다.[64]

개혁 운동을 하다가 1899년 1월 감옥에 갇힌 이승만은 감옥에서 영한사전 편찬 작업을 시도하기도 했다. 일본에서는 최초의 본격적인 『영일사전英日辭典』이 1862년에, 최초의 『일영사전日英辭典』이 1867년에 출판되었지만, 조선에는 몇몇 선교사가 주로 서양인들의 한국어 습득을 위해 만든 간단한 영어사전류만 있었다. 1897년에 요코하마에서 발행된 제임스 게일James S. Gale (1863~1937) 목사의 『한영사전韓英辭典』, 1890년에 발행된 언더우드의 『영한―한영사전英韓―韓英辭典』, 1891년에 발행된 제임스 스콧James Scott의 『영한사전』 등이 그것이다. 이승만은 이런 사전들을 뛰어넘는 사전 편찬 작업에 몰두했지만, 이는 러일전쟁(1904년 2월 8일 발발)이 일어나면서 중단되고 말았다.[65]

1900년 외교관으로 조선에 근무했던 일본인 노부오 준페이信夫淳平는

●
이승만이 감옥에서 편찬작업을 시도했던 영한사전 원고.

1901년에 출간한 『한반도』에서 조선의 영어 열기에 대해 이렇게 말했다.

"주한 영국 공사가 재작년 본국 정부에 보고한 한국 재정 경황 중 한국의 어학 교육비에 언급하여 '한국인은 동양에서 가장 뛰어난 어학자로 외국어 학습에 대한 열성은 그 이상의 여지가 없을 정도여서 서울에 외국인이 들어온 지 14년이 안 되건만 영어의 능통함은 40년간 외국인을 접한 북경과 비할 바가 아니며 그 뛰어남을 중국인이나 일본인은 감히 따르지를 못하리라'고 보고하고 있는데 이는 결코 과장이 아니다."

일부 조선인들은 영어를 '항일抗日 언어'로 여겨 열심히 공부했겠지만, 모든 사람이 다 그런 건 아니었다. 영어는 출세의 도구이기도 했다. 노부오는 "한국이 왜 이렇게 어학 교육에 열심인가 하는 것은 그 설명이 어렵지 않다"며 다음과 같이 말한다.

"만약 서반아西班牙, 이태리伊太利, 토이기土耳其 또는 희랍希臘 등의 사신관이 한국에 설립된다고 가정해보자. 한국에는 당장 이와 같은 나라의 어학교가 설립될 것이다. 거기에다 이와 같은 각 외국어학교의 생도 증감의 현상도 기묘하기 짝이 없다. 예컨대 일본의 세력이 한국의 조정에 미치면 일어학교가 단연코 융성하고 노국의 세력이 성할 때 노어학교의 생도 수는 또한 갑자기 증가하는 것이어서 한국 조정의 각국 세력을 비교해보기 위해서는 행인지 불행인지 외국어학교의 성쇠를 살피는 일이 첩경이다. 더욱 기묘한 것은 이 외국어학교는 수업료를 징수 안 할 뿐더러 점심 값을 지급하기 때문에 점심 값을 받으러 학교에 가는 자도 있기 때문에 어학 능력이 비교적 발달하리라는 것은 마땅한 일로 돌릴 수 있겠다. 그러나 이렇게 해서 과연 인재가 양성될 것인가? 겨우 양성되는 것은 소통변에 불과할 따름이다."[66]

1890년대 말은 조선 정부가 열강들의 다툼에 휘둘리던 때였으니, 외국어 열기마저 그런 다툼의 결과에 따라 춤을 추는 건 당연한 일이었는지도 모른다. 다음과 같은, 『매일신문』 1898년 5월 10일자 기사가 잘 말해주듯, 그 누구도 독야청청獨也靑靑하기는 어려운 시절이었음을 감안해야 하리라.

"사람마다 친구를 상종할 적에 개화하자는 이를 대하여서는 개화당 비스름이 말하다가, 수구를 좋아하는 이를 보고서는 수구당처럼 말을 하여, 남이 하는 대로만 따라하기로 작정인되, 다만 말을 그러할 뿐 아니라 정부에 들어가 일하기를 또한 이같이 하여, 어디를 가던지 무슨 일을 하던지 남을 잘 얼러 맛처야 세상에 재주 있고 똑똑한 사람이라고도 하며 벼슬도 잘 얻어 하니, 그러고 보니 개화당도 없고, 수구당도 없으니……."[67]

이와 같은 처세는 이후 한국인의 기본적인 생존법으로까지 격상된다. 1910년 한성외국어학교 영어부를 졸업한 정구영(1899~1978)은 "내가 영어과를 택한 것은 우리나라 가족제도의 근간을 이루고 있던 대가족제도에 있어서의 어른들의 절대명령이 있었기 때문이었다"며 다음과 같이 말한다.

"집안 어른들은 일로日露전쟁 직후 차차 일본 세력이 이 땅에 들어오고 다른 열강들이 이 땅을 넘보기 시작하자 '장차 세상이 달라질 것이다. 일본이 이미 발을 들여놨고, 아라사와 중국이 또 영국과 미국이 언제 들이닥칠지 모르니, 세상이 변하더라도 집안에 외국어를 하는 사람이 있어야 한다'고 고집하였다. 그래서 나와 사촌형제 5명에게 각기 하나씩의 외국어를 배우게 했는데 나와 구창(구한말 판사로 있다가 뒤에 변호사)이 영어를, 구평이 일어를 구동이 한어를 각각 배웠다. '처변불경處變不驚(어떤 어려운 환경에 닥쳐도 두려워하거나 놀라지 않는다)'의 어른들 주장에 따른 것이었다."[68]

『대한매일신보』의 활약

러일전쟁의 와중에서 우리 신문이 하나 창간되었는데 그건 바로 『대한매일신보大韓每日申報』였다. 1904년 7월 18일에 창간된 『대한매일신보』는 러일전쟁을 취재하기 위해 영국 『데일리 클로니클』의 임시 특파원으로 내한 중이던 어니스트 베델Ernest T. Bethell(1872~1909)을 사장으로 내세우고 궁정의 영어·일어 번역관인 양기탁梁起鐸(1871~1938)이 총무를 맡아 일본의 탄압에 반대하는 황실과 민간 유지들의 비밀투자로 운영되었다(鐸은 '택'이 아닌 '탁'으로 읽는 것이 보통이나, 양기탁은 양기택으로도 표기되어 두 개가 동시에 사용되고 있다).[69]

원래 『대한매일신보』는 영자 신문으로 기획된 것이었다. 러일전쟁이 터지자 조선 정부는 일본의 침략을 막기 위해 한국의 처지를 세계에 널리 알려야 할 필요를 절감하게 되었고, 그 방법의 하나로 영자 신문 간행을 원했던 것이다. 당시 국내에는 영자 신문이 없었다. 『독립신문』의 영문판인 『The Independent』가 폐간된 지도 4년이 지났기 때문에, 영자 신문 간행을 위해서는 영어를 잘하는 사람이 필요했다. 그래서 때마침 러일전쟁 취재를 위해 내한한 외국 기자들에게 눈을 돌리게 되었던 것이다.

전쟁 당사국 일본은 특파원 80여 명을 파견, 전황을 시시각각 타전했다.[70] 일본군의 압록강 도하 작전을 참관한 다른 외국인 기자는 총 13명이었는데, 국적별로는 영국 3명, 미국 3명, 프랑스 2명, 이탈리아 1명, 독일 2명, 오스트리아 2명, 스위스 1명이었다. 영자 신문 간행을 생각하게 되자 조선 정부에서는 이들 외국인 종군기자에게 눈을 돌려 베델을 섭외했을 것이라는 추정이 가능하다.[71]

그리하여 베델이 참여한 가운데 1904년 6월 29일 『코리아타임스』라는 견본 신문이 간행되었다. 첫 호를 낸 뒤 제호는 『코리아데일리뉴스Korea Daily News』로 변경되었다. 『코리아데일리뉴스』는 곧 일본 통감부가 발행하는 영자지 『서울프레스The Seoul Press』와 맞붙어 싸우게 되었는데, 프레더릭 매켄지 Frederick A. McKenzie는 당시 상황에 대해 "서구인이라고는 1백 명도 넘지 않는 한 도시에서 두 가지의 영자 신문이 일간으로 발행되는 언론 사정에 대해 우리는 놀라지 않을 수 없었"다고 말했다.[72]

그런데 견본 신문 10여 호를 간행하는 중에 원래 계획과는 달리 한글 신문도 내자는 목소리들이 나오게 되었다. 그래서 신문 제호를 『대한매일신보』로 바꾸고 한글 2면, 영문 4면, 총 6면으로 창간호를 내게 된 것이었다.[73] 한글·영문 혼용 편집은 쉽지 않아 독자로서도 불편한 점이 많았다. 이런 이유 때문이었는지 『대한매일신보』는 1905년 3월에 갑자기 휴간을 했다가 8월 11일부터 영문 신문과 국한문혼용 신문 두 개를 따로 간행하기 시작했다.

1905년 11월 18일 을사늑약 이후 선교사들은 교육 사업에서 종교 과목을 점차 늘여가고 예배 참석을 의무화했으며 영어를 정규 과목에서 빼버렸다. 이에 학생들이 서명 운동·수업 거부·동맹휴학 등의 방법으로 항의하자, 학교 측은 퇴학·폐교 등의 강경 조치로 맞서는 사태가 곳곳에서 일어났다.[74]

이상설의 영어와 이완용의 영어

1907년 4월 고종은 헤이그 만국평화회의에 밀사 3인을 파견했다. 전 의정부 참찬 이상설, 전 평리원(대법원) 예심 판사 이준, 전 주러시아 공사관 서기관 이위종 등이었다. 밀사 파견은 러시아의 초청과 후원에 따른 것이었다. 고종이 밀사들에게 준 신임장은 일본이 공법을 위배하며 우리를 협박해 조약(을사늑약)을 체결했던바, 외교권을 찾도록 하겠다는 내용이었다.[75]

만국평화회의는 6월 15일부터 10월 18일까지 열렸다. 6월 25일에서야 헤이그에 도착한 밀사들은 일제의 방해로 회의 참석조차 할 수 없었다. 드용호텔에 여장을 풀고 호텔 현관에 태극기를 내건 다음 날인 6월 26일, 밀사들은 만국평화회의 참석을 요청했지만 "초청장이 없으니 참석할 수 없다"는 싸늘한 대답만 돌아왔다.[76]

7월 14일, 이준이 숙소인 드용호텔에서 숨을 거둔 비극이 발생했다. 이위종은 언론 인터뷰에서 "몇 시간 동안 그는 의식을 잃은 듯 누워 있었습니다. 그러다 갑자기 소리쳤습니다. '내 조국을 구해 주십시오. 일본이 대한제국을 유린하고 있습니다.' 이게 그의 마지막 말입니다"라고 말했다.[77]

『만국평화회의보』와 현지 언론은 "얼굴에 생긴 종양 수술이 원인이 돼 사망했다"고 보도했다.[78] 이준의 유해 운구 소식을 보도한 『만국평화회의보』 7월 17일자는 "유해를 뒤따르던 친구(이상설)가 아는 유일한 영어 단어는 'So sad, so sad(매우 슬프고 슬프다)'였다. 그가 많은 단어를 알았더라도 감정을 이보다 더 잘 표현할 순 없었을 것이다"고 논평했다.[79]

영어를 잘할 수 있는 이들은 이미 친일파로 변신해 있었다. 헤이그 밀사 사건이 일어난 그해에 이완용은 자신의 생질로 일찍부터 비서 역할을 했던 김명수에게 다른 사람에게 누설하지 말 것을 당부하면서 다음과 같이 말했다고 한다. 이는 김명수가 1927년에 편집한 이완용 관련 자료집인 『일당기사』에 실려 있는 이야기다.

"최초 25세 무렵에는 종래 조선인이 목적으로 하는 문과에 합격했다. 당시 미국과의 교제가 점차 긴요한 까닭에 그때 신설된 육영공원에 입학했고 미국으로 건너갔다. 갑오경장 후 을미년에 이르러서는 아관파천 사건으로 인해 노당露黨의 호칭을 얻었고 그 후 일로전쟁이 끝날 때에 이에 전환하여 현재의 일파日派라는 칭호를 얻었다. 이는 때에 따라 적당함을 따르는 것일 뿐 다른 길이 없다. 무릇 천도天道에 춘하추동이 있으니 이를 변역變易이라 한다. 인사人事에 동서남북이 있으니 이것 역시 변역이라 한다. 천도 인사가 때에 따라 변역하지 않으면 이는 실리를 잃고 끝내 성취하는 바가 없게 될 것이다."[80]

'삼인칭'의 뜻을 알게 된 양주동의 '미칠 듯한 기쁨'

1910년 일제 강점을 전후로 한국인이 쓴 영어 관련 책들이 몇 권 출간되었다. 최초의 책은 1908년 미국 상항桑港(샌프란시스코) 공립신보사가 발행한 이원익의 『선생 없이 영어 배우는 법』이었다. 이 책은 발행된 지 5년 만인 1913년 조선총독부에 의해 국내 판매가 금지되었다.

독립협회 활동을 하던 애국계몽 운동가 정교(1826~1925)는 1910년 『영어독학英語獨學』이라는 책을 펴냈으며, 관립 한성외국어학교의 영어 교사 이기룡은 1911년 8월 17일 『중등영문전中等英文典』이라는 영문법서를 펴냈다. 이어 윤치호가 2개월 후인 1911년 10월 20일 『영어문법첩경英語文法捷徑』이라는 영문법서를 출간했다. 조선총독부는 『영어문법첩경』을 교과용 도서로 인가하지 않았지만, 이 책은 영어를 배우려는 조선인들의 필독서가 되었다.[81]

1917년에 출간된 장두철의 『무선생영어자통無先生英語自通』도 널리 인기를 얻은 책이었는데, 이 책에 나오는 '삼인칭三人稱'이라는 말은 일부 독자들을 헷갈리게 만들었다. 그런 독자들 중에는 영문학자이자 국문학자인 양주동(1903~1977)도 있었다. 그는 '삼인칭'이라는 뜻을 알기 위해 눈길 20리를 왕복한 경험담을 다음과 같이 털어놓았다.

"읍내에 들어가 일인 보통학교장을 찾아 그 말뜻을 물어보았으나, 교장 씨 역시 모르겠노라고 두 손을 잣는다. 나는 그때 C 선생이 몹시 그리웠으나, 선생은 당시 입옥入獄 중. 낙망하여 나오는 길에 혹시나 하고 젊은 신임 일인 교원에게 시험 삼아 물었더니, 그가 아주 싱글벙글하면서 순순히 말뜻을 가르쳐주지 않는가! 가로되, '내'가 아닌, '네'가 아닌 '그'를 삼인칭이라 하느니라. 아아, 이렇게도 쉬운 말일 줄은! 그때의 나의 미칠 듯한 기쁨이란!……나는 그날 왕복 사십 리의 피곤한 몸으로 집에 돌아와 하도 기뻐서 저녁도 안 먹은 채 밤이 깊도록 책상을 마주 앉아 '메모'로 적어놓은 '삼인칭'의 뜻을 '독서'하였다."[82]

1917년에 출간된, 우리나라 최초의 '연애소설'이자 '베스트셀러'인 이광수(1892~1950)의 『무정』은 전통적 사랑을 거부하고 새로운 자유연애를 형상화한 작품이다. 이 소설이 주인공의 직업을 영어 교사로 설정한 것은 그런 문화적 파격을 암시하기 위한 것이었을까? 이 소설은 다음과 같이 시작한다.

"경성학교 영어 교사 이형식은 오후 두 시 사 년급 영어 시간을 마치고 내려 쪼이는 유월 볕에 땀을 흘리면서 안동 김 장로의 집으로 간다. 김 장로의 딸 선형이가 명년 미국 유학을 가기 위하여 영어를 준비할 차로 이형식을 매일 한 시간씩 가정교사로 고빙하여 오늘 오후에 세 시부터 수업을 시작하게 되었음이라."[83]

『동아일보』・『조선일보』의 영문란 설치

일제가 1919년 3・1운동 이후 이른바 '문화통치'로 전환하면서 영어 열기도 점차 높아지기 시작했다. 1920년 5월 10일엔 경성의 보성고등보통학교 3학년 학생들이 일본인 영어 교사 다나카 류쇼田中龍勝의 발음이 나쁘다는 이유로 영어 교사를 바꿔줄 것을 요구하면서 동맹휴교를 하는 일까지 벌어지기도 했다.[84]

1920년 4월 1일에 창간한 『동아일보』는 그해 8월 24일자 1면을 국・영문 사설과 광고로만 채운 이색적인 신문을 발행했다. 이는 중국을 거쳐 서울에 도착 예정인 미국 하원의원 일행을 환영하는 특집이었다. 1면 상반부에 「미국 의원단을 환영하노라」와 「Welcome to the Congressional Party」란 제목의 국한문과 영문 사설을 같은 크기로 나란히 게재했고, 하반부는 국・영문으로 표기된 국내 기업・사회단체들의 '명함 광고'가 차지했다.[85]

미국 하원의원들이 탄 기차가 경의선을 달려오는 동안 평북 곽산과 평남 안주에서는 한국인들이 철도 연변에 미국 국기를 들고 나와 독립 만세를 소리쳐 불렀다. 서울 시가지의 상점은 대부분 철시한 상태에서 미 의원단 일행은 남대문역에 도착해 조선호텔로 향했는데 연도에 나와 있던 시민 1만여 명은 만세를 불렀다. 각계 인사들이 환영회를 조직했으나 총독부의 방해로 미의원단은 거절했다. 『동아일보』 사설은 미 의원단의 방문을 맞는 기쁨을 "자모慈母를 기다리는 유아幼兒의 마음"이요, "애인을 고대하는 정인情人의 마음"으로 비유하면서 열렬한 환영의 뜻을 표했다.[86]

『동아일보』는 영어 학습과 구미 유학의 필요성을 역설했다. 예컨대, 『동아일보』 1921년 3월 23일자에 실린 「구미 유학을 권하노라, 신학기에 임하야」라는 제목의 사설과 관련 기사를 통해 '영어는 현대의 세계적 용어'가 되었다고 밝히면서 '세계 문명의 공기를 마음껏 흡수'하기 위해 영어 공부를 열심히 해야 한다고 말했다.[87]

『동아일보』는 1923년부터 1930년까지, 『동아일보』보다 약 한 달 먼저 창간된 『조선일보』는 1925년부터 1930년까지 '영문란英文欄: English Section'을 고정란으로 게재했다. 1923년 12월 1일자부터 '영문란'을 신설한 『동아일보』는 그날 사설에서 이렇게 말했다. "조선 민족의 표현기관이라는 최고 사명에 따라……신문의 소리를 세계적으로 입론立論치 않으면 안 되겠으므로 그 제일보로 영문란을 창설한다."[88]

『동아일보』와 『조선일보』의 '영문란'은 조선의 사정을 세계에 알리려는 의도가 절실했기에 나온 것이었지만, 동시에 그만큼 영어에 대한 사회적 관심이 높아졌다는 걸 뜻하는 것이기도 했다. 예컨대, 『조선일보』 1923년 6월 13일자에 실린 '경성통신 영어학회'의 '영어강의록' 광고는 '조선문으로 간이평명簡易平明하게' 썼음을 강조하면서 "모던 현시대에 오인吾人에게 제일 필요한 언어는 영어에 재在하니……제군에게 최량의 방법을 진盡하야……정칙적正則的(바른) 영어를 명고名高한 교사의 고심 하에 통신교수코져……"라고 말하고 있다('통신교수'는 강의록을 정기적으로 배달해 가르치는 것을 말한다).

강의록뿐 아니라 '영어 초학자를 위해 발음과 해석을 조선말로 견루遺漏(빠짐) 업시 완전히 서술한' 『영어독습초보』나 선생 없이 배운다는 『무사자통無師自通 영어 문법』 같은 책 광고도 흔했다. 특히 1924년 조선제국대학이 개교하면서 학생들을 모집할 때 외국어 시험으로 영어와 독어를 치렀으나, 이듬해 이름을 경성제국대학으로 바꾼 뒤에는 영어만 보면서(1925년 1월 10일자), 영어는 출세의 지름길인 경성제국대학에 가기 위한 필수과목이 되었다.[89]

경성제대는 국어학·국문학 강좌와 동일한 비중으로 영어학·영문학 강좌를 마련했는데, 이는 영어를 중시하는 기독교계 학교를 견제하는 동시에 구미에 유학하는 조선인을 체제 내에 유인하려는 정책의 산물이었다. 경성제대의 영문학 강좌는 조선인에게는 상대적으로 안정된 고용으로 이어지는 진로를 보장하는 것이었다.[90]

일본 유학생들 중에서도 영어 전공자의 수가 가장 많았다. 『동아일보』 1926년 1월 29일자가 집계한 전공 분야별 유학생 통계를 보면, 영어영문학 486명, 법률 351명, 사회학 112명, 문학 52명, 철학·종교 49명, 수학·물리 42명, 정치·경제 24명 순이었다.[91]

"이제 영어 모르면 패배자됩니다"

그런데 흥미로운 것은 조선에 들어온 서양 선교사들은 일제 강점 이전과는 달리 더는 영어를 가르치지 않았을 뿐만 아니라 영어 공부를 금하기까지 했다는 점이다. 기독교 신자 안창호는 1926년의 한 연설에서 다음과 같이 말했다.

"한국에 들어온 미국 선교사들은 미국 사람들 중에 문화운동에 상당한 활동을 할 만한 수양을 넉넉히 가진 이가 적었고 또 그들의 정책이 단순히 종교만 전파하고 문화운동에는 매우 등한히 여기었습니다. 다시 말하면 그들이 우민정책을 썼다 하여도 과언이 아닙니다. 그들이 얼마 전까지도 영어 배우는 것을 금지하는 것만 보아도 알 것이외다. 그러함으로 늦게 들어오는 문화나마 속히 발전되지 못하고 매우 더디게 되었습니다."[92]

아마도 선교사들은 '염불보다는 잿밥', 즉 신앙보다는 영어를 중시하는 일부 신도들에 대한 대응책으로 그리 했겠지만, 일제로서도 세계의 강대국으로 등장한 미국의 언어를 무시할 수는 없는 일이었다. 1927년 2월 16일 조선총독부 산하 경성방송국이 개국했을 때 기본 편성표에는 기악 연주, 단가, 만담, 강연, 소설 낭독, 라디오 연극, 국악(가야금 병창) 등과 더불어 외국어 강좌(영어)가 들어갔다.[93]

영어를 배울 수 있는 중등학교나 전문학교 입학은 '하늘의 별 따기'였기 때문에 학교에 가지 못한 사람을 거냥한 영어 공부 광고 공세가 제법 치열했다. 『조선일보』 1931년 5월 23일자에 실린 광고는 "영어의 지식은 쌀과 물가티 일상생활에 업지 못할 요구"요, "늙은이 젊은이나 영어를 모르면 지금 세상에는 암흑"이 된 시대가 되었다고 주장했다.

당시 '영어 학습'의 최강자는 도쿄의 '이노우에#上통신영어학교'였다. 『조선일보』 광고를 통해 살펴보자면, '정상#上'은 "모든 학교가 영어를 가르키고, 모든 지위 직업이 영어를 요구하는 금일, 아직 영어를 모르는 청년이 잇다면 그것은 자기 스스로 묘혈을 파는 것"이라고 위협하거나(1930년 9월 27일자) 혹은 "청소년 제군은 엇제 영어를 안 배와서는 안이될가?"라는 물음과 함께 그 이유를 조목조목 대면서(1933년 11월 30일자), 영어를 배워야 한다고 강조했다. 또 축음기 보급이 늘자 발 빠르게 "귀로 익히는 방법을 써서 대평판된 본교 강의를 한번 손에 들어보라!!"고 권했고(1935년 12월 21일자), '레코-드로 영어를 숙달하는 방법'을 앞세워 '입신의 무기 영어를 정복'하라고 외첬다(1936년 3월 29일자). '금일 이후 영어를 알지 못하는 분은 사회의 패잔 자'요(1936년 8월 25일자) '입신의 제일자본을 갖지 못한 사람'으로(1937년 4월 13일자), '영어 인푸레 시대'가 도래한 오늘 '근무의 여가에' 시간을 쪼개 영어를 배워 '생애의 희망을 실현'하라는 등(1937년 9월 26일자 등) '정상'은 지속적인 광고 공세를 폈다.[94]

사교권 장악 수단으로서의 영어

영어는 고학령층 사이에서는 '인정 투쟁'의 주요 도구가 되었다. 1920년 대와 1930년대를 풍미하던 모더니즘의 바람을 타고 영어가 자기 과시의 수단으로 자리 잡게 된 것이다. 이른바 '모던 보이'와 '모던 걸'은 영어나, 일본어를 대화에 곧잘 섞어 사용하면서 시대의 소비와 유행을 이끌었다. 특히 당시 수입된 할리우드 영화가 큰 영향을 미쳤다. 김진송은 영화에 대한 대중의 관심은 오늘날 대중스타에 대한 것과 마찬가지로 "'샬리 템플'의 일주일 수입이 얼마니, '케이블'식 구두가 어떤 뽐세니, '쪼온 크로포드'는 몇 번째 결혼하느니" 하는 것들로 채워져 갔으며 서양 영화배우에 대한 신상명세를 시시콜콜히 주워섬기는 것이 끽다점喫茶店이나 바에서 '사교권'을 장악하는 방법이었다고 했다.

"영화가 보다 대중적인 장르로 확산되자 '조선의 나이 어린 여성들은 하등의 민족적으로나 계급적 의식이 없이 공상적 푸치뿌르(쁘띠 부르주아) 심리에서 스크린에 나타나는 미모와 고흔 목소리에 유혹되여' 영화배우로 나서려 했다. 스타를 동경하는 청소년의 연예계에 대한 지대한 관심이 오늘만의 이야기가 아니었던 것이다. 영화에서 수많은 서양 배우들이 지대한 영향을 미치고 일상에 침투했지만 이와 함께 조선의 배우들이 등장하고 이들이 스타 시스템에 의해 작동되면서 대중들의 새로운 스타로 부상했다. 당시의 많은 잡지에서 영화배우에 대한 소개나 프로필을 소개하는 난이 빈번했던 것은 영화가 지니는 대중적 파급 효과를 고려하면 그리 놀라운 일은 아니었다."[95]

『조광』 1937년 12월호에 실린 한 영화 비평은 영화야말로 가장 "값이 싸고 화려하고 재미있는 오락"이었으며 "세기의 총아"이자 "현대의 패왕"이라고 주장하면서 그 이유를 이렇게 설명했다. "오십 전 혹은 삼사십 전으로 세 시간 동안 어여쁜 여배우의 교태와 소름끼치는 자극과 노래와 음악과 춤을 실토록 맛보고 게다가 서양원판 예술을 풍성하게 감상할 수 있으니까 에서 더 바랄 것이 없다."[96]

그랬다. 무얼 더 바랄 것인가? 게다가 사교권까지 장악할 수 있는 보너스까지 주어진다는데 말이다. 서양의 새로운 유행을 남보다 빨리 입수하고 활용해야만 앞서갈 수 있는 건 비단 이 시절에만 국한된 건 아니었으며, 이는 이후 더욱 강화되어 한국적 삶의 중요한 구성 요건이 된다. 그건 결코 '사대주의'라고 말할 수 없는, 아니 '근대성'이라고 하는, 삶의 중요한 경쟁력이었던 것이다.

진주만 폭격 이후 영어는 복음의 소리

그러나 일제가 전쟁에 미쳐 돌아가던 1937년부터 영어는 적대국가의 언어로 간주되어 배격의 대상이 되었다. 조선총독부의 영문 기관지인 『서울프레스』는 1937년 5월에 폐간되었는데, 이는 미국과 영국을 적대시하면서 나타난 영어 배격 운동 때문이었다.[97] 1939년부터는 입학시험에서도 영어가 빠졌다.[98]

일제가 본격적인 전시체제에 들어가면서 『동아일보』와 『조선일보』가 1940년 8월 10일에 폐간되자 조선총독부 기관지인 『매일신보』(국문)와 『경성일보』(일문)가 번영을 누렸다. 특히 『경성일보』의 성장이 두드러졌는데, 이 신문의 발행부수는 1942~1943년경에는 20만대에 오르게 되었다. 최준은 "시국의 변천과 더불어 민간 지식계급층에서는 국문판 『매일신보』보다도 오히려 『경성일보』를 보는 경향과 풍조가 생겼다"며 "『경성일보』 독자를 상별 詳別할 때 일인 사 할에 대하여 한국 민간인 측이 6할을 차지한 기현상을 가져왔다"고 했다.[99]

그러나 1941년 12월 7일 일제의 하와이 진주만 폭격 이후 영어는 다시 복음의 소리가 되었다. 극소수나마 한국인들이 단파방송을 통해 전황을 알 수 있었기 때문이다. 총독부는 '외국 단파방송 청취 금지령'을 공포하고 그 단속을 강화했다. 나중에는 외국인이 가지고 있던 단파 라디오마저 모두 압수해 버렸다.[100] 그래도 방송국에서 근무하는 한국인 직원들은 위험을 무릅쓰고 미국 샌프란시스코에서 발신되는 VOA(미국의 소리) 방송을 듣곤 했다. 미국이 1942년 8월 29일 30분 길이의 〈자유의 종은 울린다〉란 프로그램으로 VOA 한국어 방송을 시작하면서 단파방송의 인기는 더욱 높아졌다.

그러나 모든 국민이 단파방송으로 희망과 용기를 얻었던 건 아니다. 예외도 있었다. 예컨대, 조선식산은행에 다니던 한국인 행원은 단파방송을 통해 전쟁이 곧 끝날 것을 알고 영어 공부를 하기도 했다.[101] 점점 더 일제의 패망

이 가까워오고 있다는 게 감지되면서 영자 신문으로 영어를 공부하는 조선인 행원들이 늘기 시작했다.[102]

　영어는 이 땅에 들어오면서부터 '권력'이었다. 일제강점기에는 좀 다른 양상을 보이긴 했지만, 영어가 사교권 장악 수단이었으며, 일제의 패망 조짐이 보이면서 영어가 복음의 소리가 되고 영어를 공부하는 사람들이 부쩍 늘었다는 건 이후 전개될 한국에 불어닥친 '영어 패권주의'를 예고한 셈이다. 이런 현실을 부정적으로 보는 이들이 많지만, 우리는 우리 자신에 대해 좀더 너그러워질 필요가 있다. 생존과 번영을 위한 몸부림은 추하면서도 불가피한 것이라고 보아야 하지 않을까?

제2장

영어는
'시대정신'이었다

해방 정국~1950년대

해방 정국의 공용어가 된 영어

1945년 8월 15일 해방이 되었지만, 아직 완전한 해방은 아니었다. 9월 7일 인천항에서는 미군 상륙의 소문을 듣고 몰려든 군중으로 인해 작은 혼란이 발생했다. 미군의 인천 상륙을 환영하기 위해 부둣가에 나와 있던 군중이 일본 경찰의 저지 명령을 무시했다는 이유로 일본 경찰이 발포하는 어이없는 사건이 발생했다. 이 발포로 인해 2명이 사망하고 9명이 부상을 당했다. 이 사건에 대해 나중에 미군은 오히려 일본 측을 두둔했다.[1]

이제 영어가 절대적으로 중요하게 된 상황이 전개되고 있었다. 9월 8일 새벽, 한국 점령군인 제24군단 사령관 육군 중장 존 하지John R. Hodge(1893~1963)는 인천 앞바다에서 늘 하던 버릇대로 맥아더처럼 색안경을 끼고 파이프를 입에 물고 선장인 바베이 제독과 함께 갑판에 앉아 있었다. 바베이의 망원경에 태극기와 성조기를 단 작은 배 한 척이 들어왔다. 그 배엔 영어를 할 줄 아는 여운형의 동생 여운홍, 여운형의 비서 조한용, 미국 브라운대학 출신인 백상규 등 3명이 타고 있었다.

세 사람이 기함에 올랐을 때 하지는 자기 방으로 돌아갔다. 백상규가 유창한 영어로 자신이 브라운대학을 장학생으로 졸업했다는 걸 포함해 자기 일행이 온 목적을 설명했다. 명문 브라운대학의 장학생? 미군에게는 그게 가장 놀라운 사실이었다. 미군 장교 가운데 브라운대학 출신이 있어 확인 작업에 들어갔다. 학교의 건물 모양에서부터 교수 이름에 이르기까지 몇 차례 질문이 오고 갔다. 장교는 "적어도 한때 브라운대 학생이었던 것만은 분명한 사실"이라는 보증을 섰다. 그러나 그것뿐이었다. 하지가 그들의 면담을 거절했기 때문이다.[2]

조선을 미국의 적으로 간주하는 미군의 기본 자세는 9월 7일에 발표된 맥아더의 포고령 제1호와 제2호, 제3호를 통해 구체화되었다. 포고령 제1호는 미군이 해방군이 아니라 점령군의 지위로 한반도에 들어가게 될 것이며, 영어를 공용어로 사용한다고 했다. 포고령 제2호는 미국에 반대하는 사람은 용서 없이 사형이나 그 밖의 형벌에 처한다고 했다.

그렇게 살벌한 포고령을 때려 놓은 미군은 9월 8일 오전 8시 30분 일본군이 보내준 안내선의 도움으로 인천항에 입항하기 시작했고 입항은 오후 1시에 완료되었다. 미군은 상륙 즉시 경인지구에 대해 오후 8시부터 다음 날 새벽 5시까지 통행금지를 실시한다는 포고령을 발표했다(통행금지 시간은 9월 22일부터는 22시부터 04시까지로 변경되었지만, 통행금지는 1895년에 사라진 이래로 50년 만에 부활한 것이었다).

'건국준비위원회(건준)'와 '인민공화국'을 지지하는 『조선인민보』의 창간호(9월 8일) 1면에는 영어로 「연합군 환영」이라는 톱기사가 커다란 사진과 함께 실렸고, 왼편에는 역시 「연합군을 환영함」이라는 시가 실렸지만,[3] 미군은 그런 환영을 외면했다. 9월 9일 미군은 서울에 진주해 38선 이남 지역에 대한 군정을 선포했다. 그리고 이날 오후 4시 30분 조선총독부 정문에 걸린 일장기가 내려지고 대신 그 자리에 성조기가 게양되었다.

미군은 모든 행정에서 일본인들에게 절대적으로 의존했다. 일본인들은 10월까지 약 350권의 비망록을 영어로 작성해 미군정청에 제출했으며, 한인 관리들을 임명할 때에도 추천권을 행사했다. 하지가 신문 기자들에게 "사실 일본인들이 가장 신뢰할 만한 나의 정보원이다"고 실토했듯이, 미군은 일본군에 이은 새로운 지배자의 자세로 한국인들을 대했던 것이다.[4]

'통역정치'의 전성시대

해방 정국에서 가장 먼저 나온 신문은 국문 신문이 아닌 영문 신문이었다. 미군이 진주하기 3일 전인 9월 5일 이묘묵 등이 주도한 『코리아타임스』가 창간되었고, 바로 다음 날 민원식 등이 주도한 『서울타임스』가 창간되었다. 국문 신문도 미군정을 의식해 1면에 영문 논설을 싣곤 했는데, 영문 논설을 제일 많이 실은 신문은 『동아일보』였다.[5]

이게 잘 말해주듯이, 미군이 새로운 지배자로 등장한 해방 정국에서 가장 강력한 생존 무기는 단연코 영어였다. 영어를 할 수 있는 통역관들이 막강한 권력을 휘두르기 시작했다. 일제시대 때 해외 유학을 했거나 국내에서 고등

조선인이 끄는 인력거를 타고 나들이를 즐기는 미군들. 일제에서 해방되고 미군이 새로운 지배자로 등장한
해방 정국에서는 영어가 가장 강력한 생존 무기였다.

교육을 받은 사람이 영어를 잘하는 건 당연한 일이었다. 그런데 그런 사람들
은 대지주 집안 출신으로 해방 전에는 친일파, 해방 후에는 친미파 노선을 걸
었다. 정당으로 보자면 바로 한국민주당(한민당)이 그런 사람들로 구성되었
는데, 한민당은 사실상 해방 정국을 지배한 이른바 '통역정치'의 주역으로 부
상한 것이었다.[6]

하지의 보좌관이자 군정 인사 문제 조정위원인 조지 윌리엄스George
Williams는 한국어를 할 줄 아는 극소수의 미국인 가운데 한 명으로서 한민당

의 득세에 큰 영향을 미쳤다. 윌리엄스는 일제시대에 조선에서 전도 사업을 한 선교사의 아들로 한민당 간부들과 친했다. 하지의 통역관인 이묘묵 (1902~1957)을 비롯해 미군정청에 근무한 400여 명의 통역관들도 거의 대부 분 한민당 세력이거나 한민당을 지지하는 사람들이었다.[7]

평안도 출신으로 미국 시러큐스대학(도서관학 석사)과 보스턴대학(박사)을 졸업한 이묘묵은 미군 진주 소식을 듣고 9월 5일 『코리아타임스』를 창간해 사장이 되었는데, 하지의 통역관이자 고문의 직책을 갖고 군정의 실세로 활 약했다. 1개 분대의 미군 병력이 그의 집을 호위하는 등 그는 미군의 특별 경 호까지 받았다.[8]

미군정은 1945년 10월 경찰을 보완할 목적으로 국군을 창설하기로 결정 했다. 이에 따라 11월 13일 군정 법령 제28호에 따라 경찰과 육군 및 해군 부 서들로 구성된 군사국을 총괄, 통제할 '국방부'가 설치되었으며, 1946년 1월 15일에 국방경비대가 창설되었다. 한국 군대 창설의 당면 문제 가운데 하나 는 언어 장벽이었다. 이를 해결하기 위해 미군정은 1945년 12월 5일 군사영 어학교를 만들었다. 미군정청은 일본군 대좌 출신의 이응준, 만군 중좌 출신 의 원용덕, 중국군 출신의 조개옥에게 위탁해 생도 모집에 나섰다.

군사영어학교의 1기생인 60명의 장교 후보들은 3개의 집단에서 뽑았는데, 이들은 일본군 출신 20명, 일본 관동군 출신 20명, 임정 산하의 광복군 출신 20명이었다. 입교 40여 일 만인 1946년 1월 15일 이형근·채병덕·정일권· 김종오 등 21명이 1차로 임관했다. 뒤이어 1월 22일 백인엽 외 3명, 2월 7일 정래혁 외 1명, 2월 9일 원용덕 외 3명, 2월 26일 백선엽·이한림 외 3명, 3월 23일 이후락·장도영 외 11명, 5월 1일 송요찬·강영훈 외 15명 등 1946년

4월 30일 폐교할 때까지 모두 119명이 이 학교 출신으로 경비대 장교로 임관했다. 군사영어학교 출신 장교들은 그 뒤 건군建軍의 주춧돌이 되었고, 그 가운데 68명이 장성으로 진급했다. 그들 중 대장 진급자는 8명, 중장이 20명이었으며, 참모총장을 한 자는 13명이나 되었다.[9]

영어는 최대의 생존 무기

당시 영어의 위력은 어느 정도였던가? 1945년 초겨울, 17세의 젊은이 피터 현(한국 이름 현웅)이 겪은 일이다.

"해방 직후 서울에서 내가 생각해낸 유일한 일자리는 미 주둔군을 위한 통역 노릇이었다. 함흥에서 중학교 다닐 때 내가 가장 좋아하고 또 자신 있는 과목은 영어였다. 사실 영어를 말하는 기술을 따로 공부한 일은 없었다. 물론 내 영어 실력이 썩 좋지는 않았지만……그럼 어떻단 말인가? 한번 부딪쳐 보는 거지! 나는 젊고 어리석은 만큼 용감했다. 미8군 인사과에 찾아갔다. 내가 아주 어려 보였던지 책상에 앉아 있던 덩치가 큰 육군소령이 먼저 나이부터 물었다. 나는 실제보다 3살을 보태서 말했다.……나는 도저히 믿어지지가 않았다. 이렇게 금방 간단히 취직이 되다니! 내 이력이나 자격에 대해 자세한 질문도 없이. 그리고 나서 미국과 미국인이 정말 좋아졌다."[10]

그렇게 영어 능력이 우대받는 해방 정국에서 최초의 베스트셀러가 영한사전이라는 건 당연한 일이었다. 영한사전이라고는 얄팍한 팸플릿 따위의 소책자만 쏟아져나왔던 출판 시장에 수백 쪽짜리 영한사전이 등장한 건 1945년 말경으로, 유형기 편 『신생 영한사전』이 그것이었다. 이는 6·25전쟁이 끝난 뒤 민중서관에서 새로 사전들을 편찬할 때까지 거의 10년 가까이 출판 시장을 독점했던 유일한 영한사전이었다. 많은 청소년과 젊은이들이 "그 영어 사전 속에 밝은 미래가 있는 것처럼 느끼면서 보물처럼 소중하게 간직하곤 했다".[11]

피터 현은 그렇게 통역관으로 지내다가 1948년 미국 유학을 떠나게 되었고, 그 후 필명을 날리는 작가가 되었다. 피터 현의 행운은 축하받을 만한 일이겠지만, 모든 통역관이 그처럼 정정당당하게 일한 건 아니었다.

해방 정국에서는 모든 사람의 일상적 삶이 정치화되었으며, 그렇게 하지 않고서는 생존을 도모하기가 어려웠다. 미군정은 일본인들이 남긴 재산, 이른바 적산敵産, enemy property에 대한 처분권을 갖게 되었기 때문에 그 엄청난 이권의 배분을 둘러싸고 미군과 영어로 대화를 나눌 수 있는 사람은 유리한 고지를 차지할 수 있었다. 통역자들의 임금은 매우 낮은 수준이었는데도 영어를 할 줄 아는 교육받은 지식인들이 대거 몰려들었던 것도 그런 사정과 전혀 무관하지 않았을 것이다.[12]

사회 분위기가 그랬던 만큼 '영어 강습'은 후생사업이기도 했다. 『조선일보』 1947년 12월 11일자에 따르면, "보건후생부 부녀국 어머니학교에서는 일반 부녀들의 외국어 상식을 북돋아주기 위하여 이번에 영어 강습회를 베풀기로 되었는데 오는 15일부터 중구 회현동 1가 호국사에서 강사로는 미인美人 여자 4명과 고봉경 씨 외 수 명을 초빙하리라 한다".[13]

'사바사바'의 성행

뇌물이나 매수 등을 뜻하는 속어인 '사바사바'라는 말도 바로 이때부터
생겨났는데,[14] 해방 직후에 나온 소설들은 바로 그런 '사바사바 정치'를 많이
다루고 있다. 대표적인 작품이 1946년에 발표된 채만식(1902~1950)의 『미스
터 방』일 것이다. 이 소설의 의미에 대해 이재선은 다음과 같이 말한다.

"머슴이요 구두 직공인 떠돌이 방삼복은 해방이 되자 일본-상해-서울
등 동양 삼국을 떠돌다 얻어들은 영어 지식으로 일약 미군의 통역관이 되어
호화로운 적산 저택에 살게 된다. 그의 이런 벼락출세는 영어 몇 마디로 성취
된 것이다.……이런 방삼복의 영어 실력은 경회루를 설명하는 대목에서 '킹
듀링크 와인 앤드 땐스 앤드 씽 위드 땐서king drink wine and dance and sing with
dancer'라고 설명하는 정도의 실력이다.……과장을 통한 시대상의 풍자에 초
점을 둔 이 작품은 영어의 위력이 곧 출세와 영달로 통하는 이 시대의 사회적
징후를 반영하고 있을 뿐만 아니라, 군정통치의 무분별성과 무원칙성을 시
사하는 의미도 함께 지닌다."[15]

나중에 해방 정국을 다룬 소설들에서도 통역관은 빠지지 않고 등장한다.
박완서(1931~2011)의 『지렁이 울음소리』도 해방 이후 혼란한 사회상을 묘사
하면서 '사바사바 정치'의 폐해를 꼬집고 있다. "좌우 대립으로 정계가 불안
한 틈에 모리배와 정상배가 미군정을 둘러싸고 혀 꼬부라진 영어를 씨부렁
대며 사욕을 채우고, 친일파가 한층 극성맞고 탐스럽게 애국과 민주주의를
노래 부르고, 또 부를 때였다."[16]

통역관의 폐해는 대한민국 정부 수립 직전까지도 여전했다. 『조선일보』

1948년 8월 12일자에 실린 「악질 통역: 건국을 좀먹는 악의 군상」이라는 제목의 기사는 "밤이 되면 이 집 저 집으로 찝차를 몰고 돌아다니며 뚜쟁이 노릇하기에 분주하여 양쪽에서 몇 푼 안 되는 푼돈이나 얻어먹는 추잡한 통역으로부터 호가호세狐假虎勢하여 진주군의 권한을 최대한대로 악용하고 사복을 채우는 통역에 이르기까지" 다양한 비리 유형을 소개했다.

"김광수=야간 질주하는 찝차 중의 여인을 발견하고 일단 미군기관으로 인치하였다가 다시 미군 모 기관으로 데리고 가노라고 자동차로 나서자 시외 산속으로 끌고 들어가서 욕을 뵈다가 피검. 송재승=과부만 찾아다니며 세 명의 과부와 사기결혼을 하고 수십만 원의 금품을 편취하는 악행을 계속하다가 형무소에 수감되자 배후를 동원시켜 사법당국도 모르게 미인 고문관 싸인으로 슬쩍 출감하고 사법계에 일대 충동을 일으킨 철면피."[17]

6 · 25전쟁과 영어

대한민국 초대 대통령 이승만은 영어의 달인이었는데, 그런 이유 때문이었는지 영어를 잘하는 사람을 우대했다. 그 대표적 인물이 국방부 장관 신성모(1891~1960)다. 시인 고은의 「신성모」는 그 점을 잘 꿰뚫어보고 있다.

"영국 배 타던 마도로스/영어가 능란했다/영어 능란한 사람이라/영어 능란한 대통령의 사랑을 받았다/일약 국방부 장관이었다/꿈같았다/전쟁 직전/점심은 평양에 가서 먹고/저녁은 신의주에 가서 먹는다 했다/이 기회에/우리 국군 압록강까지 추격해/민족의 숙원인바 통일을 달성하고 말 것이라 했다/헛소리였다."[18]

실제로 6·25전쟁이 발발했을 때 신성모의 한심한 직무유기와 갈팡질팡은 악명이 높다. 전쟁 중 영어의 효용은 더욱 높아졌다. "오직 몸뚱이밖에 팔 것이 없어서 입술에 새빨갛게 루주를 칠하고 외국 병사들에게 서툰 영어로 말을 건네는 젊은 여인들"도 많았고,[19] 미군에게서 먹을 걸 얻기 위해 "시골 아이들도 영어나부랭이 몇 마디씩은 배워서 지껄였"다.[20]

사정이 그러했으니 전쟁 중에도 영어 강습회가 열린 건 당연한 일이었는지 모른다. 『조선일보』 1951년 11월 16일자를 보면, "대한부인회 궁정동 분회에서는 궁정동에 있는 정명여학교에서 영어 강습회를 개최하기로 되었다".[21] 영어 웅변대회도 열렸다. 『조선일보』 1952년 11월 15일자에 따르면, "평택 한국청년애향사업회에서는 지난 9일 오후 2시 평택중학교 강당에서 수원비행장 페니시톤 대령을 비롯한 유지 다수 참석 하에 영어 웅변대회를 성대히 개최하였는데 입상자는 다음과 같다".[22]

영어의 후광은 눈이 부실 정도였다. 1952년 손로원 작사, 박시춘 작곡, 장세정 노래로 나온 〈샌프란시스코〉는 당대의 그런 정서를 잘 표현했다. "뷔너스 동상을 얼싸안고 소근대는 별 그림자/금문교 푸른 물에 찰랑대며 춤 춘다/불러라 샌프란시스코야 태평양 로맨스야/나는야 꿈을 꾸는 나는야 꿈을 꾸는 아메리칸 아가씨."

이 노래에 대한 이영미의 해설이 재미있다. 이영미는 "이 노래를 직접 들려드리지 못해서 정말 유감이다. 아마 여러분들은 듣자마자 웃음을 참지 못했을 것이다. 왜냐하면 가사에서는 샌프란시스코 어쩌구 하면서 잔뜩 미국 이야기를 하고 있는데, 음악은 꼭 '홍콩아가씨'나 '아메리카 차이나타운' 같은 떵까떵까 중국 분위기이기 때문이다"며 다음과 같이 말한다.

한국에서 시대정신으로 자리매김한 영어의 후광을 등에 업고 미국 샌프란시스코의 골든게이트교(금문교)는 1952년 선을 보인 노래 〈샌프란시스코〉에 등장하기도 했다.

　"게다가 샌프란시스코에 난데없이 웬 뷔너스(원래 표기는 '비너스'가 맞지만 당시 가사에는 '뷔너스'로 표기되었다) 동상? 뉴욕에 자유의 여신상이 있으니까 뭔가 동상이 있을 거라고 생각한 것인지 알 수가 없다. 노래가 경쾌하기는 하지만 그렇다고 일부러 장난치고 있는 것은 아니다. 오히려 이 노래에서는 강박관념 같은 게 느껴진다. 미국과 관련 있는 말이나 영어 단어를 몇 구절에 한 번씩 넣어야 한다는 강박관념 말이다. 비너스, 금문교, 샌프란시스코, 태평양, 로맨스, 아메리칸 등등. 마음으로는 버터 냄새를 풍기고 싶어 죽겠는데, 몸과 입은 아무리 해도 자장면이나 야끼만두(중국식 만주에 일본어 '야끼'란 말이 붙은 이 말이 꼭 이 노래들과 어울린다) 냄새밖에 못 풍기고 그 속에서 김치 냄새가 풀풀 새어나온다."[23]

'샌프란시스코'는 마력적인 상징

〈샌프란시스코〉라는 노래 가사의 의미를 제대로 음미하기 위해선 1952년의 전후 상황을 이해하는 것이 필요하다. 감히 반미反美 시위를 서울시청 앞에서 대대적으로 펼치곤 하는 2000년대의 '배은망덕' 한 자세로는 이해가 불가능하다는 걸 염두에 둘 필요가 있겠다.

'샌프란시스코' 는 마력적인 상징이다. 우선 영어 단어가 갖는 매력을 이해할 필요가 있겠다. '샌프란시스코' 라는 단어를 입에 올린다는 것 자체가 대단히 선진적이요 진보적인 냄새를 피울 수 있었다. 김원일의 『불의 제전』은 1950년대 초의 서울 풍경을 잘 묘사하고 있다. 그는 "흔히 쓰는 말에도 영어를 섞어 썼다. '오케이' 니 '노'로 긍정과 부정을 표시하고, 아침에 만나 인사할 때도 '잘 잤니?', '안녕' 하는 우리말로도 충분한데, '굿모닝' 하며 잘 돌지 않는 혀를 놀렸다. 또 '샤또 마우스', '기브 미', '갓 뎀' 이니 하는 말을 예사로 입에 올렸다" 며 다음과 같이 말한다.

"포장된 큰길로 나가면 '오케이 사진관', '모던 악기점' 따위의 영어 간판이 흔하고 라디오 가게에서 흘러나오는 노래도 영어 노래가 많다. 신문광고란을 보면 가루 치약조차 '라이온 치마齒磨', 술 이름은 '비너스 뿌란듸'라 하여 칫솔질하거나 술잔 든 여자의 얼굴 그림과 함께 실린다. 여자 그림 또한 멋쟁이 도시 처녀라기보다 서양 여자와 닮은 모습이다. 뿐만 아니라 약 이름도 배탈 났을 때 '트리카볼', 기침 심할 때 '코푸시럽', 허약 체질에는 '네오톤'이 직효로 듣는다고 선전한다. 그렇게 이름 붙인 영어 뜻을 서민이 제대로 알기나 하는지 모르지만 영어 이름은 최신 과학 기술로 만든 고급품이란 그 럴듯한 암시로 구매자를 호린다. 시장에 나가면 먹는 것 입는 것은 물론 가위·칼·병따개, 심지어 단추까지 미국 물건이 판을 친다. 홍기중 씨네 고물상 바깥마당에 키 넘게 재인 그 많은 헌 깡통과 빈 병도 대부분 미국 제품이거나, 그쪽 나라 것이 아니라도 한 군데에는 영어 글자가 찍혔다. 서울에서 거들먹거리며 산다는 층은 술과 청량음료도 미국 제품을 먹고 마시는 셈이다. 동구형의 말로는, 밀가루·고무·나무·종이·철판, 갖가지 군수품은 물론, 초콜릿·껌·성냥까지 온통 미국 물건에 목줄 뽑고 산다 해도 별 틀린 말이 아니다."[24]

1950년대 중반에는 1952년에 나온 〈샌프란시스코〉와 같은 노래들이 여러 개 나와 히트를 쳤다. 1955년에 나온 김부해 작사, 전오승 작곡, 명국환 노래의 〈아리조나 카우보이〉도 그런 가요 중 하나였다. "카우보이 아리조나 카우보이/광야를 달려가는 아리조나 카우보니/말채찍을 말아 들고 역마차는 달려간다/저 멀리 인디안의 북소리 들여오면/고개 너머 주막집에 아가씨가 그리워/달려라 역마야 아리조나 카우보이."

이 가요에 대해 이영미는 "지금은 아마 이런 노래를 만들려고 발버둥쳐도 못 만들 것"이라며 이런 평가를 내린다. "한국 땅에 앉아서 아리조나 카우보이에 관한 노래를 만든다? 아, 얼마나 기발한가! '저 멀리 인디안의 북소리' 대목에서는 정말 자지러지겠다. 미국 서부 개척 시대의 술집을 '주막집'이라고 표현한 것도 아주 재미있다.……1950년대는 한편에서는 '단장의 미아리고개' 로 통곡을 하고 있는데 다른 한편에서는 미국 서부 활극이나 미제 물건에 눈이 뱅뱅 돌고 있을 때였다. 이렇게 대중예술에서 미국의 영향은 민주주의나 다원주의가 아닌, 놀랄 만큼 풍요로운 물질과 그에 동반한 향락성, 혹은 단순히 외국에 대한 동경으로 기울어져 있었다." [25]

미국 지향성은 시대정신

1955년에 나온 유노완 작사, 전오승 작곡, 명국환 노래의 〈내 고향으로 마차는 간다〉에도 엉뚱하게 '벤조' 라는 악기가 등장한다. "벤조를 울리며 마차는 간다/저 산골을 돌아서가면 내 고향이다/이랴 어서 가자 이랴 어서 가자 구름이 둥실대는 고개를/꾸불 꾸불 꾸불 넘어간다 말방울 울리며 마차는 간다."

1956년에 나온 유광주 작사, 전오승 작곡, 박재란 노래의 〈럭키 모닝〉에는 영어 단어들이 난무한다. "럭키 모닝 모닝 모닝 럭키 모닝/달콤한 바람 속에 그대와 나/새파란 가슴에 꿈을 안고서/그대와 같이 부르는 스윙 멜로디/랄랄랄 랄랄라라라 단 둘이 불러보는 럭키 모닝."

1957년에 나온 이철수 작사, 이재현 작곡, 안정애 노래의 〈청춘 아베크〉도 왜 하필 '아베크' 란 단어를 써야 했는지 그 의도가 궁금해진다. "오늘은 선데이 희망의 아베크/산으로 바다로 젊은이 쌍쌍/다 같이 노래하는 청춘의 세계란다/오늘은 선데이 그대와 함께/오늘은 선데이 즐거운 아베크/지는 해가 야속터라 청춘 아베크."

이영미는 "서양말의 과시적 사용이나 서양 풍경의 상상적 묘사는 지금 들으면 좀 우스꽝스러울 정도로 어색하다" 며 "도대체 벤조를 울리면서 가는

1957년 1월 11일 결성된 중견 언론인들의 모임인 관훈 클럽은 "영어 몇 마디 하는 자들의 독점물이냐"라는 비판을 들을 만큼 미국과 긴밀한 관계를 맺었는데, 이는 시대정신으로 부상한 영어와 관련이 깊었다. 사진은 미국 상원의원 제임스 풀브라이트.

'내 고향' 이란 어디일까? 여기에서 마차는 서부영화에서나 본 포장을 두른 마차임에 분명하다"고 말한다.[26] 이영미는 이런 노래들은 당시 대중의 욕망과 결합되어 있다는 진단을 내린다.

"뭔가 미국과 관련된 것을 빨리 받아들이는 것이 요즈음 세상의 흐름에 뒤처지지 않는 것이다. 미국적인 것을 빨리 받아들이는 것이 바로 그 시대의 삶에 가장 잘 적응하는 것, 동경할 만한 첨단 유행의 삶을 사는 것, 곧 부유하게 잘 사는 것이라는 판단으로 이어진다. 이러한 대중들의 사회심리가 1950년대 대중가요의 미국 지향성의 본질이다."[27]

미국 지향성은 사회 전 분야에 걸쳐 파급된 일종의 시대정신이었다. 1957년 1월 11일 중견 언론인들의 모임인 관훈클럽이 결성되었는데, 이는 '풀브라이트 동창생' 들이 조직한 단체였다. 미 국무성은 1955년부터 제안자인 상원의원 제임스 풀브라이트James W. Fulbright(1905~1995)의 이름을 붙인 '풀브라이트 계획'을 실시했는데, 이는 세계 개발도상국가들의 엘리트들을 "초청하여 미국이라는 사회를 구경시켜 혼魂을 빼어 미국혼을 그 두뇌 속에 심어주는 교육사업"이었다.[28]

이 프로그램으로 미국을 다녀온 기자들이 관훈동에 있는 김인호의 하숙집에서 창립 모임을 가져 '관훈클럽'이라는 이름이 붙게 되었다. 태생이 그러한 만큼 관훈클럽은 친미적親美的 성격을 띠었다. 관훈클럽은 미국의 경제적 지원을 공식적으로 받았으며, 1957년 8월 20일 미국 대사 월터 다울링Walter Dowling을 초청해 강연을 듣는 등 미국과 긴밀한 관계를 맺는 활동을 했다. 모두 다 그걸 고운 눈으로 보지는 않았기 때문에 언론계 일각에서는 "관훈클럽은 영어 몇 마디 하는 자들의 독점물이냐"라는 지탄이 나오기도 했다.[29]

1950년대 중후반 내내 오늘날에는 뉴스로 취급하기 어려운 영어 교육과 관련된 기사들이 신문 지상을 많이 장식했으며,[30] 영어 웅변대회에 대통령상이 내걸리고 입상자가 경무대를 방문해 대통령 부처를 만나는 영예를 누리기도 했다.[31] 한국은행이 수출입 업무 관련 서류를 전부 영어로 작성하자 '영어만능시대'라는 말도 나왔다.[32] 심지어 이런 일도 있었다. 한동안 사상검사로 이승만의 총애를 받던 선우종원의 증언이다.

"지금에 와서 밝히지만, 당시 우리는 보고서를 영어로 써서 올려야 했다. 때문에 처음에 한글로 쓴 우리 보고서를 영문으로 번역하는 곤혹을 치르기도 했다. 이유는 바로 모든 보고서는 영부인 프란체스카 여사를 거쳐서 전달되는데 영부인이 한글을 모르니, 영어로 만들어야 한다는 것이다. 그 말을 듣고 한편으로는 황당하고 실망스러웠지만, 그래도 이박사의 반공에 대한 업적을 앞으로 내세우며 덮어버렸던 것이다."[33]

AFKN과 YMCA의 활약

앞서 보았듯이, 이승만은 영어 잘하는 사람에게 약했다. 신성모에게 그랬고 자유당의 2인자인 이기붕(1896~1960)에게도 그랬다. 두 사람 모두 영어 하나는 아주 잘했다. 이기붕도 미국 유학생 출신으로 미군정 통역을 하다가 이승만의 비서가 되어 그의 후계자 위치에까지 오르게 되었다.

1956년 6월 16일 시작된 한국 최초의 TV 방송인 HLKZ-TV도 이승만의 영어 사랑과 관련이 있었다. 이는 창업자인 황태영의 집념에 의해 탄생한 방송이었다. 방송국 허가는 처음엔 체신부와 공보처에서 거부당했다. 그러자 황태영은 이승만에게 영문 편지를 써서 호소했고, 이승만은 공보처·체신부, 재무부에 텔레비전 방송국 설립에 협조하라는 지시를 내렸다고 한다.[34]

황태영은 재정난을 견디지 못하고 1957년 5월 6일 HLKZ-TV를 장기영에게 양도했다. 장기영은 KORCAD를 대한방송주식회사DBC로 개편하고 초대 사장으로 취임했지만, DBC는 1959년 2월 2일 화재로 사라지고 말았다. 그렇지만 TV 방송까지 완전히 사라진 건 아니었다. AFKN-TVAmerican Forces Korea Network의 방송 시간을 빌려 방송했기 때문이다.

원래 AFKN은 1950년 6·25전쟁이 발발하자 라디오 이동방송국으로 출발해 휴전 후 정식 스튜디오를 갖춘 라디오 방송으로 기능해오다가 1957년 9월 5일 TV 방송을 시작했다. AFKN-TV의 개국은 주한미군을 통한 TV 수상기 유출의 계기로 작용해 TV 수상기는 1957년 12월까지 3,000대, 1958년 5월까지 3,500대, 1958년 10월까지 7,000대에 이르렀다.

화재로 사라진 DBC-TV는 화재 후 한 달 만인 1959년 3월 1일부터 약 2년

반 이상의 세월을 AFKN 채널을 통해 오후 7시 30분부터 8시까지 30분간 방송을 했다. 이는 결과적으로 AFKN-TV의 시청을 유도하게 되었으며, 나중에는 AFKN의 지방국 개국으로 지방에서도 텔레비전 시청을 할 수 있게 되었다.[35] 후일 KBS-TV가 개국할 때에는 AFKN에 인원을 파견해 기술 훈련을 받기도 했다.

AFKN은 미국 대중문화를 한국에 유입시키는 데에 큰 역할을 했다. AFKN은 "세계의 변방이나 다를 바 없던 한국 사회에 첨단 대중문화의 쇼윈도 같은 것"이었으며 "미군 문화는 소위 미8군 무대를 통해 한국 대중음악의 병참기지 노릇을 하기도 했다".[36] AFKN은 동시에 영어 공부의 최상의 교재 역할도 톡톡히 해내게 된다.

교회는 샌프란시스코라는 이상향의 언어인 영어를 배우고 실제로 그 이상향에 유학을 갈 수 있는 주요 통로이기도 했다. 각 교회는 말할 것도 없고 YMCA만 하더라도 "YMCA란 영어 수학 강습회를 하는 곳이다"라는 말이 널리 퍼질 정도로 영어 강습에 주력했는데, 1950년대 말까지 약 20만 명이 YMCA의 영어 강습회를 수강했다. 그렇게 영어를 익히면서 선교사나 미션계 학교를 배경으로 하면 미국 유학 가기도 쉽고 미국에 가서도 큰 도움을 받을 수 있었다.[37]

그래서 나중에는 "근자에는 미국 가기 위하여 교회를 이용하려는 사람이 많다"는 말까지 나올 정도였다.[38] 미국과 개신교가 분리되기 어려운 상황에서 미국 가기 위해 교회를 이용하는 건 결코 흠이 될 수 없는 일이었다. 영어는 당시의 '시대정신'이었기 때문이다.

제3장

영어는
'선택'이 아닌
'필수'였다

1960~1980년대

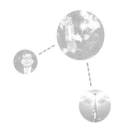

미군과 영어로 통해야 권력을 잡는다

1960년 4 · 19혁명 이후 등장한 정치 지도자들 역시 영어에 능통한 사람들이었다. 제2공화국 내각제하의 대통령 윤보선(1897~1990)은 영국 에든버러대학 출신의 유학파로 영어에 능통한 점이 정치적 성장에 큰 도움이 되었다.[1] 총리에 오른 장면(1899~1966)은 서울 중앙 크리스트교 청년 학관 영어과 출신으로 초대 주미대사를 지내면서 미국 쪽 인맥을 탄탄하게 만들었다. 일부 학자들은 그가 5 · 16쿠데타를 막지 못한 이유를 미국에 대한 지나친 의존에서 찾기도 한다.

장면이 쿠데타가 일어난 다음 날 미 대사관 쪽에 보낸 편지는 끝까지 모든 걸 미국에 의탁하는 내용이었다. "미국 정부는 우리 정부를 지지하고 있습니까? 매그루더 장군이 쿠데타군을 진압할 것인지 분명히 알고 싶습니다. 이러한 점이 분명해야 현 사태에 대한 나의 입장을 결정할 수 있을 것입니다."² 이에 대해 정윤재는 다음과 같이 말한다.

"아마도 장면에게 미국은 천주교의 교황청쯤에 해당되는 지상 최고의 권위체였던 것 같다. 믿을 만한 정보기관이 없는 국정 최고책임자였던 장면 총리는 기도할 때 으레 천주를 찾듯, 정치를 할 때는 '미국이 있는데 설마⋯⋯' 하면서 습관적으로 미국과 미국인들을 찾았던 것이다."³

김일영은 쿠데타 소식을 접한 장면이 찾아간 곳인 미 대사관과 CIA 숙소 및 가톨릭 수녀원은 그의 정치적 권력 기반의 소재를 상징적으로 드러내주고 있다고 말한다. 그는 "가톨릭과 미국은 장면을 정치에 입문시킨 두 세력이었으며, 그가 그 세계에 몸담고 있는 동안의 세력기반이기도 했다. 만약 해방 후의 정치적 소용돌이 속에서 가톨릭 측의 배출력과 미국 측의 적극적인 흡인력이 없었더라면 그는 아마 독실한 가톨릭 교육자로서 일생을 마쳤을지도 모른다"며 다음과 같이 말한다.

"그러나 가톨릭의 정치적 이해와 미국의 정치적 계산은 그를 그대로 내버려두지 않았다. 가톨릭은 그를 그들의 정치적 대변자로 삼고자 했으며, 미국은 그를 필요할 때 언제든 극단적인 이승만을 대체할 수 있는 반공세력 내의 온건파 대표자로 활용코자 했다. 그들로 인해 장면은 어쩌면 그와 기질적으로 맞지 않는 정치에 '초대' 되었다고 할 수 있다. 따라서 정치인으로서의 그의 삶은 그 세계의 주인이라기보다는 영원한 손님으로서 지내다가 종내에는 군사쿠데타로 바깥으로 나앉는 운명에 처하게 되었다고도 볼 수 있다.⋯⋯ 여기에 그의 비극이 있었고 한국 정치의 비극도 있었다."⁴

장면 정권 하에서 육군참모총장에 오른 장도영(1923~2012)의 발탁 배경

엔 여러 설이 있지만, 그중 가장 유력하게 거론되는 것 역시 '영어'를 매개로
한 미국 지원설이다. 육군참모총장 인사에 대해서는 이승만 정부 이래로 미
8군 사령관과 사전에 협의를 하는 것이 관례였던바, 미8군 사령관인 카터 매
그루더Carter B. Magruder(1900~1988)가 장도영을 추천했다는 것이다.[5] 장면은
국방부 정무차관 우회창으로 하여금 매그루더의 의중을 살피라고 은밀하게
지시를 내렸다는 증언이 있거니와,[6] 영어에 능통한 장도영 부부가 평소 미8군
장성들과 아주 가깝게 지냈으므로 미군 쪽 추천이 강력하지 않았나 하는 설
이다.[7] 이영신은 장도영의 둘째 부인인 백현숙의 영어·사교 실력에 무게를
두면서 다음과 같이 말한다.

　"그것은 전적으로 그의 아내의 눈부신 활약 덕분이었다. 미국 유학 출신
인 그의 아내는 영어가 능통했다. 그로 인해서 한미 고급 장성들이 부부동반
으로 파티를 가질 때는 장도영의 아내는 단연 으뜸가는 스타였다. 그랬기 때
문에 한국군 장성들 가운데서는 장도영만큼 미8군 장성들과 친숙한 장군도
없었다.……대학 시절 영문학을 전공했던 장도영 또한 영어가 능통했다. 한
국 장성들 가운데에는 장도영만큼 영어에 능통했던 장군도 없었다. 그 영어
하나 잘하고 있던 덕분에 장도영은 미8군 장성들로부터 '유능한 한국군 장
성'으로 인정을 받고 있기까지 했었다."[8]

"조국을 버린 자들"?

　제2공화국을 무너뜨린 1961년 5·16쿠데타도 영어를 향한 열망을 약화시
키지는 못했다. 특히 미군과 영어로 소통할 수 있는 능력은 여전히 중요했다.

영어가 능통했던 장준하는 박정희의 쿠데타 직후 한국 정부와 미국의 관계 개선을 위해 다리 역할을 하기도 했다.

나중에는 반反박정희 노선을 걷게 되지만, 쿠데타 직후 미군으로부터 사상을 의심 받은 박정희(1917~1979)를 위해 미군과의 다리를 놓아준 인물은 영어가 능통한 장준하(1918~1975)였다. 이에 대해 임대식은 다음과 같이 말한다.

"심지어 장준하는 쿠데타의 주역들과 미국과의 관계 개선을 도모하기 위한 파티를 주선하기도 했다. 박정희를 비롯한 쿠데타 주역들은 대부분 군대 내 소외된 비주류 세력이었고 따라서 미국 특히 현지 관계자들과의 관계가 원만하지 못했다. 미국이 쿠데타를 현실로 인정했지만 쿠데타 직후에도 양자의 관계가 좋지 않았다. 그래서 미국통인 장준하는 사상계사의 이름으로

7월 2일 창경원 파티를 통해 양 측의 핵심 인사들을 초대해 관계 개선을 시도하기도 했다. 또 일부 인사들(이정환·박동묘)을 쿠데타 주체들에게 추천하기도 했다."[9]

군사정부가 수출 지향적 경제개발에 눈을 돌리면서 영어의 중요성은 더욱 커졌다. 세태는 이런 현실을 따라가기 마련이었다. 『조선일보』 1961년 10월 22일자는 "어떤 별 밑에서 태어났는지 어머니 품속에서 배워먹은 말만 가지고는 좀처럼 행세하기 힘든 것이 조상 때부터 짊어지고 온 우리의 비운悲運인가보다"라며 다음과 같이 말했다.

"'공자 왈, 맹자 왈'이 한물가자 왜倭 말 모르면 사람 구실을 못하는 듯싶더니 이제 영어 마디나 하지 않고서는 도무지 기를 펼 수가 없게 되었다. 하는 수없는 일이니 배우는 데까지는 배워야 하는 것이지만 가끔 지나치게 써지는 것을 보면 되려 듣는 편의 얼굴이 붉어질 때가 많다. 그것도 학생이 아닌 제법 철이 들어 보이는 위인들이 전차나 버스나 합승 같은 데서 고성으로 떠드는 것을 들으면 '좀 남의 귀를 존중할 줄을 알아야지' 하는 생각이 든다. 짧은 영어 마디가 오고가면 으레 '으흠, 야 가 제법 외인外人의 음성같이 들린다.……하느님, 왜 그런 사람을 영어 국가에 태어나게 하지 않았습니까."[10]

『조선일보』 1965년 6월 8일자에 실린 「조국을 버린 자들: '어글리 코리언」이라는 기사에 따르면, "두어 달 미국을 돌아다녔더니 우리말이 잊혀져 영어를 써야 했다는 한 여학생의 경우는 차라리 허영심 때문이라고 좋게 보아 넘긴다지만, 동남아의 비행기 속에서 우연히 만난 한국 사람끼리 세 시간을 여행하면서 서로 한국 사람인 것을 숨기고 영어로 대화했다는 경우는 난센스라기보단 어처구니가 없다. 주체의식이 박약한 '어글리 코리언'의 추악

한 여운을 씹으며……." [11]

영어는 한국인들 사이의 '구별짓기' 도구였을 뿐, 영어 실력이 대단했던 것도 아니었다. 정부조차 영어를 제대로 하는 사람을 구할 수 없어 자주 실수를 연발했다. 1961년 2월 8일에 체결된 한미경제협정은 한국어로 된 것이 없었다. 그래서 외무부에서 영어로 된 것을 번역해서 돌렸는데, 오역이 많았다. [12]

번역이 그 수준인데 통역은 오죽했으랴. 정부 행사에서조차 제대로 된 통역자를 구하기 어려워 한국어를 잘하는 미국인이 통역을 맡기도 했다. 1966년 10월 31일 오후 3시 서울시청 앞에서 열린 미국 대통령 린든 존슨Lyndon B. Johnson(1908~1973)의 방한 환영대회에서 통역은 당시 전주예수병원 원장이던 폴 크레인Paul S. Crane 박사가 맡았다. 그는 "6·25 때 공산군이 내려오실 때"라고 통역해 사람들을 아연실색하게 만들었다. [13]

1967년 '영어하는 가정부'가 등장했다고 신문에 크게 보도된 게 흥미롭다. 『조선일보』 1967년 11월 12일자를 보면, "영어를 배우는 식모들이 있다. YWCA는 외국인 가정에 보낼 가정부를 7일부터 훈련시키고 있다. 1기생은 모두 16명. 자격이 중졸 이상이지만 대부분이 고졸이고 대학 중퇴자가 둘이나 된다. 주한 미군부인회 회원이며 YWCA 회원인 스키너 여사가 영어를 가르친다." [14]

수출 전쟁 체제하에서의 영어

본격적인 '수출 전쟁'이 시작된 1970년대에 영어는 생존의 문제로 격상

되었다. 수출은 선택의 문제가 아니었다. 당시 구호가 말해주듯이, 오직 '수출만이 살 길' 이었다. 박정희가 앞장서서 수출 전사 지휘관들을 독려했다. 그는 한 달에 한 번씩 자신이 직접 중앙청에서 '수출 진흥 확대회의'를 주재했으며, 자신의 집무실에는 기업별 수출 현황을 막대그래프로 그려놓게 해 수출 실적을 매달 점검하면서 관계부처와 기업들의 '고지 점령'을 독려했다.[15]

수출 전사 지휘관들에게 주어진 특혜는 엄청난 것이었다. 일반 대출 이자율이 25퍼센트를 할 때에도 수출 특융 이자율은 6퍼센트에 불과했고, 수출용 원자재 수입에는 세금을 전액 면제했고, 수출 소득에 대해서도 소득세를 80퍼센트나 감면해주었다. 그 당시엔 하늘의 별 따기처럼 어려웠던 해외여행도 수출 전사 지휘관들에게는 예외였다. 어디 그뿐인가. 수출 전사 지휘관들은 밀수를 저질러도 그들을 처벌하는 것이 수출에 지장을 줄 것 같으면 박정희는 검찰에 수사 중단 지시를 내렸다. 법은 중요하지 않았다. 수출 전시戰時 상황이었기 때문이다.[16]

"그래서 당시에는 '모든 길은 수출로 통한다'는 말이 유행했다. 수출만 하면 대통령이 뒤를 봐준다는 믿음 때문이었다. 상당수 기업인들이 아직도 박 대통령 시절에 대한 향수를 간직하고 있는 이유가 여기에 있다."[17]

수출을 하기 위해선 영어가 절대적으로 필요했다. 수출을 지휘하는 정부의 중앙부처가 영어 붐 조성에 앞장섰다. 『조선일보』 1970년 2월 5일자에 따르면, "요새 상공부에는 영어 학구열(?)이 대단하다. 직원들 자질 향상을 목표로 총무과서 마련한 영어 강좌가 아침 8시와 오후 5시 두 차례씩 회의실에서 있는데……'아 유어 스튜던트? 예스 아이 엠'으로부터 시작하는 이 강좌에 가장 열심히 참가하는 편은 공업국 특히 공업 2국 과장들."[18]

박정희 정권의 '수출 전쟁'으로 인해 한국인에게 영어는 생존의 문제로 격상되었다. 사진은 1977년 12월 100억 달러 수출을 기념하는 행사에서 표창하는 박정희.

    달러를 벌어들인다는 점에서는 관광객 유치도 수출의 일환이었다. 1970년 9월 서울시는 외국 관광객의 편의를 위해 시내 125개 시장, 백화점 간판을 모두 한글과 영문을 함께 쓴 간판으로 바꾸도록 했다.[19]

    1970년대 내내 수출이 국가 제1의 목표가 되면서 각 회사마다 자체 영어 교육을 실시하는 건 물론 사설 영어 학원들이 학생과 직장인들로 문전성시를 이루었다. 이런 영어 붐을 타고 문교부는 1971년 초등학생을 대상으로 조기 영어 교육을 실시하겠다고 공청회까지 열었지만 반대가 워낙 심해 철회하고 말았다.[20] 개인적 차원에서는 영어가 생존의 무기였지만, 집단적 차원의 대중 정서는 조기 영어 교육을 용납할 수 없었던 것이다.

박정희의 '문화적 민족주의'

그런 민심을 의식한 걸까? 박정희 정권은 영어를 최대의 무기로 삼는 수출 드라이브 정책을 펴면서도, 아니 그렇기 때문에 더욱, 때때로 강력한 '문화적 민족주의'를 내세우기도 했다. 박정희 정권은 1970년 한글날을 국경일로 지정했으며, 1975년에 건립한 민족문화의전당을 세종문화회관으로 명명했고, 어린이회관 앞에 세종대왕의 동상을 세웠다. 동시에 한글 전용 정책을 추진했다.[21]

박정희의 그런 의지는 방송에도 반영되었다. 1974년 2월 7일 MBC는 방송 프로그램과 연예인의 이름에서 외래어를 추방한다고 발표하고 그날부터 〈MBC 페스티벌〉은 〈MBC 대향연〉, 〈가요 스테이지〉는 〈가요 선물〉, 〈MBC 그랜드 쇼〉는 〈토요일 토요일 밤에〉, 그리고 〈일요 모닝쇼〉는 〈이주일의 화제〉로 바꾸었다.[22] 또 〈뉴스라인〉은 〈2시의 취재현장〉으로, 〈해외토픽〉은 〈해외소식〉으로, 〈밤의 디스크쇼〉는 〈박원웅과 함께〉로, 〈스포츠 자키〉는 〈스포츠 얘기〉로 바뀌었다.[23]

연예인 특히 보컬 그룹의 이름도 국산화되었다. '어니언즈'는 '양파들', '블루벨즈'는 '청종', '바니 걸즈'는 '토끼 소녀'가 되었다. 눈치만 보던 TBC와 KBS는 MBC에 대한 여론의 지지가 높아지자 슬그머니 MBC 뒤를 따랐으나 TBC는 독자적인 국산 이름을 붙여 방송국마다 연예인의 이름이 달라지는 소동이 있었다.[24] 8월 말에 이르러 방송윤리위원회가 가수의 외국어 예명을 우리말로 쓰기로 결정하면서 '패티 김'은 자신이 싫다고 완강히 버텼으나 결국 '김혜자'라는 이름으로 불릴 수밖에 없었다.[25] 그런가 하면 김 세레나는 가톨릭 세례명이 세레나였는데 그것도 허용이 안 돼서 김세나라고 한국식 이름 으로 석 자로 줄이게 되었는데, 동료들이 "김이 샜다"고 놀려대기도 했다.[26]

1976년 4월 16일 박정희는 국무회의에서 방송에 자주 나오는 외래어를 우리말로 고쳐 써보도록 하라는 지시를 내렸으며, 6월 3일에도 그 시안을 마 련하라는 지시를 거듭 내렸다. 그 결과 나타난 것 가운데 하나가 스포츠 용어 를 우리말로 고쳐 부르는 것이었다. 방송윤리위원회가 2년여의 심의 끝에 1978년 10월 1일에 최종 확정해 방송사에 사용을 권장한 '우리말 운동 용 어'는 모두 541개였다. 야구에서 번트는 살짝 대기, 볼 카운트는 던진 셈, 세 이프는 살았음, 스퀴즈는 짜내기, 슬라이딩은 미끄럼이었고, 축구에서 헤딩 슛은 머리 쏘기, 포스트 플레이는 말뚝 작전이었다.[27]

그런 와중에서 영어투성이인 간판이 무사하기는 어려웠다. 1976년 5월 20일 치안본부는 외래어 간판을 비롯한 각종 불법-불량 광고물을 단속하기 위해 '광고물 정비 지침'을 마련, 전국 경찰에 시달했다. 치안본부장 김성주 는 "최근 대도시에 즐비하게 나붙은 각종 광고물 중 외래어가 많아 국어순화 에 역행하고 있으며 무질서하고 저질, 조잡한 광고물이 범람, 도시 미관을 해 치고 있다"며 "특히 대도시, 관광지역, 고속도로, 국도, 철도변 등의 정비에 중 점을 두라"고 지시했다. 예컨대, 외래어 간판 중 '쏘피아', '사르비아', '샌디' 등 뜻을 알기 어려운 상호는 가급적 없애기로 했으며, 업주가 외래어 간판을 우리말로 바꾸는 경우, 관계당국과 협의해 면허세를 면제해주기로 했다.[28]

1970년대의 '조기 영어 교육' 논쟁

그렇다고 해서 이런 일련의 정책들이 영어 붐을 약화시킨 건 아니었다. 오히려 정반대였다. 영어가 국민의 일상적 삶을 지배하는 가운데 어린이 영어 조기 교육의 목소리는 더욱 높아졌다.[29] 1977년 12월 22일 신임 문교부 장관 박찬현은 "학문과 기술면에서 국제 경쟁을 하기 위해서는 초등학교 3~4학년 과정부터 영어 교육을 시켜야 한다는 게 평소 소신"이라고 밝혔다.[30] 1978년 2월 한양대 교수 홍연숙은 "영어가 현 시점에서, 바로 이 공간 속에서 우리의 일상생활 전반에 미치는 영향은 그 어느 시대보다도 지대하다"며 다음과 같이 말했다.

"영어가 대학 입시에서 차지하는 비율은 말할 것도 없고, 직장에서도 영어만 잘하면 입사 시험에서부터 승진에 이르기까지 남보다 앞서 달리게 되어 있다. 최근 정부에서도 외국어의 실력 향상을 촉구한 바 있다. 이와 같이 학교, 직장, 정부에서뿐 아니라 가정에서 부인네들도 좁아져 가는 국제 사회 생활에 대비하기 위하여 영어에 관심을 돌리고 있고, 최근에는 어린 아이들에게까지 라보LABO 파티라 하여 지역사회마다 그룹을 만들어 외국어를 가르치고 있다. 노래와 게임, 춤 등으로 자연스럽고 흥미 있는 가운데 아이들에게 테이프를 통해 '듣기hearing'로부터 '말하기speaking' 중심의 언어 교육을 시킨다는 취지이다."

1978년 정부의 영어 조기 교육 실시설이 나돌면서 어린이 영어 과외 열풍이 불었다. 일부 사립 초등학교에서는 과외 활동이라는 이름으로 영어 학습 지도반을 만들어 5·6학년 학생들에게 전담 강사를 두고 1주에 2~3시간씩

영어 교육을 실시했다.[31]

조기 영어 교육에 대한 격렬한 찬반토론이 벌어진 가운데 국어학자 서정수는 "교육의 중점은 '주체적 인간화'에 두어져야 한다"며 " '미국으로 들어간다, 한국으로 나온다' 는 식의 사고방식이 없어지지 않는 한 영어의 조기 교육은 있을 수 없다"고 주장했다.[32] 이런 반대 여론이 거세지자 문교부는 '벙어리 영어 교육'을 탈피하겠다며 중고 영어 교과서를 말하기–듣기 위주로 개편하겠다고 한 발 뒤로 물러섰다.[33]

"빠를수록 좋다" vs "주체적 인간"

1980년대 들어 다시 영어 조기 교육 논쟁이 벌어졌다. "빠를수록 좋다"는 쪽과 "주체적 인간"을 내세우는 쪽의 대결 구도였다.[34] 그러나 1981년 1월 27일 정부가 해외여행 자유화 정책을 발표하면서 영어는 당장 생활의 문제로 다가왔다. 이 정책이 1981년 6월 16일 확정 발표되어 8월부터 시행에 들어가면서 해외여행이 폭증하기 시작했다.[35] 해외여행 붐이 일면서 가정주부들의 영어 회화 붐도 생겨났다.[36]

그런 와중에서 영어 교육 혁신론의 목소리가 높아지면서 '생활 영어'라는 말이 유행했다.[37] 1981년 7월 집권당인 민정당은 국장급 이하 당직자들을 대상으로 생활 영어 회화 교육을 실시하고 나섰다.[38] 다음과 같이 신문 기사가 말해주듯이, 영어는 한국인들 사이에 자존심의 문제가 되어갔다.

"최근 부쩍 늘어난 교원 및 대학생의 단기 해외 연수 때 제일 어깨를 펴는 사람은 영어 회화를 할 줄 아는 사람이라고 한다. 거의가 영어를 구사하지 못하기 때문이다. 그래서 연수를 끝내고 돌아온 후에는 이와 연관된 뒷말도 많다. '고교 영어 교사가 막상 필요할 때에 회화 한마디 못하더라', '이번 여행 때 모 교수의 코가 납작해졌다' 등등."[39]

1981년 9월 '88올림픽'의 서울 유치가 확정되었으며, 그해 11월에는 86아시안게임의 서울 유치도 확정되었다. 이제 '생활 영어'는 시대적 대세가 되었으며, 이런 분위기를 업고 정부는 1981년 10월 영어 조기 교육 방침을 확정했다. 정부는 "10세면 혀가 굳는다"거나 "외국어 교육 환갑은 13세"라는

88올림픽 공식 포스터. 1981년 9월 88올림픽의 서울 개최가 확정되자 정부는 영어 조기 교육 방침을 확정했다.

이론을 내세워 초등학교 4학년부터 특활 시간을 이용해 영어 교육을 1982년부터 실시하기로 했다. 조기 영어 교육은 이미 서울 시내 300여 개 초등학교 중 39개 사립학교와 일부 유치원에서도 실시하고 있었지만, 과밀학급과 교사난 등의 문제가 대두되면서 빈부 격차에 따른 '영어 격차' 논란이 벌어졌다.[40]

1982년 일반인들의 영어 실력을 가늠할 수 있는 토익TOEIC이 한국에 상륙했다. 이미 대기업의 80퍼센트가 1년에 한 번씩 자체 영어 시험을 실시하고 있었다. 현대그룹은 사원들을 3등급으로 나눠 보너스를 차등 지급하는 등의 방법을 쓰고 있었다. 토익은 이런 시장을 겨냥해 파고 든 것이다.[41]

1982년 12월 문교부는 평준화 지역의 고교 신입생 선발 고사에 방송을 통한 영어 청취력 시험 방법을 1983년부터 단계적으로 전국에 확대해 나가겠다고 발표했다. 1983년부터 중고생 대상 영어 듣기 방송 시험이 연 4차례 실시되었다.[42]

영어는 '선택'이 아닌 '필수'

영어 열풍에 대해 '주체의식'을 강조하는 반론도 끊임없이 나왔지만, 대세를 막기에는 역부족이었다.[43] 1985년 3월부터 초등학교 학생 대상 TV영어가 매주 토요일 20분씩 제3TV(교육방송)를 통해 방송되기 시작했다.[44] 영어학원들은 앞다투어 '미인美人 회화'를 내세웠으며, 이미 이때부터 무자격 미국인 영어 강사 문제가 대두되었다. 1985년 6월에는 이런 일도 있었다.

"만 7년 동안 무려 21차례나 국내를 드나들면서 엽색행각을 벌여온 미국인이 강제 추방됐으나 또다시 밀입국, 학원 강사를 해오다 적발돼 재추방됐다. 서울출입국관리사무소는 29일 미국인 크리거 데이비드(35) 씨를 출입국관리법 위반죄를 적용, 김포공항에서 태국행 비행기를 태워 강제 추방시켰다. 데이비드 씨는 지난 1978년부터 20차례나 관광 비자로 입국, 체류 기간동안 미국 유수 대학 졸업생을 사칭하며 대학과 학원 등에서 영어 강사를 하면서 여학생들을 유혹, 엽색행각을 벌여오다 작년 8월 24일 풍기문란 등의 이유로 강제 추방됐었다.……데이비드 씨는 출국 직전 '세계 40개국을 돌아다녀 봤지만 한국처럼 놀기 좋은 곳은 없었다'면서 '비록 태국에 있는 애인을 만나러 가지마는 언젠가 되돌아오겠다'고 천연덕스럽게 말해 관계자들이 혀를 차기도.'[45]

1986학년도 대학 입학 학력고사부터 영어가 선택에서 필수로 바뀌었다.[46] 일반인들에게도 영어가 선택이 아닌 필수로 바뀐 현실을 상징하는 조치였다. 대기업 입사 시험에서도 면접을 할 때 미국인이 등장해 지원자들을 대상으로 영어 회화 실력을 검증했으며, 여기서 당락의 판가름이 난다는 말이 떠돌았다.[47]

영어병에 시드는 '자존自尊'을 개탄하는 목소리는 계속 나왔지만,[48] 동시에 국제화 시대의 어학력이 형편없다는 개탄도 끊이지 않았다.[49] 간판은 물론 잡지 제호조차 국적 불명 외래어 홍수라는 개탄도 나왔지만,[50] 세계를 상대해야 하는 서울올림픽 주최국으로서 아직 관광지 영어 안내문조차 오역이 수두룩하다는 지적도 나왔다.[51]

1988년 5월 8일 잠실운동장에서는 '프리-올림픽 쇼'라는 행사가 열렸다. '프리-올림픽 쇼'는 주최 측 KBS와 흥행사 측인 미국의 문화자본이 만

들어낸 '급조어'로 올림픽을 홍보하기 위한 것이었다. 고광헌은 "이날 행사는 그 형식과 내용 속에 국민들의 참여는 물론 관람행위까지도 철저하게 수동화시키는 것이었다"며 다음과 같이 주장했다.

"우선 이날의 쇼는 자축을 하기 위해 참가한 국민들의 주체의식과 자부심을 철저하게 깔아뭉개는 것이었다. 행사의 진행에 필요한 언어를 모두 영어로 사용함으로써 그 유창한 본토발음을 알아들을 수 없는 가엾은 국민들에게 치 떨리는 자기모멸감과 열등의식을 안겨주었다. 이날 쇼에는 주한미군의 사분의 일인 일만 명이 특석에 앉아 관람했는데 영어로 진행된 이 쇼를 이들만이 웃고 즐길 수 있었다. 보브 호프라는 늙은 코미디언이 나와서 실컷 웃기고 있는데도 여기에 참가한 7만 명 이상의 우리 국민들은 꿀 먹은 벙어리 모양으로 옆 사람의 입만 쳐다보아야 했다. 그러고도 노래가 끝나면 열광적으로 박수와 환호를 보냈다. 아마 그중에서 많은 우리 국민들은 두 가지 양태의 수치감에 몸을 떨었을 것이다. 하나는 잘 알아듣지 못하는 게 당연한데도 '나는 왜 저 사람들의 말을 알아듣지 못할까'라는 사대주의적, 문화 식민주의적 열등의식의 발현에 의해, 또 하나는 '아! 이럴 수가? 내가 들러리인가. 이자들이 여기가 미국 땅인 줄 아나보지 부끄럽고 창피하구만' 등의 최소한의 주체의식의 발로에 의해, 아마 이 땅의 문화적 환경과 실상으로 보아 전자가 대부분이었는지 모른다."[52]

그러나 9월 17일부터 10월 2일까지 16일간 서울에서 개최된 제24회 올림픽은 한국인의 영어에 대한 거부감을 크게 약화시켰다. 물론 영어로 인한 '사대주의적, 문화 식민주의적 열등의식'도 없진 않았겠지만, 그걸 압도하고도 남은 건 '올림픽 4위 국가'라는 긍지와 자부심이었다. 한국은 과거 1~2개의 금메달에 그쳤지만, 이 대회에선 금 12, 은 10, 동 11개 등 도합 33개의 메달을 따내 소련, 동독, 미국에 이어 4위를 차지하는 대성과를 이루었다(중국은 9위, 일본은 14위). '스포츠 공화국'으로 불렸던 5공 정권의 군사작전식 스포츠 정책이 맺은 결실이었다. 서울올림픽을 어떻게 평가하든, 서울올림픽을 전환점으로 해서 영어가 '선택'이 아닌 '필수'로 바뀌는 추세는 가파른 상승세를 보이기 시작했다.

제4장

**세계화 시대에
영어 광풍이
불다**

1990년대

'영어 격차'의 소외감

1990년대 들어 '주체의식'을 외치는 목소리는 '국제화'를 외치는 목소리에 확연하게 압도되는 양상을 보이기 시작했다. 이를 잘 보여준 게 이른바 '민족 고대'를 내세운 고려대가 1990년 11월 7일 발표한 '대학 교육의 국제화 방안'이었다. 이 방안에 따라 고려대는 1991년부터 54개 전공 강좌를 영어로 강의하기로 했다. '학문 주체성'을 위협한다는 비판이 제기된 가운데, 고려대 류병화 교무처장은 "이런 계획은 국제화 시대의 선진 교육 환경에 적응하고 국제 경쟁력을 강화하기 위해 마련된 것"이라면서 "학생들의 호응도와 성과를 보아 전 학과 주요 과목을 대상으로 점차적으로 영어 강좌를 확대할 방침"이라고 밝혔다.[1]

대학 밖에선 영어 과외가 전국을 휩쓸고 있었다. 1988년 3월 과외 금지 조치가 부분 해제된 뒤 나타난 현상이었다. 과외 열기는 대학 입시를 위한 과외뿐 아니라 영어 기초를 위한 초등학교 3~6학년 과외까지 생겨나게 했다.[2] 영어 과외 열기는 필리핀으로까지 이어졌다. 1991년 6월에는 이런 일도 있었다.

"관광 비자로 필리핀에 입국, 영어 교습을 받던 한국인 청소년 27명이 체류 목적 위반 혐의로 필리핀 당국에 체포돼 이 중 2명은 풀려나고 25명이 구속됐다. 18일 마닐라 주재 한국대사관 측에 따르면 이들 영어 교습생들은 한국인이 경영하는 '퍼시픽 랭귀지 센터(마닐라의 케손시)' 학원에서 공부를 하던 중 17일 필리핀 당국에 체포됐다는 것이다. 필리핀 당국은 관광 비자로 입국한 이들 한국인들이 체류 목적을 어겼다는 이유로 체포했는데 대사관 측에 따르면 현재 필리핀에는 3백여 명의 한국인들이 관광 비자를 받고 입국해 영어 교습을 받고 있다."[3]

빈부 격차에 따른 '영어 격차'에 소외감을 느낀 걸까? 1991년 7월에는 심지어 이런 비극적인 사건까지 벌어졌다.

"28일 하오 11시 20분쯤 서울 종로구 명륜동 지하철 4호선 혜화역 구내에서 지나가던 20대 남자 2명이 친구와 영어로 얘기를 나누던 신 모 군(19 · 명지대 토목학 2)을 때려 숨지게 한 뒤 그대로 도주. 숨진 신 군과 함께 영어 회화 서클에 가입해 있는 송 모 군(20 · 고려대 동생물학 2)에 따르면 이날 영어 회화 공부를 위해 지하철역 구내에서 영어로 말을 주고받던 중 지나가던 청년 2명이 다가와 아니꼽게 영어로 말을 하느냐며 시비를 걸어 주먹 등으로 신 군을 때려 땅에 쓰러뜨려 뇌진탕으로 숨지게 한 뒤 그대로 달아났다는 것."[4]

간판을 하나의 바로미터로 본다면, 영어는 거스르기 어려운 밀물과도 같은 것임이 틀림없었다. 아니 어쩌면 "네가 하면 나도 한다"는 식으로 소외당하지 않으려는 몸부림이었는지도 모른다. 1986년 65퍼센트를 차지하던 우리말 간판은 1988년에는 60퍼센트로, 1990년에는 52퍼센트로 줄어드는 추세를 보였다. 이 비율은 모든 업종을 망라한 수치고 경양식·카페는 90퍼센트, 의류점은 95퍼센트가 외국어 간판이었다.[5] 『세계일보』 1991년 10월 9일 자는 "한글날을 하루 앞둔 8일 서울 강남구 압구정동 속칭 '로데오' 거리는 이미 서울이 아니었다. 거리는 온통 영-불-일어 등 외국어와 국적 불명 언어의 상호 및 간판이 숲을 이루고 있다"며 다음과 같이 말했다.

"'미장원'이라고 쓴 미장원은 하나도 없었다. '헤어 케어(머리손질)', '뷰토피아(아름다움의 이상향)', '프로 메이크업(전문 화장)', '헤어 갤러리(머리 화랑)' 등으로 표시돼 있다. 향수 판매 가게는 '퍼퓨머리'로, 시계점은 '시티 타임'으로 간판을 달고 있고 선물의 집도 'DECO MAT(장식가게)', '아트박스(예술상자)' 등으로 표시돼 있다. 'EVOKE'라는 선물의 집은 한참 들여다봐야 무엇을 취급하는 가게인가 알 수 있었다. 의류점에는 '옴파로스', '찰스 주르당', '베네통' 등 외제 유명 브랜드를 원어로 그대로 써놓기도 했고 '레그샵', '겐지', '런던버스', '팝콘', '퀘스트664' 등 의류점과, 의미조차 연관이 안 되는 상호를 그대로 알파벳으로 표시해놨다. 술집이나 음식점은 더 심했다. '무라사끼', '유끼', '꼼므 데 피스', '오렌지 카운티', '땡큐', '예스 맨', '레콜트', '페가서스' 등 영-불-일어 등 만국의 언어가 혼재돼 제각기 뽐내고 있었다.……'세종대왕이 이태원에서 울어버렸다'는 노래도 있지만 세종대왕이 '로데오' 거리에 온다면 한국으로 가자고 떼를 쓸지도 모르겠다."[6]

조기 유학 붐

1992년 조기 유학 붐이 일기 시작했다. 『한국일보』는 '조기 유학 이대로 좋은가'라는 기획기사를 연재하면서, 많은 한국의 부모들이 "미국에 떨어뜨려 놓기만 하면 영어는 된다"거나 "그래도 몇 년 있으면 영어 하나는 제대로 배워오겠지"라고 생각하는 게 조기 유학 붐의 주요 이유라고 했다.[7] 이 기사는 "동부의 명문 아이비리그의 A 대학에 다니는 교포 B 군(24)은 '청년실업가'로 불린다"며 다음과 같이 말했다.

"방학 때면 부모가 있는 LA로 오는 B 군은 한국에서 온 조기 유학생 부모들 사이에서 최고의 인기를 누리는 과외 선생이다. B 군은 대학에 들어간 첫 방학 때부터 학비는 자신이 벌어서 해결하는 미국 풍토에 따라 한국인이 경영하는 과외 학원에서 강사로 일했다. 당초 교포 학생들 상대의 방학 특별반 강사로 초빙됐던 그는 금세 실력이 알려지면서 유학생 부모들의 과외 열기에 휩싸였다. 학원에서 받는 월 2천~3천 달러의 강사료는 문제가 아니었다. B 군은 대학 2학년 겨울방학 때는 한국에서 온 지 6개월밖에 안 된 고교생의 콘도미니엄(우리나라의 빌라)에 입주해 1개월을 가르치고 1만 달러를 받았다. 주로 영어와 수학을 가르치는 B 군은 이듬해엔 3명의 합숙과외를 맡아 해주고 2만 달러와 함께 1만 8천여 달러짜리 승용차를 보너스로 받았다. 이러한 고액 과외 덕분에 학생 신분으로 미국에선 상상도 할 수 없는 큰돈을 만지는 교포 명문대생이 상당수에 이르는 것으로 알려져 있다. B 군과 같은 '청년 실업가'들이 인기를 끄는 이유는 우리말을 웬만큼 해 영어가 서툰 유학생들을 요령 있게 가르치기 때문. 한국에서도 유별나게 명문대 과외 강사를 찾는 학부모들에게 하버드대, 예일대 등 이들의 간판은 최고의 매력으로 꼽힌다."[8]

조기 유학 붐을 막아야 한다는 사명감에 불탄 듯, 1992년부터 국내 초등학교에서도 방과 후에 희망 학생들을 뽑아 수강료를 받고 영어 회화 등의 과목을 가르치는 '학교 과외'가 급속히 늘기 시작했다. 이는 1995년부터 영어를 초등학교 교과에 포함시키는 쪽으로 교과과정이 개편되면서 나타난 현상이었다.[9]

1993년에는 서울 강남 지역을 중심으로 유치원생들에게까지 조기 영어 교육 바람이 불었다.[10] 이에 『한겨레신문』은 "세 살을 갓 넘은 유치원생들에게 영어를 가르치는 것이 서울의 강남 지역 등에서 유행하고 있다는 보도는 가뜩이나 문화적 식민지로 전락해 있는 우리 사회의 병든 현실에 짙은 그늘 한 자락을 더 드리운다"며 다음과 같이 주장했다.

"외국인을 고용해서 코흘리개들에게 영어 알파벳과 단어, 기본 회화를 가르치는 학원이 많은가 하면, 영어 학원의 강사를 불러 유치원생들에게 '강의'를 하게 하는 유치원도 있다고 한다. 한 달 강의료로 12만 원을 받는 학원은 다른 예능 교육 학원에 비해 '폭리'를 누린다는 비난까지야 받지는 않겠지만 코흘리개들에게 단 한 과목만을 가르치고 대학 등록금에 버금가는 돈을 받는다는 점에서, 없이 사는 사람들의 놀라움을 살 것이다. 이른바 '8학군'으로 불리는 서울 강남 지역이 한국 사회에서 교육을 통한 신분 상승에 가장 열심이라는 사실은 이미 널리 알려져 있으나, 그곳의 일부 부모들이 제나라 말도 제대로 못하는 어린이들에게 남의 나랏말을 그렇게 일찍 가르치는 것은 어느 면으로 보아도 이성을 벗어난 풍조이다."[11]

〈톰과 제리〉 논쟁

　그러나 치열한 생존경쟁 앞에서 '이성을 벗어난 풍조'는 전 국민적인 '이성적 풍조'로 확산되는 게 현실이었다. 간판 언어의 변천도 그런 변화상을 말해주었다. 1993년 8월 한 달 동안 국어학회가 서울·부산 등 7대 도시를 대상으로 한 조사 결과를 보면, 간판은 모두 26개 언어를 사용하고 있으며 우리 고유어와 한자어 등 국어로 된 간판이 50.1퍼센트, 외국어나 외래어 간판이 49.9퍼센트를 차지하고 있는 것으로 나타났다.

　외국어 간판 가운데는 영어가 70.1퍼센트로 가장 많고 프랑스어 10.9퍼센트, 이탈리아어 9퍼센트, 독일어 5.2퍼센트, 스페인어 2퍼센트, 히브리어 1.5퍼센트, 그리스어 1.4퍼센트 등 7개 언어가 대부분을 차지했다. 외국어 간판은 명동이 74.5퍼센트로 가장 많고 압구정동 66.2퍼센트, 신촌 65.4퍼센트로 서울 지역이 단연 많았으며 인천 54.7퍼센트, 전주 50.6퍼센트, 광주 48.1퍼센트, 부산 44.4퍼센트, 대구 43.4퍼센트, 제주 36.8퍼센트로 서울이 개방적인 반면 지방은 상대적으로 보수적인 성향을 나타내고 있음을 보여주었다. 또 업종별로는 음식점은 영어, 술집은 독일어, 의류점은 프랑스어나 이탈리아어가 주종을 이루고 있었다.[12]

　20년 전 국어 간판과 외국어 간판의 비율은 어떠했을까? 1973년 5월 시민단체인 서울연대의 '서울 시내 외국어 간판 실태 보고서'를 보면, 서울 중심 지역 간판 1만 976개 중 6.8퍼센트인 746개가 외래어로 표기되어 있었으며, 간판에 쓰인 외래어는 25개 국어였다. 이 중 영어가 72.7퍼센트, 프랑스어 10.7퍼센트, 이탈리아어 10.3퍼센트, 중국어 3퍼센트, 일본어 2퍼센트였다. 외래어 간판을 달고 영업하는 업주 자신이 간판의 뜻을 모르고 있는 비율이 업종에 따라 31~53퍼센트에 이르렀다.[13]

20년 사이에 외국어 간판의 점유비가 6.8퍼센트에서 49.9퍼센트로 늘어난 셈이다. 이 조사는 한글날을 앞두고 이루어진 것이었는데, 1993년 한글날 하루 전인 10월 8일 국내 최고기업인 삼성그룹은 국제화·정보화 시대에 맞는 인재를 선발·육성하기 위해 전공시험을 폐지하고 영어 듣기 시험을 도입하는 등 신입 사원 채용 방식을 대폭 바꾸기로 했다고 발표했다.[14]

자식을 삼성그룹에 입사시키고 싶어 하는 학부모들이 무슨 생각을 했을까? 학부모들의 그런 마음을 헤아린다는 듯, MBC는 10월 20일 새 미국 만화 영화 〈톰과 제리〉를 매주 수요일 오후 5시 40분부터 20분 동안 영어 대사와 우리말 자막 방송으로 내보냈다. MBC는 "이 자막 방송은 청각장애인을 위한 세심한 배려와 함께 '비디오세대'로 일컬어지는 어린이들에게 영어 습득 기회를 조기에 마련해주기 위해 주 3회 방송 중 1회만을 원어로 방송하기로 했다"며 "우리나라 성우의 대사 없이 원래의 영어 대사로 방송한다"고 밝혔다. 또 이 자막 방송에 대한 시청자들의 반응이 좋을 경우 월·화요일 방송분까지 확대 실시하겠다고 했다.

이에 서울기독교청년회 시청자시민운동본부는 10월 21일 'MBC 어린이 만화 〈톰과 제리〉 영어 방송에 대한 우리의 의견'이란 성명을 내 MBC가 주장하는 청각장애인을 위한 서비스 차원의 자막 방송이라면 당연히 우리말 대사에 한글 자막이 나가야 하므로 어불성설이며 한글을 읽지 못하는 미취학 어린이들의 시청 기회를 빼앗는데다 아직 아무런 합의 없이 논란이 진행 중인 외국어 조기 교육 문제를 시청자의 의견도 수렴하지 않고 공영방송에서 일방

영어가 생존경쟁 수단으로 부각하자 MBC는 어린들에게 영어 습득 기회를 조기에 마련해주겠다며 어린이 만화영화 〈톰과 제리〉를 영어 대사와 한글 자막 방송으로 내보내겠다고 밝혔다가 반발에 직면하자 다시 우리말 방송을 실시하겠다며 뒤로 물러섰다.

적으로 결정해 방송하는 것은 있을 수 없는 일이라고 비판하고 나섰다.[15]

반발이 거세게 일자 11월 5일 MBC는 〈톰과 제리〉를 오는 11월 10일부터 다시 우리말로 방송하되 영어 시청을 원하는 이들을 위해 영어 음성 다중 방송을 실시하기로 한 발 물러섰다.[16]

국제화 바람

그러나 때는 바야흐로 '국제화' 시대였다. 1993년 12월 14일, 대통령의 자문기구인 21세기위원회(위원장 이상우)는 "국제화를 위해서는 국제사회에서 활동할 수 있는 능력과 소양을 갖춘 국제인의 양성이 최우선 필요하다"면서 이를 위해 "초등학교 때부터 영어와 한자 교육을 실시할 것"을 김영삼 대통령에게 건의하기로 했다.[17] 김영삼 대통령은 1994년 연두 기자회견에서 영어 조기 교육의 필요성을 언급했으며, 정부는 '한국 방문의 해'를 맞아 외국 관광객이 많이 입국할 것으로 보고 상점 및 유흥업소의 간판과 도로 안내 표지 등에 외국어를 함께 사용토록 하는 방안을 추진하기로 했다.[18]

『경향신문』 1994년 1월 12일자는 이런 시류를 타고 "유아용 영어 교재 업자들이 고가의 상품을 경쟁적으로 출판, 무한 경쟁을 벌이고 있다. 이들의 판촉전에 휘말린 부모들은 3~4세 유아들의 영어 교습을 위해 학습지, 비디오 교재 구입에서 학원 수강에 이르기까지 한꺼번에 1백만 원 이상 지출하는 경우도 적지 않다.……한 질의 가격이 평균 50만~60만 원대에 이르는 어학 비디오 교재의 경우 최근 경쟁적으로 늘어나 현재 10여 종이 시판되고 있다"며 다음과 같이 말했다.

"ㅅ사가 내놓은 해설서 6권 테이프 13개짜리 비디오 교재는 최근 가격을 18퍼센트나 인상, 가격이 1백17만 원에 이르지만 가정판매를 중심으로 부유층을 적극 공략한다는 방침이다. 일본에서 제작된 39만 원짜리 고가의 비디오테이프를 판매하고 있는 ㄱ사는 지난해 4월부터 지금까지 2만 세트를 팔았으며 금년에는 판촉 요원을 늘리고 지방 판매망을 확충해 3만 세트 이상의 판매를 목표로 하고 있다. 매일 가정에 배달되는 학습지 경쟁도 치열해 어학 전문 교재 회사 ㅅ사는 이달 중 유아용 영어 학습지 '○○영어박사'를 시판한다는 목표로 올 들어 판촉 사원을 대량 투입, 방문판매 방식으로 회원 확보에 나섰다. ㄷ사의 경우도 지난해 7월 유아용 영어 교재를 선보인 뒤 기존의 대규모 조직망을 이용, 이미 20만이 넘는 회원을 확보하고 있다."[19]

또『경향신문』1994년 2월 2일자는 "모 외국어 전문 회사가 지난달 초 문을 연 목동의 어린이 대상 영어 학원에는 전체 2백 명 중 20퍼센트 선인 40여 명이 미취학 아동. 조기 영어 교육 붐을 타고 외국어 과외 연령층이 점차 어려지고 있다. 만 3세 이상 아동들을 대상으로 시종 영어로 수업을 진행하며 엄선된 외국인 강사들로 이뤄진 이 학원이 이달 들어 수강생을 모집한 결과 수강생 수가 2배 이상으로 늘어났다"며 다음과 같이 말했다.

"학원 측에 따르면 생후 1년 6개월 된 영아를 받아달라는 부모들도 있다는 것. 이와 함께 앞으로 중학교의 영어 교육이 의사소통 중심으로 바뀌게 됨에 따라 강남의 아파트타운에서는 외국인 강사 모시기에 혈안이 돼 있다. 자격을 갖춘 외국어 강사를 좀처럼 찾기 어렵자 관광 비자로 입국한 뜨내기 외국인 강사들이 톡톡히 재미를 보고 있다. 호주나 남아프리카공화국 등 영어권 국가의 장기 관광객들도 강사로 인기를 끌고 있다. 이들은 학부모들이 보통 4~5명으로 팀을 구성해놓으면 1번 출강하는데 10만~20만 원 정도의 강의료를 받고 아이들에게 문답식 회화를 가르친다. 6살 난 아들을 외국인 강사에게 맡긴 주부 안 모 씨(34 · 강남구 대치동)는 '남아프리카공화국에서 온 강사의 발음이 미국식이 아니라 걱정도 되지만 사람 구하기가 어려워 그나마 다행'이라고 말했다."[20]

어머니 90퍼센트가 찬성한 조기 영어 교육

조기 영어 교육 붐에 대한 비판의 목소리도 높았지만, 어머니들의 압도적

다수는 찬성이었다. 1994년 6월 서울리서치가 만 3~18세의 자녀를 둔 서울 지역 주부 500명을 대상으로 '조기 영어 교육에 대한 의견조사'를 실시한 결과 '꼭 필요하다'(39.8퍼센트), '필요하다'(50.8퍼센트)고 응답하는 등 90.6퍼센트가 찬성하고 있는 것으로 나타났다. '필요하지 않다'(7퍼센트), '전혀 필요하지 않다'(2.4퍼센트)는 반대 의견은 극히 적었다.[21] 이런 조기 영어 교육 붐은 한 푼이라도 아끼기 위해 영어를 직접 배워 자녀를 가르치겠다는 어머니들이 늘면서 어머니 영어 교육 붐을 몰고 왔다.[22]

'붐'이라고까지 할 건 아니지만, 영어 과외를 받는 영어 교사들도 부쩍 늘었다. 이 또한 조기 영어 교육 붐 때문에 빚어진 일이었다. 『동아일보』 1994년 11월 13일자는 "영어 회화 학원에 다니는 중고등학교의 영어 교사들이 부쩍 많아졌다. 영어 교사들의 학원 수강은 다른 이유보다도 회화에 능통한 학생들이 늘어나면서 수업 진행이 어려워지기 때문이라는 것이 교사들의 솔직한 고백이다"며 다음과 같이 말했다.

"이 같은 현상은 중산층과 부유층이 밀집해 있는 서울 강남 지역에서 특히 두드러지고 있다. 강남에 있는 정철외국어학원의 경우 1개 회화반 당 3~5명의 영어 교사가 참석하고 있고 민병철어학원은 20개 회화반에 40명, 강남 파고다학원은 50개 회화반에 60여 명의 교사들이 회화 공부에 열중하고 있다. 영어 교사들의 회화 학습 붐이 일기 시작한 것은 최근 2~3년 사이. 해외 근무를 한 부모와 함께 가 현지에서 초중학교를 다녔거나 조기 외국어 교육 등으로 회화를 잘하는 학생들이 급속히 늘면서부터. 실제로 일선 중고교에서는 회화 능력이 뛰어난 일부 학생들 때문에 회화나 발음이 좋지 않은 일부 교사들이 수업 시간에 진땀을 흘리는 경우가 적지 않다는 것."[23]

취학 전 어린이를 대상으로 하는 영어 학원. 국제화 바람이 불면서 조기 영어 교육 붐이 일었다.

이렇게까지 난리를 쳤으면 한국인의 영어 실력이 향상되었어야 옳을 텐데도, 현실은 전혀 그렇지 못한 것으로 나타났다. 1994년 12월 한미교육위원단의 보고서에 따르면 1992년 7월부터 1994년 6월까지의 한국 학생 토플 평균 성적이 세계 171개국 중 131위를 차지했으며, 특히 듣기 부문에서는 더욱 처져 151위를 기록한 것으로 나타났다. 이 같은 성적은 1989~1991년 때보다 그 순위가 크게 떨어지는 것이어서 한국 학생의 영어 실력이 뒷걸음치고 있음을 보여준 것이었다.

왜 이런 일이 벌어졌을까? 『경향신문』은 "영어 교육에 대한 관심은 높아지고 있으나 교과 내용이나 교육 현장에서의 교수 방식 등에 대해선 별다른 관심을 기울이지 않고 있는 게 오늘의 현실이다"며 "10년을 배우고도 외국인을 보면 지레 겁을 먹고 꽁무니를 빼는 영어 교육의 취약점은 문법과 독해력 위주의 일제식 교육 방법에서 탈피하지 못하고 있기 때문이다"고 했다.[24] 그런 점도 있겠지만, 영어가 내부용 '구별짓기'의 용도가 워낙 강한 탓은 아니었을까? 1994년 12월 31일에 일어난 아래 사건은 웃음을 자아내게 하면서도 그런 심증을 굳혀주기에 족하다.

"서울 마포경찰서는 구랍 31일 공군 모 부대 소속 방 모 대위(27)를 폭력행위 등 처벌에 관한 법률 위반 혐의로 소속 부대 헌병대에 이첩하고 일행 원 모 씨(42·서울 마포구 대흥동)에 대해서는 구속영장을 신청. 방 대위는 구랍 30일 오후 11시 20분쯤 서울 서대문구 신촌역 앞에서 술에 취해 택시를 잡아 탄 뒤 '레프트 턴, 라이트 턴'하는 등 영어로 방향을 제시하다 '영어가 틀렸다. 턴 레프트, 턴 라이트'라고 지적하는 택시 운전사 홍 모 씨(33)의 얼굴을 원 씨와 함께 주먹으로 마구 때린 혐의. 이들은 또 파출소에 연행된 뒤에도 '내가 누군 줄 아느냐'며 의자를 집어던지는 등 행패를 부렸다는 것."[25]

세계화 바람

1995년 1월 1일 50년 가까이 국제 무역 질서를 관장했던 관세무역일반협정GATT 체제의 뒤를 이어 세계무역기구WTO가 출범했다. 공산품뿐 아니라 농산물 서비스 교역에 이르기까지 포괄적이고 강제적인 자유무역 규정을 두고 있는 WTO 체제는 지구 전체의 단일경제권 형성을 가속화시켰다. 대통령 김영삼은 1995년 1월 6일 새해 기자회견을 하면서 당시 26분간의 회견문 낭독에서 '세계화'라는 용어를 16번이나 사용했다. 1995년은 '세계화 원년'으로 선포했고, 이는 곧 '제2의 개국'이자 '참다운 광복'이라는 의미를 갖는다고 발표했다.[26]

세계화의 첫 번째 수단은 영어였다. 이미 뜨거웠던 직장인들의 영어 학원 수강 열기가 더욱 뜨거워졌다. 『동아일보』 1995년 2월 16일자는 "세계화 바람을 타고 출근 전이나 점심 시간, 퇴근 후 시간을 이용한 직장인들의 외국어 학원 수강이 붐을 이루고 있다. 15일 서울 종로와 강남 지역에 밀집한 대형 외국어 학원들에 따르면 직장 위탁 단체 수강을 포함한 직장인 외국어 수강생이 지난해에 비해 평균 30~40퍼센트가량 늘어난 것으로 나타났다"며 다음과 같이 말했다.

"대기업 중심으로 이뤄지고 있는 직장 위탁 교육은 전과는 달리 대부분 출석 상황과 시험 성적 등을 인사고과에 반영하는 자료로 삼고 있는 것이 특징이다. 우수한 성적을 올린 직원들은 '어학 수당'을 받기도 하고 성적이 나쁠 경우에는 각서를 쓰기도 하는 등 어학 학습 관리가 조직적으로 이뤄지고 있다. 서울 종로구 관철동 P 외국어학원의 경우 현재 8천여 명의 수강생 중 직장인이 작년보다 30퍼센트 이상 증가한 3천여 명. 또 기업체의 단체 수강 문의 전화도 하루 10여 건에 달해 수강생이 앞으로도 급증할 전망이다. 국회 사무처는 지난 6일부터 이 학원 강사를 초빙해 오전 8시 반부터 1시간 동안 직원들을 상대로 주한미군방송AFKN 듣기 강의를 실시하고 있다.……서울 종로구 관철동 S 영어학원의 6개 새벽 영어 회화반(미국인 강사)에도 수강생 약 17명 중 절반 이상인 10명 내외가 직장인이다. 지난해 9월부터는 조기 출퇴근제를 실시하고 있는 삼성전자 직원들을 상대로 퇴근 후 2개월 코스의 위탁 교육을 실시하고 있다."[27]

1995년 2월 23일 정부는 세계화를 위해 1997학년도부터 초등학교 3~6학년생에게도 영어를 주당 2시간씩 정규 교과목으로 가르치기로 했다고 발표했다. 이 발표에 자극받아 어린이 영어 학원이 급증하는 등 1996년 전국 방방곡곡에서 치열한 '영어 전쟁'이 벌어졌다. 이미 1995년 한국에서 영어 사교육에 들어간 비용은 2조 원이 넘었지만, 이제 영어 조기 교육까지 가세해 그 규모는 폭증하기 시작했다.

젖먹이도 영어를 배워야 하는 시대에 접어들었다. 『동아일보』 1995년 3월 12일자는 "세계화 바람이 불면서 유아나 초등학생들을 대상으로 한 외국어 조기 교육 붐이 서울 강남 일대를 중심으로 크게 번지고 있다. 학원들은 '어릴 때 외국어를 가르쳐야 커서도 잘한다'고 선전하고 있으며 생후 6개월짜리부터 유치원생 초등학생까지 희망자들이 몰리고 있다"며 다음과 같이 말했다.

"서울 강남에서만 대형 전문 학원 7곳이 성업 중. 대부분 외국에서 수입한 기자재를 사용해 시청각 시설을 해놓고 외국인 강사를 고용, 외국어로 가르치고 있다. 우선 어린 학생들의 이름부터 '마이크', '에디', '소피아' 등 외국인 이름으로 바꿔 부르고 당장 '굿모닝', '하우 두유 두' 등 기초 회화부터 가르친다. 서울 강남구 도곡동의 P 학원은 초등학생 등 2백여 명의 어린이를 가르치는데 6세 미만의 어린이들이 대부분. 특히 생후 6개월부터 2세 미만의 유아반은 10명이 등록, 주 2회 수업에 15만 원씩을 내고 있다. 또 조기 영어 교육을 내세워 지난 1991년 처음 문을 연 K 학원 유치원반의 경우 50명 모집에 2백50명의 지원자가 몰려 5 대 1의 경쟁률을 보이기도 했다. 이 학원은 외국인 강사 7명을 채용, 미국 유치원 교육 방식을 그대로 도입하고 있는데 1주일에 25시간을 가르치고 한 달에 48만 원을 받는다. 대치동에 본부를 둔 W 학원은 편의점, 부엌 등을 실제로 외국처럼 꾸며놓고 영어로 소꿉놀이 등을 하면서 영어를 가르치는데 압구정동, 풍납동, 명일동 등 3곳에 지점까지 두고 있다."[28]

한국형 평등주의 논리는 이 분야에도 어김없이 작동했다. 키즈클럽, 원더랜드, PACE, ECC, 월드키즈, SLP 영어학당 등 서울의 아파트촌 위주로 번져가던 어린이 영어 학원들이 곧 수도권의 새 도시를 비롯한 전국에 직영·체인점을 늘려가는 등 문자 그대로 우후죽순雨後竹筍을 방불케 했다.[29]

'카투사 고시'와 '토익 신드롬'

주한미군에 배속된 한국 지원군인 카투사KATUSA: Korean Augmentation to the United States Army에 들어가기 위한 경쟁률도 높아졌다. 1995년 1,200명 모집에 무려 1만 5,000여 명이 몰려 평균 12.5 대 1의 치열한 경쟁률을 보였다. 특히 영어에 능숙한 외교관·교포 출신 지원자가 많아져 국내파 학생들이 카투사 시험에 합격하기란 쉽지 않기 때문에 카투사 입시 학원까지 생겨나는 기현상마저 나타났다.

서울 종로구 Y 학원에 마련된 카투사 입시반에는 카투사 시험을 준비하려는 수험생들로 열기가 뜨거웠으며, 심지어 대학 도서관 주변에서는 4~5명씩 모여 그룹 스터디를 하면서 카투사 시험을 준비하는 학생들도 자주 눈에 띄었다.[30] 무엇보다도 영어 하나는 배울 수 있다는 생각에 카투사의 인기가 높아지면서 카투사에 들어가기 위한 경쟁을 두고 '카투사 고시考試'라는 말까지 나오게 되었다.

영어 능력 평가 시험도 대목을 만났다. 1995년 6월 삼성 등 대기업들이 필기시험 과목 중 영어를 토익TOEIC 등 공인 시험 성적으로 대체하면서 '토익 신드롬'이 일어났다.[31] 『경향신문』 1995년 9월 5일자는 "9월 개강을 맞은 대학가에 A급 태풍이 불어닥쳤다. 30대 그룹의 '공채 필기시험 전면 폐지' 선언. 전경련의 이 같은 방침이 전해지자 토익TOEIC · 토플TOEFL · G 텔프G TELP 등 영어 실력 측정 도구들이 취업 전선의 비상한 관심을 끌고 있다"며 다음과 같이 말했다.

"지난달 20일 새벽 4시. 서울 동대문구 회기동 삼육외국어학원SDA 강당에는 1,000여 명의 학생들이 밤샘을 하고 있다. 연 3일째. 잠시 후 네 시간 뒤면 선착순 등록이 시작된다. 줄 끄트머리에 선 학생들은 행여 자기 바로 앞에서 마감이 될까 노심초사. '친구들 말이 이 학원에서 1년만 버티면 토익 800점은 거뜬하다고 해서요.' 군 제대 후 취업 준비에 몰두하고 있는 ㅈ대학 3년생 ○군(24)은 친구 3명과 교대로 3일 동안 줄을 지켜왔다."[32]

1995년 토익에 응시한 수험자는 42만 명에 이르렀으며 토익 점수를 사원 선발과 인사 고과에 반영하는 기업체의 수는 500곳 이상이었다. 그리하여 '족집게 토익 과외'마저 생겨났다. 영어 실력보다는 영어 시험 치는 요령을 가르친 것이다. 이런 문제점을 들어 PC통신 하이텔 여론광장에는 '토익 망국론'까지 등장했다.

설사 '토익 망국론'이 맞더라도 좋은 직장에 들어가기 위해선 어쩔 수 없는 일이었다. 좋은 직장에 들어갔다 하더라도 "영어 잘못하면 사표 써야 할

판"이 되고 말았다. 1996년 들어 삼성그룹은 외국어 성적이 일정 수준에 못
미치는 임직원들에 대해 승진은 물론 호봉 승급에서도 불이익을 주기로 했
으며, 외국인과 접촉이 잦은 한진그룹은 토익 750점 이상을 얻어야 부장 진
급이 가능하도록 했다. 임원 회의 때도 '꿀 먹은 벙어리'가 되지 않으려면 부
회장이든 사장이든 최고경영자까지 모두 영어 공부를 해야 하는 게 기본이
되었다. LG그룹은 2월 초 인도네시아 발리에서 개최한 그룹 경영 세미나를
영어로만 진행했다.[33]

　심지어 사장이 영어로 조회사를 하는 회사도 생겨났다. 『경향신문』 1996년
2월 4일자는 "삼성물산 신세길 사장이 지난 1일 사내 TV 방송망을 통해 '세
계 일류 기업으로 성장키 위해 열심히 일하자'는 요지의 월례 조회사를 예고
없이 영어로 해 회사 안팎에서 화제. 삼성그룹에서 올해를 세계화 원년으로
선언하고 영어를 그룹 공용어로 선포한데 따른 것이다. 7분가량의 조회사가
나가는 동안 사내 TV 방송은 중간중간 한글 자막을 넣었다"며 다음과 같이
말했다.

　"삼성물산은 이미 지난달 20일부터 해외 업무실의 전략회의, 간부회의 등
업무 협의 가운데 상당 부분을 영어로 진행하고 있다. 의사전달이 완벽하지
않아 어색한 분위기도 있으나 임직원들의 영어 능력을 키우기 위해 이를 계
속 확대할 계획이라고 회사 측은 전했다. 이 회사는 올 상반기 중 해외 지점과
의 교신, 팀 내부 서류 작성도 가능한 한 영어로 한다는 방침이며 실적 및 정
보 보고, 본사와 지점간의 연락까지도 영문화할 예정이다. 직원들에게는 명
함에 '찰스 김', '에드워드 박'과 같은 영어식 이름 이용을 장려하고 있다."[34]

'바람난 조기 영어 교육'

1996년 영어 과외를 받고 있는 초등학생은 53만여 명에 달했으며 이에 드는 과외비는 연간 3,550억 원인 것으로 추산되었다. 어린이 영어 전문 체인점은 500여 개에 이르며 일반 영어 학원에서 '유치원반'을 개설한 학원까지 합하면 1,000여 개 이상이었다. 조기 영어 교육에 투자되는 돈은 교재 시장까지 합하면 6,000억 원대에 이르렀다.[35]

영어 교육열은 상식을 초월했다. 2세 갓 넘은 어린 아이들에게 모든 수업을 영어로 하는 학원까지 생겨났는가 하면 이젠 대학생들뿐만 아니라 어린이들까지 해외 어학연수 길에 올랐다. 김포 출입국관리사무소의 집계에 따르면 만 6~10세 어린이(유치원생~초등학교 4학년) 출국자는 1993년 3만 5,000여 명, 1994년 4만 7,000여 명에 이어 1995년에는 6만여 명으로 크게 늘어났다. 이들 중 대부분이 방학 기간을 이용, 영어 학원과 여행사가 모집한 해외 어학연수 프로그램에 참가하거나 개인적으로 미국, 캐나다, 호주 등 영어권 국가에서 3~4주간 어학연수를 받기 위해 출국하는 어린이들이었다.[36] 일부 지역 교육청에서는 미취학 아동의 영어 교육을 자제하도록 행정지도를 하기도 했지만, 영어 광풍狂風을 막아내기에는 역부족이었다.

그런 현실을 더는 방치할 수 없다고 생각했던 걸까? 작가 복거일은 『뉴스위크』 한국판 1996년 11월 20일자에 쓴 「영어를 공용어로 채택 한국어와 공존케 하자」는 칼럼을 통해 영어를 공용어로 쓰자고 제안했다. 영어를 배우는 데 들어가는 엄청난 비용을 생각하면 그 투자의 효율을 높이는 첩경이 영어의 공용어화라는 주장이었다.

어학연수 박람회에 몰려든 사람들. 전 사회적으로 '영어 광풍'이 불면서 대학생뿐 아니라 어린이들도 해외
어학연수 길에 나서게 되었다.

『월간조선』 1997년 4월호에 실린 「바람난 조기 영어 교육」이라는 기사는
"조기 영어 광풍은 어디까지 와 있는가. 소문으로만 듣던 '어린이 영어 전문
학원' 몇 군데를 직접 돌아보았다"며 다음과 같이 보도했다.

"생후 6개월부터 2세까지 모인 '토들러반' 꼬마들이 백인 여선생과 놀고(?)
있다. 교실의 교육 보조재도 미국에서 들여온 것들이란다. 교실 벽에는 성조
기가 붙어 있다. 이곳에 들어서면 꼬마들끼리도 일체 우리말을 써서는 안 된
다. 말이 되든 않든 무조건 영어만 써야 한다. 우리말을 쓰는 꼬마에게는 가
차 없이 백인 선생의 '경고'가 주어진다. 일제 치하의 우리 부모들이 학교에

서 '우리말'을 쓰다 걸리면 혼났던 것처럼. 이름도 미국식으로 지어준 것만을 쓴다. 일제 치하의 우리 부모들이 학교에서는 모두 일본 이름을 써야 했던 것처럼. '탐', '마이클', '에디', '소피아', '샐리'……."[37]

이즈음 미국 신문 『새너제이머큐리』에 한국은 '영어권 실업자들의 천국'이라는 기사가 실렸다. 미국에서 고등학교도 졸업 못한 수준의 사람들이 한국에만 가면 돈도 벌고 대접도 받으며 산다는 것이었다. 한국에서 제대로 비자를 받고 가르치는 외국인 강사는 7,800명이었지만, 그 10배가 넘는 외국인이 자격도 갖추지 않고 맹활약 중이었으니 그런 말이 나오는 것도 무리는 아니었다.[38]

또 미국의 『워싱턴포스트』는 1997년 4월 15일 한국인들의 영어 학습 과열로 한국의 영어 교육이 연간 수십억 달러 규모의 거대 산업으로 성장했다는 내용을 1면 머리기사로 보도했다. 김영삼 정부의 세계화 운동으로 촉발된 영어 학습 붐에 따라 거의 모든 대기업이 직원들에게 무료 영어 교육을 시키는가 하면 주말이면 영어 과외를 받기 위해 미군기지로 들어서는 초등학생들이 줄을 잇고 있다고 이 신문은 전했다. 또 미국인들은 낯모르는 한국인에게서 영어를 가르쳐달라는 요청을 받고 있다면서 미국에서 대학을 졸업한 사람이면 한국에서 영어 과외로 시간당 100달러(약 9만 원) 이상을 벌 수 있다고 했다.[39]

"이대 신방과 94학번들이 절반도 안 남은 까닭은"

영어는 바람이었다. 그것도 아주 거센 바람이었다. 일부 부유층에서 이루어지던 유치원생 해외 영어 연수가 중산층으로까지 확산되면서 자녀 어학연수 비용 마련을 위한 학부모들의 '연수 계모임'까지 등장하기 시작했다. 『한겨레』 1997년 4월 25일자는 "최근 들어 부유층 사이에서 유치원에 다니는 아이들에게 '본토 발음'을 가르치겠다며 유치원 방학을 이용해 '단기 유학'을 나가는 사례가 늘고 있다"며 다음과 같이 말했다.

"이 같은 연수 바람에 따라 중산층 학부모들도 6~7백만 원이 넘는 아이들의 해외 연수 비용 마련을 위해 '어학연수 계'를 붓는 현상들이 조기 영어 교육 바람의 새로운 양상으로 널리 퍼지기 시작했다.……미국 뉴욕 현지 학교에서 3주 과정 어학연수 비용은 3백60만 원이지만 여기에 개인 용돈, 보험료 등을 합치면 실제로 4~5백만 원 정도가 들고 어머니가 함께할 경우 2백만 원 정도 추가 비용이 생긴다는 것이다. 교육부에서는 유치원생이 개별적으로 여행사를 통해 어학연수 겸한 해외여행에 대해서는 별다른 지침이 없는 상태다. 이 밖에 국내에서 외국 어린이들과 함께 주말여행을 다니며 영어로 이야기를 나누는 프로그램도 인기를 끌고 있다. '민간외교클럽'이란 단체가 주최하는 '외국 어린이와 영어 여행' 프로그램에 참가한 어린이들은 외국 어린이들과 매주 주말여행을 하며 영어를 익히고 있다."[40]

유치원생들까지 이 지경이니 대학생들의 경우엔 더 말해 무엇하랴. 『한겨레』 1997년 6월 21일자에는 「이대 신방과 94학번들이 절반도 안 남은 까닭은…」이라는 기사가 실렸다. 이 기사는 "많은 이화여대 신방과 94학번들이 휴학계를 내고 학교를 떠났다. 60명의 입학 동기생 가운데 그동안 휴학계를 낸 사람이 절반 가까운 28명이다. 이들 말고도 올 2학기에 7~8명이 추가로 휴학계를 낼 예정이다. 이제 졸업식 날 '정상적으로' 학교를 떠나는 94학번들의 자리보다 빈자리가 더 많아지는 셈이다"며 다음과 같이 말했다.

"해외로 어학연수를 떠나는 학생이 대다수다. 현재까지 20여 명이 어학 연수를 위해 미국, 캐나다, 호주 등지로 나가 있다. 꼭 취업 준비 때문만은 아니지만 대부분은 취업이 가장 큰 이유다.……이들을 떠나보내고 학교에 남아 있는 '잔류파' 학생들의 고민은 더 클 수밖에 없다. 어학연수를 떠나는 친구들이 늘어날수록 커져만 가는 불안감이다."[41]

『경향신문』 1997년 7월 12일자에 따르면, "결국 취업 준비생들의 '품질'은 토익 점수가 판정해준다. 토익 점수는 출신 대학과 함께 이들의 등급을 매기는 데 가장 중요한 잣대 가운데 하나다. 이들이 영어에 죽기살기로 매달리는 것은 당연한 일이다. 요즘 대학생들 사이에서 효과가 검증되지 않은 해외 어학연수 바람이 열병처럼 번지고 있는 것도 그 때문이다. 대학 관계자들은 서울 시내 각 대학에서 장·단기 해외 연수를 경험한 숫자가 4학년 졸업 정원의 절반은 될 것으로 추산하고 있다."[42]

세계화의 파국적 결과

계간 『황해문화』 1997년 가을호 「권두언」은 "지금 한국 문화는 '신드롬'으로 들끓고 있다"며 박정희 신드롬, 박찬호-선동렬 신드롬, 람세스 신드롬 등에 이어 '영어 회화 신드롬'을 포함시키며 다음과 같이 말했다.

"이 같은 신드롬의 행진에서 문화의 위기를 진단할 수 있다. 누누이 강조하는 바이지만 신드롬이 없는 사회는 정체된 사회, 닫힌 사회, 그리하여 죽은 사회이지만 신드롬이 꼬리를 무는 사회 또한 건강하지 않다. 신드롬처럼 그 사회의 중심 없음을 드러내는 현상도 많지 않다. 우리는 신드롬이라는 어감에서 '냄비근성'을 떠올린다."[43]

유초하는 『문화과학』 1997년 가을호에 기고한 글에서 "우리는 지금 문화적 측면에서 한국인이 아니다. 동양인이라고 하기도 어렵다. 서양인 중에서도 대충 미국인이다"며 다음과 같이 주장했다.

"미국식으로 생각하고, 미국식 제스처를 쓰고, 미국식 음식을 먹는다. 안성기보다 니컬러스 케이지가 인기 있는 화제가 되고, 최민수보다 브레드 피트가 연모의 대상이며, 현주엽의 기록은 몰라도 마이클 조던의 기록은 외워진다. 음식, 의복, 주거, 법규제도, 문화 향유의 각 측면에서 미국 것이 곧 우리 것이다."[44]

미국 외에 호주와 뉴질랜드가 끼어든 게 다행이라고 해야 할까? 뉴질랜드에 체류 중인 김완준은 『상상』 1997년 겨울호에 기고한 글에서 "지금 한국에서는 영어 어학연수 붐이 무섭게 일고 있다. 한국에 있을 때는 그 사실을 체감할 기회가 없었는데 호주와 뉴질랜드에서 몇 달 생활하면서 정말 한국에 영어 어학연수 붐이 무섭게 일고 있구나, 하는 걸 실감할 수 있었다"며 "어느 정도냐 하면 호주의 경우, 호주 영어 학원의 한 반 정원이 열두 명가량인데 보통 8~9명이 한국인이고 심한 곳은 열 명이 넘는다"고 했다.[45]

세계화는 장기적 비전이었을망정 단기적으론 1997년 말 파국적인 결과를 초래하고 말았다. 한국이 IMF 구제금융을 받아야 하는 사태가 벌어진 것이다. 김용환은 IMF행이 결정된 1997년 11월 21일은 "1910년 경술국치와 1950년 6·25전쟁 중 군사작전권을 미군에 넘긴 사건과 더불어 민족 수치를 온 국민에게 안겨준 날"이라며 다음과 같이 주장했다.

"세계화는 일반 국민들에게 조기 영어 교육열을 더욱 부채질하고 무분별한 해외여행으로 내몰았다. 1994년부터 출범한 WTO 체제는 국제무역 환경의 질적인 변화를 초래했다. 이에 대한 국민홍보와 대비책도 마련하지 않은 채 WTO의 요구를 수용한 한국 경제는 이미 실패를 잉태하고 있었다. 문민정부라 일컬어지던 김영삼 정권의 무지와 무능은 국민을 착각 속에 빠뜨렸을 뿐이다. 국민소득 1만 달러의 환상은 호화 외국 여행을 부추겼고 해외 송금의 자유화, 해외 부동산의 매입 장려 등 외화의 해외 유출을 방조했다."[46]

복거일의 영어 공용화론

영어 열풍은 IMF 사태로 잠시 가라앉는 듯했지만, IMF 사태가 진정되면서 다시 달아오르기 시작했다. 이에 화답하듯, 1998년 6월 복거일은 『국제어 시대의 민족어』라는 책을 출간해 다시 영어 공용화론을 주장하고 나섰다. 한국에서 영어는 이미 사실상 공용어共用語의 지위를 누리고 있는바, 복거일이 주장하는 건 공용어公用語로 하자는 것이었다. 그가 이를 처음 제안한 1996년에는 이렇다 할 논쟁이 일어나지 않았지만, 이번에는 달랐다. 2000년대까지 내내 신문 지상을 중심으로 치열한 논쟁과 논란이 전개된다.

복거일은 『국제어 시대의 민족어』에서 이런 제안이 적잖은 이들에게 '신성 모독적 발언'으로 느껴지겠지만, "이 세상의 여러 문명들이 하나의 '지구제국'으로 통합되어가는 지금, 영어를 앵글로색슨족의 언어로 여기는 것은 비합리적이고 비현실적이다. 영어는 이제 인류의 표준 언어다. 그 사실을 외면하는 것은 누구에게도 도움이 되지 않는다"고 주장했다. 그는 "지금 우리 사회에서 시민들이 영어를 배우는 데 개인적으로 쏟는 자원은 엄청나다. 초등학생들 가운데 53만 명이 학원에서 영어를 배우고 거기 들어가는 비용은 3,500억 원으로 추산된다. 그리고 내년부터는 초등학교 3학년부터 영어를 배우게 된다"며 다음과 같이 말했다.

"인도·필리핀, 그리고 싱가포르처럼 이미 영어를 공용어로 채택한 사회들의 경험은 국제어를 공용어로 채택하는 일이 그렇게 어려운 것이 아님을 보여준다. 그런 사회들에서 영어에 대한 호감은 뚜렷하고 영어를 일상적으로 쓰는 데서 누리는 혜택은 언뜻 생각하기보다 훨씬 크다. 우리가 눈여겨보아야 할 대목은 그런 사회들에서 영어가 자리 잡게 된 것은 그들이 영국이나 미국의 식민지였다는 사실 때문이다. 그래도 그들은 영어를 '식민 잔재'라고 여기지 않는다. 한번 영어를 공용어로 채택하면, 영어에 대한 태도가 근본적으로 바뀐다는 사정도 큰 무게를 지닌다.……이제 우리는 영어라는 국제어를 우리의 것으로 받아들여야 한다. 그리고 선언해야 한다. 우리도 그 국제어를 다듬어 발전시키는 일에서 우리 몫을 하겠노라고."[47]

이 주장에 대해 격렬한 반론, 아니 비난이 쏟아졌다. 2년 후 어느 인터뷰에서 복거일이 밝힌 바에 따르면, "엄청 비난을 당했어요. 한글이 세계에서 가장 훌륭한 언어라고 생각하고 있는 사람들이 많이 있기 때문이죠. 이곳은, 그런 사람들은 현상 유지, 아무것도 바꾸고 싶지 않다는 태도입니다. 때문에 그런 사람들로부터 비국민 취급을 당했죠. 우리 한국 언어에 대해, 우리 전통에 대해, 우리 문화에 대해, 배신자라는 겁니다."[48]

박노자의 '영어 공용화론의 망상'

그런데 꼭 그런 이유 때문에 비판과 비난이 쏟아졌을까? 물론 그런 이유로 비판과 비난을 한 사람들도 있었겠지만, 이유가 그렇게 단순한 건 아니었다. 예컨대, 민족주의에 비판적인 박노자는 1999년 11월 "영어를 국가 차원에서 '제2국어'로 만들자는 말 그 자체가 논박할 가치가 없는 망상일 뿐이다. 그러나 최근 발표된 여론조사 결과를 그대로 믿는다면 대학생의 상당수가 이 '영어 국어화론'을 지지한다는 것이다. 그리하여 말할 가치도 없는 문제지만 몇 가지 원론적인 이야기를 해야 할 것 같다"며 다음과 같이 주장했다.

"영어 공용화론자들은 '영어 구사력이 바로 국력'이라고 주장하면서도 거꾸로 국민의 애국심을 이용하려고 한다. 그러나 사실 언어란 영어 구사 수준과 관계없이 오히려 한 나라의 국력 향상과 정비례하여 그 나라의 언어가 세계적으로 유포되는 것이 원칙이다. 영어 공용화론자들은 보통 한국의 '선진화'와 '영어화'를 동일시하려고 한다. 서구의 비영어권 국가 국민들이 영어 구사력 분야에서 표준적으로 한국인들을 어느 정도 능가한다는 것은 부정할 수 없는 사실이다. 그러나 이 점에서 영어 공용화론자들이 원인과 결과를 혼동한다. 유럽인들의 영어 실력은 높은 경제적 수준에 따른 심화된 외국어 교육의 산물이지, 경제적 발전의 원인이나 원동력은 전혀 아니었다."

이어 박노자는 "결론적으로 국민 각자가 경제적인 차원에서 결정해야 할 외국어 습득 문제까지 국가가 '영어 공용화 정책'으로 결정한다면, 이는 '선진화'가 아니라 중세적인 부역 제도의 일종일 것으로 보인다. 이 영어 공화국의 망상은 실천에 옮겨질 것 같지 않지만, 일단 옮겨진다면 몇 가지 심각한 결과를 분명히 낳을 것이다"며 다음과 같이 말했다.

"첫째, 통일을 앞두고 있는 시점에서 영어를 배울 형편이 안 되는 북한 주민들과 '국제화된' 남한인들 사이의 이질성은 더 심화될 것이다. 실제적인 남북 간의 소외도 그렇지만, 사회심리상으로도, 북한 주민이 보기에는 주체사상의 '미제 식민지 남한론'이 증명될 것이다. 결국 역설적으로도 영어 공용화론을 주장하는 남한의 친미파는 북한 주체사상의 들러리 구실을 하게 될 것이다. 둘째, 국내인들마저 한글을 등지면 해외 한인들의 현지 동화과정이 더 촉진될 것이고, 세계 한인 공동체의 이상은 완전히 파괴될 것이다. 해외 한인 동질성 유지는 한글 교육 장려를 통해서만 가능한데 영어 공용화론자들은 이를 무시한다. 셋째, 한국 공교육의 현주소를 고려하면 영어의 '국어화'로 고비용의 영어 학원 사교육과 현지 영어 연수는 모든 젊은이들에게 사실상 의무화될 것이다. 한국 학원가와 미국 대학가는 대호황이겠지만, 이 고비용을 부담치 못할 빈곤층은 삼류 시민으로 전락하게 될 것이다. 북한 사람과 빈민을 소외시키고 모국과 해외동포 사이를 멀어지게 하는 '영어 공용화'는 대체 누구를 위한 것인가? 한국 사회를 주름잡고 있는 영어권 유학파가 이러한 방법으로 그 특권적인 위치를 확인, 영구화하려는 것인가? 어쨌든 이런 차원의 논쟁은 한국 지배층의 의식 상태를 잘 보여준다고 하겠다."[49]

기업이 선도한 '영어 열풍'

적어도 지식계에선 영어 공용화론에 대한 반대가 압도적으로 높았지만, 현실은 영어 공용화를 뺨치는 수준의 '영어 열풍' 속으로 빠져 들어갔다. 게

세계화 바람 속에서 1990년대 후반 인터넷이 대중화되자 영어의 필요성은 더욱 부각되었다.

다가 때마침 인터넷이 대중화되면서 영어의 필요성은 더욱 커졌다.

1999년 7월 유엔개발계획UNDP은 「인간개발 보고서」에서 "인터넷이 부유한 나라, 그중에서도 백인, 남성, 고소득층의 전유물이 됐다"면서 "집단·지역마다 인터넷 접근 기회가 불공평한 정보의 빈익빈 부익부 현상이 심화되고 있다"고 지적했다. 예컨대, 경제협력개발기구OECD 29개 회원국은 세계 인구의 19퍼센트밖에 차지하지 않지만 전체 인터넷 사용자의 91퍼센트를 차지했다. 미국은 국민 중 인터넷 이용자가 26.3퍼센트나 된 반면, 남미·동유럽 · 아프리카는 각각 1퍼센트 미만에 그쳤고, 컴퓨터 1대를 사기 위해 미국에서는 한 달 치 임금만으로 충분하지만 방글라데시의 경우에는 8년 치 임금을 쏟아부어야 했다. 또 영어를 모국어로 사용하는 사람은 세계 인구의 10퍼센트밖에 안 되지만 세계 웹사이트의 80퍼센트는 영어로 되어 있기 때문에 언어에 의한 정보 불평등도 심화될 것으로 예측되었다.[50]

영어의 필요성에 가장 발 빠르게 대처한 집단은 기업이었다. 대기업들이 경쟁적으로 영어를 직장 내 의사소통 언어로 사용키로 하거나 영어 회화 능력을 승진의 잣대로 삼겠다고 나서면서 직장인들에게 영어는 생존 차원의 문제가 되었다. LG는 1999년부터 신규 임원 승진자들에 대해 자체 영어 평가 시험LGA-LAP을 치른 뒤 성적이 낮으면 탈락시키기로 했으며, SK 최태원 회장은 1999년 8월 직원들과 영어 간담회를 가진 뒤 향후 3년 안에 사내의 공식적인 의사소통을 영어로 하겠다고 선언했다. 삼성은 1999년 9월 23일부터 그동안 해외 파견자만이 응시했던 회화 능력 테스트SST를 모든 직원이 응시해 인사고과에 반영하도록 했다. 또 2000년 1월부터 전 계열사 임직원에 대해 SST를 통과해야 해외 근무를 갈 수 있도록 했다.[51]

공무원들도 불안하기는 마찬가지였다. 1999년 가을 서울시청 내에서는 젊은 사무관들이 업무시간에 영어 인터넷 사이트에 접속해놓고 영어 공부를 하거나 워크맨으로 듣기 연습을 하는가 하면 영어 소설을 읽는 장면도 심심찮게 목격되었다.[52]

중고생 사이에서도 토익 열풍이 불기 시작했다. 국제교류진흥회 토익위원회에 따르면 중고교생 토익 응시자가 1999년 9월까지 모두 1만 1,938명으로 1998년 2,775명의 4배를 넘어섰다. 강남구 대치동 J 영어 학원에는 토익 토플반이 이미 20여 개를 넘어섰는데, 이 학원 측은 "올 여름방학에 처음 강좌를 개설할 때만 해도 중학교 3년과 고교 1년 1개반씩이 전부였지만 지금은 중학교 1년부터 고교 1년까지 학년 당 5~6개반이 개설됐다"고 말했다.[53]

아우들이라고 가만있을 수는 없었다. 1999년 11월 30일 '조기 유학 전면 개방 공청회' 이후 초등학교생 대상 불법 영어 학원 과외도 극성이었다. 서울 목동 S 학원 원장은 "우리 학원 출신 중 이미 TOIEC 9백 점을 넘어 대학 특례 입학 자격을 얻은 학생도 다수"라면서 "방학을 앞두고 '스파르타반'에 입학하려는 초등교 5~6학년 학부모의 문의 전화가 많아 '설명회'를 1주일에 3번씩 열고 있다"고 말했다.[54] 세계화 시대의 영어 광풍이라 할 수 있겠다. 이런 영어 광풍의 강도는 날이 갈수록 강해진다.

제5장

"한국에서
영어는
국가적 종교다"

2000~2002년

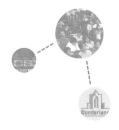

"토플과 토익만 잘해도 대학에 갈 수 있다"

비단 영어뿐만 아니라 모든 교육 문제가 그렇지만, 가장 근본적인 딜레마는 '내부 경쟁'의 문제였다. 즉, 영어 공용화론에 반대하더라도 영어 실력으로 인한 계층 간 이해득실이라고 하는 문제가 있다는 것이다. 2000년 1월 한신문 독자의 다음과 같은 주장은 그런 딜레마를 시사한다고 볼 수 있다.

"오늘을 살아감에 있어, 그리고 이 사회에 적응하기 위해 영어가 그토록 소중하다면 도대체 왜 초등학교 때부터 제대로 된 영어 교육을 시키지 않는 것인가. 현재 중학교 때부터 실질적으로 이루어지는 영어 교육이 총체적으로 부실한 나머지 얼마나 많은 돈이 학교 교육 이외의 영어 재교육에 쏟아부어지고 있는지 모른다. 영어를 업으로 하는 소수 기득권층과 영어 조기 교육이 국어를 혼란시킨다는 일부의 의견 때문에 국가 차원의 제대로 된 영어 조기 교육이 실시되지 않고 있는 현실을 개탄하지 않을 수 없다. 토익과 토플 시험을 치르기 위해 지출되는 외화는 실로 엄청나다. 교육부는 장기적인 차원에서 이에 대한 대책을 세워야 할 것이다. 이 사회 전체가 영어를 그토록 갈망하고 살아남기 위해 영어 실력이 중요하다면, 영어를 전 국민에게 철저하고도 강력하게 교육시켜야 한다."[1]

대학들은 대학들대로 영어를 대학 간 순위 경쟁의 도구로 보는 정책을 쓰기 시작했다. 예컨대, 경북대는 해외 연수를 다녀와야만 졸업장을 주겠다며 학칙 개정을 추진했고, 이화여대는 학과마다 1개 과목 이상을 영어로 강의하며 졸업 때 '영어소양인증제'를 적용하겠다고 나섰다.[2]

군軍인들 영어에서 자유로울 수 있으랴. 2000년 들어 '장교·하사관의 진급 심사에 자체 영어 평가, 또는 TOEIC, TEPS 등 외부 기관의 평가를 단계적으로 반영한다'는 인사 방침이 공군, 해군, 육군의 순으로 잇따라 발표되면서부터 전군의 장교·하사관들이 '영어와의 전쟁'을 벌이기 시작했다. 국방부와 각 군 본부가 있는 계룡대는 물론 전국의 각급 일선 부대에서 대위 이상의 고급장교들과 하사관들이 틈만 나면 이어폰을 끼고 영어 발음을 하는 모습은 익숙한 풍경이 되었다.[3]

영어 열풍은 일단 '토익 폭풍'으로 나타났다. 2000년 1~3월 중 토익 시험에 응시했거나 응시 원서를 제출한 사람은 모두 16만 5,283명으로 전년 같은 기간에 비해 무려 55.5퍼센트(5만 8,996명)가 늘었다.[4] 서울대, 경희대, 성균관대 등의 대학들은 자체 개발한 영어 자격시험이나 토익 시험 등의 결과를 수강 자격과 졸업 자격의 기준으로 삼았으며, 이는 다른 대학들로 급속히 퍼져나갔다.[5]

심지어 입학 자격까지 영어가 좌우했다. 2001학년도 대학 입시에서 토플과 토익 등 영어 특기자로 신입생을 선발키로 한 학교는 고려대·성균관대·경희대를 비롯해 총 72개교에 달했다. 이에 따라 '토플과 토익만 잘해도 대학에 갈 수 있다'는 인식이 확산되면서 서울 강남·종로 등지에는 이를 노린 전문 학원이 우후죽순처럼 생겨나면서 때아닌 호황을 누렸다.[6]

"영어 하나만 제대로 배워오면 성공이지요"

정부의 조기 유학 전면 자유화 방침에 따라 학부모들이 앞다투어 유학 설명회에 몰려들었다. 초등학교 6학년인 아이를 미국으로 조기 유학 보내려는 김 모 씨(37)는 "영어 하나만 제대로 배워오면 성공이지요"라고 말했다.[7] 이런 원리에 따라 젊은 주부들을 중심으로 태어난 지 2~3개월 된 아기에게도 선생님을 고용, 과외를 시키는 것이 유행처럼 번져나갔다. 일주일에 한 번 방문하는 선생님에게 '장난감 갖고 놀기'를 지도받는 전 모 군은 생후 6개월인데, "좀더 일찍 시작하지 못한 걸 후회한다"는 어머니 김 모 씨(27)는 "남편은 '아기에게 뭐하는 짓이냐'며 나무라지만 주변의 아기에 비해 뒤떨어지는 건 참을 수 없다"고 잘라 말했다.[8]

한국 영어 교육의 본질을 이처럼 잘 꿰뚫어본 말이 또 있을까? '다른 집 아이에 비해 뒤떨어지는 건 참을 수 없다'는 교육 원리에 따라 불법 조기 유학도 급증했다. 교육부에 따르면 2000년 5~6월 두 달간 전국 1만여 개 초중고교 전체를 대상으로 실시한 '조기 유학생 실태 조사'에서 1999학년도(1999년 3월~2000년 2월) 조기 유학생은 1만 1,237명이었는데, 유학 종류별로는 현행

영어 박람회의 영어 도서 코너에 몰린 사람들. 영어 열풍이 더욱 뜨거워지면서 영어 학습 연령은 낮아지고 영어 유치원, 유아 대상 영어 개인 과외도 유행했다.

법상 허용된 예체능계 학생과 특수교육 대상자 등 정식 유학 인정서를 받은 유학생이 189명, 부모와 함께 해외로 이주한 유학생이 5,709명, 외교관·기업체의 해외 주재원 등 부모의 해외 파견에 따른 유학생이 3,689명, 불법 유학생(추정)이 1,650명이었다. 불법 유학생 가운데 초등학생은 405명으로 1998학년도 208명보다 2배 가까이 늘었고 전체 불법 유학생 가운데 차지하는 비율도 24.5퍼센트로 1998년(18.4퍼센트)보다 크게 늘어났다.[9]

유학이 여의치 않으면 방학을 이용한 어학연수라도 가야만 했다. 그래서 2000년 여름 김포공항 국제선 청사는 사상 최대의 해외여행 인파로 북새통을 이루었다. 이다인 양(13 · 충남 아산 D 초등 6)은 "다니던 영어 학원의 15세 미만 영어 체험 프로그램에 접수, 90만 원을 내고 3주간 호주로 어학연수를 간다"면서 "영어를 배우기 위해 해외로 나가는 반 친구들이 많다"고 말했다.[10]

이런 영어 열풍을 타고 일반 유치원 과정을 100퍼센트 영어로 가르친다는 고가高價 영어 유치원들도 등장했다. 1999년 12월 문을 연 S 영어 학원 계열의 서울 개포동 P 영어 유치원의 한 달 수강료는 83만 원으로 10만 원대인 일반 유치원 종일반 가격의 7~8배 수준이었는데, 입학금 10만 원을 더하면 1년 유치원 교육비가 무려 1,006만 원에 이르렀다.[11] 서민 자녀들을 위한 영어 학습지도 호황을 누렸다. 영어 교재 출판사 5곳의 회원 수만 모두 100만 명이나 되었다.[12] 유치원에 들어가기 전 나이인 영유아 학습 교재 시장도 연간 2조 원에 육박했다.[13]

"민족주의자들이여! 당신네 자식이 선택하게 하라"

2000년 1월 일본 총리 자문기관인 '21세기 일본 구상 위원회'가 영어를 제2공용어로 삼을 것을 제언했으며 대만도 비슷한 움직임을 보이고 있다는 것이 국내에 알려지면서, 영어 공용어화론은 제법 힘을 얻게 되었고 이를 둘러싼 찬반 논쟁은 2000년대에도 계속되었다. 복거일은 『신동아』 2000년 3월호에서 "소위 민족주의자들이여! 당신네 자식이 선택하게 하라"고 외쳤다. 민족주의자들도 자식 영어 공부만큼은 남들처럼 똑같이 시킨다는 걸, 즉 그들은 위선을 떨고 있다는 걸 지적하고 싶은 뜻이었을까?

반면 2000년 10월 9일 한글날을 앞두고 복거일의 반대편에 있는 한림대 교수 김영명은 『나는 고발한다: 김영명 교수의 영어 사대주의 뛰어넘기』를 출간했다. 그는 이 책에서 영어 공용어화론의 주장은 ① 영어는 국제어이므로 영어를 쓰지 않으면 국제사회에서 고립된다 ② 영어를 쓰면 잘 살게 된다 ③ 영어를 공용어로 하면 영어를 더 잘하게 된다 등으로 요약할 수 있다며, 이는 '해괴한 식민주의의 망령'이라고 비판했다.[14]

복거일은 2000년 어느 인터뷰에서 '부의 세습제' 문제와 '기회의 균등'을 내세워 영어 공용어화론이 진보적 성격의 것임을 주장했다. "영어가 가능하면 유리하게 되죠. 그에 의해 부의 세습제가 생길 겁니다. 그렇지 않은 사람과의 불평등이 생길 겁니다. 영어를 공용어로 하는 한 가지 이점은 기회의 균등을 촉진하는 방향으로 작용할 것이라고 기대할 수 있는 것입니다. 영어가 공용어가 되면 학생은 대학 시험 때문이 아니라 좀더 자연스럽게 영어를 공부하게 될 것입니다. 정부도 영어 교육에 좀더 투자하게 되겠죠. 교육 기회의 불평등을 줄이는 방향으로 작용할 것입니다."[15]

또한 복거일은 자신이 처음 영어 공용어화론을 주장했을 당시 인터넷을 통한 찬반 토론에서 영어 공용화에 찬성하는 사람들은 약 45퍼센트였고 반대하는 사람들은 약 55퍼센트였다며, 자신에 대한 비난은 예상했지만 "예상치 못했던 것은 영어 공용화를 지지하는 사람들이 생각보다 훨씬 많았다는 사실이었다"고 주장했다.[16]

문제는 그 '지지'의 배경과 성격이었다. 매년 진화에 진화를 거듭한 영어 열풍은 방학 중인 초·중학생들을 대상으로 함께 숙식을 하며 영어를 가르치는 월 수백만 원대의 캠프형 변형 고액 과외로까지 치달았다.[17] 조기 유학 열풍도 이제 '일부 상류층'에만 국한된 게 아니라 연봉 3,000만~4,000만 원을 받는 샐러리맨들도 참여하는 대중화의 길로 나아갔다.[18] 이런 풍경을 차미례는 다음과 같이 묘사했다.

"한국에서의 '영어에 관한 모든 것'은 외국인들에겐 신비와 엽기 그 자체다. 학교에서 영어를 10년 배우고도 못하는 나라, 길가는 사람에게 '영어 할 줄 아느냐'고 물으면 반드시 영어로 못한다고 대답하는 나라, 취직, 승진 등 모든 시험에 영어가 '필수'이면서 공용어는 아닌 나라, 도로 표지판과 관광 안내의 영문 표기가 전국적으로 다르고 홍보 책자도 틀리는 나라, 그러면서 영어 교육열은 극에 달해서 아기들까지 과외 공부를 시키는 나라……"[19]

한국에서 영어는 '찍기용 영어'라는 말까지 나왔다. 일부 학원에서는 토플 시험을 주관하는 평가 기관인 ETS가 문제은행식 출제 방식으로 수험자들에게 중복된 문제를 사용하는 점을 악용, 경험담을 모아서 게시하거나 따로 '최신 문제집'을 만들어 강의했다. 모 학원에서는 강사가 "찍기도 기술이다. 문제를 안 보고 답안만 보고도 답을 맞힐 수 있다"고 스스럼없이 이야기할 정도가 되었다.[20]

'영어 자본-영어 권력 시대'

2001년 3월 한림대 교수 전상인은 "세계화 시대에 미국은 영어 한 가지만으로 온 세상을 지배한다. 영어 제국주의는 미국 패권주의의 당연한 짝꿍인 것이다. 이에 따라 최근 비영어권 사회에서는 영어 열풍이 휩쓸고 있다. 우리나라의 사정은 광풍狂風이라 부를 수 있을 정도이다. 이미 장년이 다 된 나이에 세계화의 날벼락에 맞아 늦깎이 영어 공부에 뛰어든 어른들의 모습도 애

처롭기는 하지만, 특히 세계화를 피할 수 없는 평생 운명으로 감수할 수밖에 없는 어린이나 청소년의 경우에는 영어가 생존의 수단이자 경쟁의 무기로 인식되고 있다"며 다음과 같이 주장했다.

"그런데 흥미로운 것은 사회계층별로 '영어 외압'에 대한 대응이 다르게 나타난다는 점이다. 먼저 최상류 계급은 대체로 자녀들의 조기 유학을 선택하는 경향이 높다. 일시적으로 불편한 가족 해체를 감수하더라도 탄탄한 재력을 활용하여 자녀들로 하여금 현지에서 영어를 배워 다시 돌아오게 만들고자 하는 전략은, 모름지기 우리 사회 안에서 그들이 이미 확보한 기득권을 유지·재생산하겠다는 발상의 결과일 것이다. 한편, 중산층의 경우는 가족 이민의 형태로 반응하는 추세가 높다. 이는 기왕 '무너지는 중산층'의 입장에서 아파트를 팔고 떠나서라도 남은 인생의 승부를 자신이 아니라 자녀의 영어 교육에 걸어 보는 것이다."

이어 전상인은 "이제 남은 것은 '영어 외풍'에 대한 대비를 국내에서 할 수밖에 없는 대다수 서민들이다. 지금 현재 그들은 영어 과외 시장에 고통스럽게 내몰리고 있다"며 다음과 같이 말했다.

"더욱더 우리를 슬프게 하는 것은, 그럼에도 불구하고 자녀를 위한 영어 사교육비 지출이 아깝지 않다고 응답한 비율이 매우 높게 드러났던 이유이다. 부모의 경제력이 학력과 학벌에 의한 사회적 불평등을 고착화시키는 우리 사회의 현 실정 하에서, 영어라고 하는 '문화자본'을 자녀에게 제공하는 일이야말로 계층 상승을 위해 그들이 쓸 수 있는 마지막 카드라고 생각하고 있는 것이다.……지금 현재와 같은 모습으로는 영어가 우리 사회의 계급적 양극화를 가속화할 공산이 높다. 정보화 시대의 '디지털 격차' 못지않게 세계화 시대의 '영어 격차English divide'도 심각하게 논의되어야 한다."[21]

2001년 4월 한양대 교수 조진수는 "영어 열풍은 어제오늘만의 일이 아니다. 필자가 중학생이던 30여 년 전에도 영어 학원과 과외가 모든 학생과 학부형을 괴롭혔고 취직이나 유학시험을 위한 AFKN반, 타임반, 뉴스위크반 등을 내세운 학원들이 즐비했었다. 이제는 전국의 골목마다 영어 학원 차량들이 학생들을 실어 나르고, 우리말도 제대로 못하는 유아를 위한 영어 놀이방까지 등장했다"며 다음과 같이 주장했다.

"도대체 우리나라의 경쟁력에 영어가 얼마나 중요하기에 온 국민이 영어 열병에 시달려야 하는가? 모든 국민이 영어를 잘해야 된다는 논리는 어디서 생겼을까? 정부가 앞장서서 영어 교육에 쏟아 붓는 엄청난 국민적 투자가 경제에 얼마나 보탬이 돼서 우리를 잘살게 해주고 있는가? 이쯤 되면 영어가 나라를 망치고 있는 것은 아닌지 의구심을 가져볼 만하다.……영어로 말할 일이 거의 없는 국민에게까지 영어에 대한 투자를 강요하는 것은 경제적으로도 비논리적이다. 이제는 정부가 대다수 국민에게 큰 정신적 압박을 주고 있는 맹목적 영어 열풍을 진화하도록 노력해야 한다."[22]

영어와 대중문화

2001년 4월 관광 확대와 무역 진흥을 위해 제주도를 국제자유도시화하고 영어를 제2공용어로 하는 방안이 발표되자 학계는 물론 정부 내에서도 논란이 일었다. 김한길 문화관광부 장관은 "영어 사용국의 식민지가 아니었으면서도 자진해서 영어를 공용어로 택한 경우는 지구상에 단 한 나라도 없다"며 반대 입장을 명확히 했다. 학계에서도 '국민의 언어 정체성과 국가 이미지가 걸린 문제이고 성급한 시행은 시행착오만 낳을 것'(고려대 서지문 교수)과 '영어 공영어는 경제적 경쟁력 차원이 아닌 서구 인문주의의 가치를 제대로 소화하기 위해서도 논의 자체를 거부해선 안 된다'(연세대 함재봉 교수) 등 논란이 제기되었다.[23]

영어는 이미 실용의 문제를 떠나 사회적 분위기와 문화의 문제가 되었고 이에 따라 내부 구별짓기의 첨병으로서 위상을 부여받았다. 대중가요는 그런 현실을 반영하되 선도적으로 반영했다. 2001년 여름 초등학생이면 누구나 '밥쓰미, 밥~쓰미' 하며 따라 부르는 인기 댄스 그룹 'DJ DOC'의 히트곡 〈Run To You〉의 노래 가사 일부를 옮겨보면 이랬다.

"Yeah baby, Bounce with me, Bounce with me, Bounce with me, Bounce, Bounce, Bounce. 외로울 땐 날 불러, 뭐가 니 맘에 걸려, 내가 원한다는 걸 넌 알고 있잖아. I need you I want you I will run to you. Yeah baby, Yeah baby. 니 마음의 문을 열어 나를 허락해줘……."

이와 관련, 마태운은 "그룹 이름도, 노래 제목도 영어지만 노랫말도 한글과 영어가 뒤섞여 있다. 후렴구의 영어Bounce with me를 따라 부르는 초등생들의 목소리는 강한 메아리처럼 울려 퍼지지만 그 뜻은 알지 못하고, 알 필요도 느끼지 못한다"며 다음과 같이 말했다.

"청소년들을 주 시청층으로 하는 각 방송국의 인기 가요 프로그램이나 쇼 프로그램을 댄스 그룹들이 장악한 지는 이미 오래됐고 어른들은 채널 선택권마저 뺏겼다. 알아듣기 힘든 랩 가사는 TV 화면에 자막까지 넣어주지만 영어가 반을 차지하고 있다. 이를 두고 일부 중장년층은 '공중파 방송에서 너무

일부 젊은이들은 미드를 영어 공부용으로 활용하기도 했는데, 미드는 한국의 영어 열풍과 맞물리면서 빠른 속도로 세력을 확장해나갔다.

심한 것 아니냐'는 반응을 보이지만 현재 각 방송국 가요 심의는 영어 가사의 경우 그 내용만을 심의 기준으로 삼고 있다.……미디어 매체나 인터넷, 그리고 일상생활에서도 10대 청소년층뿐만 아니라 취학 전후의 어린이들에게도 영어는 공기처럼 필수불가결한 것이다. 내년에 초등학교에 입학하는 홍정우 (7 · 가명 · 서울 서대문구 홍은동) 군의 또 다른 이름은 '브라이언 홍'이다. 조기 영어 교육 붐을 타고 취학 전후 어린이들을 대상으로 한 영어 전문 학원들이 붐을 이루면서 다니기 시작한 영어 학원의 강사가 붙여준 이름이다. 강사는 물론 미국인이다. 학원에서는 우리말을 한 마디도 못하게 하고 집에 가서도 할 수 있는 말은 모두 영어를 쓰도록 교육받는다."[24]

영어 열풍의 일환으로 이른바 '미드(미국 드라마) 열풍'도 서서히 그 모습을 드러내기 시작했다. '미국 드라마를 사랑하는 사람들cafe.daum.net/dramainusa'의 운영자는 "케이블 TV가 보급되고 영어 교육열이 높아지면서 외국 문화, 좀더 정확히 말하면 미국 문화에 대한 관심이 커져 미국 드라마 마니아도 점점 늘어나는 것 같아요"라고 말했다.[25]

"영어! 영어! 영어!······요람에서 무덤까지 '영어 스트레스'"

"영어! 영어! 영어!······요람에서 무덤까지 '영어 스트레스'." 2001년 10월 『한국일보』는 이런 제목을 내건 심층 분석 기사를 연재했다. 이 기사에 따르면, "모두가 영어의 바다 속에 빠져 허우적댄다. 이제 겨우 입을 떼기 시작한 아기부터 은퇴를 앞둔 중·노년들까지 영어의 광풍狂風 속에서 도무지 헤어날 방법이 없다. 그 속에서 교육이 죽고, 사고와 창의성이 마르고, 어마어마한 시간과 돈이 부질없이 스러진다. 그러나 어쩌랴. 실제 효용성이 어떻든 혀를 굴려야 공부깨나 한다는 소리를 듣고, 아이비리그에 입학 허가를 받을 정도의 토플TOEFL·토익TOEIC 점수를 받아야 변변치 않은 직장에라도 취직이 가능한 것을. 어느새 영어만이 유일한 능력이 돼버린 우리 사회에서 이 끔찍스런 영어 스트레스는 그야말로 요람에서 무덤까지 이어진다."[26]

전문가들은 "영어에 대한 관심이 어제오늘의 얘기가 아니지만 최근의 이상 열풍은 과거보다 훨씬 절박한 이유에서 비롯됐다"며 인터넷과 경제의 글로벌화를 지적했다. 인터넷을 통해 전파되는 정보의 80퍼센트 이상이 영어로 되어 있어 영어를 못하면 지식 정보 사회에 낙오자로 전락할 것이라는 위기감이 확산되고, 소위 '국경 없는 경제 시대'를 맞아 외국인과의 직·간접 교류가 일상화한 때문이라는 것이다.[27]

그런 배경 하에 한국 특유의 쏠림 현상이 나타난 것일 텐데, 역시 이런 유행 전파에선 강남이 선도자였다. "세 살배기 우리 아가, 미국인 영어 선생님 없나요?" 유아 영어 학습 열풍으로 영어 유치원에 이어 원어민에게서 직접 영어를 배우는 개인 과외가 강남과 분당 등 일부 지역을 중심으로 유행했다.[28] 있는 집 아이만 골라 뽑는 이른바 '귀족 유치원'도 등장했고, 이에 따라 가랑이가 찢어지는 '뱁새'들도 나타났다.

『경향신문』 2001년 12월 20일자에 따르면, "서울 강남에 사는 주부 김 모 씨(36)는 인근의 한 의사 집에 파출부 일을 하고 있다. 평범한 회사원의 부인인 김 씨는 남편이 출근한 뒤 오전 9시부터 하루 종일 이 집에서 궂은일을 해주고 있다. 김 씨가 한 달에 받는 돈은 1백20만 원 정도. 김 씨는 이 돈을 고스란히 5살짜리 아들의 유치원 비용으로 충당하고 있다.……서울 서초구 ㅇ유치원에 딸(6)을 보내려고 찾아간 조 모 씨(33·여·회사원)는 유치원 관계자와의 면접에서 망신만 당했다. 조 씨는 회사원인 남편의 직업, 사는 곳과 평수 등에 대한 질문만 들었을 뿐 딸에 대한 말은 단 한마디도 듣지 못했다."[29]

서울시립 청소년 직업 체험 기관인 '하자센터'의 전효관 부소장은 "강남의 사교육 열풍은 사이비 교주에 대한 맹종을 연상케 합니다. 교육 효과가 검증되지도 않았는데 마치 그걸 안하면 종말이라도 맞을 것처럼 불안해하며 이리저리 몰려다니기 때문입니다"라고 개탄했다.[30] 그렇게 살아가는 자유도 존중받아야 하는 것이겠지만, 문제는 그런 불안이 전국으로 파급되는 데에 있었다.

반면 서울대 경영학 교수 주우진은 "과연 대한민국의 모든 학부형들이 비이성적으로 행동하고 있는 것인지, 그리고 왜 이런 현상이 나타날 수밖에 없는지 다시 한 번 생각해볼 필요가 있다. 왜냐하면 기업을 하는 사람이라면 누구나 아는 사실이지만 소비자는 결코 어리석지 않으며 자신에게 가장 높은 효용을 주는 제품과 서비스에 돈지갑을 열게 되기 때문이다"고 주장했다. 그는 외국 자본의 국내 진출, 한국 경제에서 서비스업 비중의 증대, 인터넷의 발달 등 세 가지 이유를 들면서 "이러한 요인들을 생각할 때 학부형들이 자녀들에게 영어 과외를 시키는 것은 당연하며 경제적으로 봤을 때도 하나의 중요한 투자라고 할 수 있다"며 다음과 같이 말했다.

"문제는 이러한 시장경제의 원리가 교육에 있어서 불평등을 초래하고 있다는 것이다. 해외 연수, 조기 유학과 같은 효과적인 영어 교육은 경제적으로 부유한 계층만이 향유할 수 있기 때문이다. 그런데 이러한 불평등을 이유로 조기 유학, 해외 연수, 사교육을 비난하거나 금하며 부모들의 행동을 과열이라고 폄하하는 것은 바람직하지 않다. 왜냐하면 외국인의 국내 기업 인수, 한국 경제의 서비스화, 그리고 인터넷의 발달로 인하여 우리 사회는 영어를 잘하는 인적자원을 많이 필요로 하고 있는 것이 엄연한 현실이기 때문이다. 이러한 수요를 채우지 못할 경우 우리 경제는 그 잠재력을 충분히 발휘하지 못할 것이며 국제 경쟁력도 약화될 것이다. 그러므로 우리는 영어 교육의 기회 평등과 사회의 수요 충족이라는 두 마리 토끼를 동시에 잡기 위하여 공교육으로서의 영어 교육을 강화하여야 한다."[31]

'영어 열풍 이렇게 본다'

『동아일보』 2002년 2월 5일자 지상논쟁 「영어 열풍 이렇게 본다」에서 경희대 교수 한학성은 "우리 사회에서 공교육을 통해 영어 능력을 갖춘다는 것은 거의 불가능한데도 국민 모두가 영어를 잘해야 한다는 스트레스에 시달리고 있다. 조기 영어 교육에 대한 맹신으로 너 나 할 것 없이 영어 공부에 막대한 사교육비를 쓰는 바람에 유치원이나 초등학생들의 심리적 부담은 위험 수준에 달했다"며 다음과 같이 주장했다.

"과연 모든 국민이 영어 때문에 이처럼 고통 받아야 하는지 생각해보자. 외국인을 상대하고 무역을 하는 사람이 얼마나 되는가. 대부분의 사람은 영어를 사용할 일이 별로 없다. 그러면서도 정작 영어가 필요한 분야에서는 영어를 제대로 구사하는 사람은 찾아보기 힘들다. 영어 교사들의 영어 구사 능력에는 신경 쓰지 않으면서 모든 종류의 선발 시험에 영어가 포함되는 불합리한 관행이 계속되고 있다. 결론부터 말한다면 영어가 필요한 분야는 열심히 배워야 하겠지만 그렇지 않은 곳에서는 영어로 인한 부담을 과감히 덜어줘야 한다. 이를 위해 우선 영어에 대한 사회적 특혜를 줄여야 한다. 영어가 필요 없는 부문에서조차 영어를 강요하고 영어만 잘하면 능력자로 대우받는 풍토가 계속되는 한 영어로 인한 사회적 낭비는 완화되기 어렵다. 조기 영어교육이 번지는 것도 영어만 잘하면 좋은 대학에 갈 수 있는 특전이 있기 때문이다. 영어는 그저 하나의 외국어일 뿐이다."[32]

반면 복거일은 "여러 해 동안 영어 사용에 관한 뜨거운 논쟁들이 있었지만 아쉽게도 논의는 한 걸음도 나아가지 못한 채 똑같은 논점이나 주장이 되풀이되고 있다. 그 사이에 세상은 빠르게 변해 이제 그런 해묵은 논점들은 스스로 풀려버렸다. 대표적인 것이 모든 사람이 영어를 잘 사용할 수 있게 배워야 하느냐 하는 것이다. 태아에게 영어 노래를 들려주는 젊은 엄마에서부터 영어 회화 테이프에 귀를 기울이는 회사원에 이르기까지 영어를 배우는 데 쏟는 엄청난 투자를 보다 효율적으로 만드는 방안을 진지하게 논의해야 한다"며 다음과 같이 주장했다.

"그중의 하나가 영어 공용화다. 영어가 늘 사용되는 환경에 살지 않는 한 영어를 배우는 데 많은 시간과 돈을 들여도 효과는 낮을 수밖에 없다. 그래서 영어 공용화가 거론되는 것이다. 영어를 공용화하면 기회의 평등에 이바지할 수 있는 장점이 있다. 공용어로서의 영어에 반대한다는 것은 지식과 정보를 특정 집단이 독점하는 것을 허락하겠다는 뜻이다. 라틴어와 한문을 읽고 쓸 수 있었던 중세의 엘리트들이 지식을 독점했던 것과 같다. 지식과 정보는 곧 권력이다. 영어가 공용어가 되든 안 되든 우리 사회의 부유층들은 자기 자식들에게 영어를 열심히 가르칠 것이고, 영어에 능숙한 그들의 자식들은 영어에 익숙하지 못해 지식과 정보에서 소외된 사람들 위에 군림할 것이다."[33]

김영명은 2002년에 출간한 『우리 눈으로 본 세계화와 민족주의』에서 영어 공용화에 대해 "복거일은 자신의 이런 주장이 '열린 민족주의'라고 주장한다.……복거일의 영어 공용어론은 민족주의이기는커녕 오히려 사대주의의 전형이다. 사대주의를 통해서도 국가 이익은 추구될 수 있다. 이렇게 보면 일부에서 말하는 열린 민족주의는 실제로 민족주의가 아니라 열린 '사대주의'라는 것을 알게 될 것이다"고 주장했다.[34]

영어 시장은 연간 4~5조 원 규모

영어 공용화에 찬성하든 반대하든, 입시에서든 취직에서든 반드시 누구는 뽑히고 누구는 탈락해야 하는 내부 경쟁이 있는데, 공교육으로서 영어 교육을 강화하는 게 해법이 될 수 있을까? 심지어 혀 수술까지 등장한 걸 보면 아무래도 아닌 것 같다. 『동아일보』 2002년 2월 5일자에 따르면, "혀와 혀 밑바닥을 연결하는 막(설소대)을 절개하면 혀가 길어져 R과 L 발음을 잘할 수 있다고 믿는 학부모도 있어 서울 강남구 도곡동의 Y 병원에는 하루 5건의 수술 신청이 접수되고 있고 실제로 하루 1, 2건씩 수술이 이뤄진다는 것".

혀 수술은 극단적 사례일 뿐이지만, 그런 사람들까지 나올 정도로 과열화된 사회적 분위기는 국내 영어 시장의 규모를 비대하게 만들었다. 교육인적자원부가 공식 집계한 영어 학원만도 전국에 3,000여 개인데, 이 중 업계에서 '5대 메이저'라고 부르는 대형 학원들의 한 해 매출액만도 1,000억 원이 넘었다. 그러나 학원 관계자들은 전국의 영어 학원이 실제로는 최소한 1만개가 넘고 이들이 벌어들이는 수입만도 한 해 2조 원가량이 될 것으로 추정했다.

서점에서 판매되는 각종 영어 관련 서적도 3,000억 원대의 시장을 형성했으며, 유아부터 초중고생, 일반인을 대상으로 한 영어 학습지 시장의 규모도 7,000억 원에 이르렀다. 조기 영어 교육이 유행하면서 유아들이 가지고 놀면서 영어를 배울 수 있는 장난감, 스티커, 비디오 등 교구재 시장도 3,000억 원대, 영어를 배우기 위해 장단기 해외 연수를 떠나는 학생과 일반인들의 연수 비용과 이들이 외국에서 사용하는 생활비 등을 합치면 최소한 1조 5,000억 원대에 이르렀다. 업계에서는 영어 학원과 학습 교재, 해외 연수 등을 합치면 한 해 4~5조 원 규모가 될 것으로 추산했다.[35]

영어권 국가들이 이런 시장에 눈독을 들이지 않는다면 오히려 그게 더 이상한 일이었을 것이다. 『문화일보』 2002년 3월 20일자에 따르면, "'황금 유학 시장, 한국 학생을 잡아라.' 연간 25만 명, 5조 원 규모로 추정되는 한국의 영어권 해외 유학생을 유치하기 위해 영어권 국가 대학들과 어학연수 기관들이 한국으로 몰려오고 있다. 특히 국내 고등교육에 대한 불신과 영어 조기교육 열기가 상승작용을 일으키면서 해외 유학 희망자가 급증하자 미국·영국·캐나다·호주 등 영어권 국가들은 대학생과 대학원생은 물론이고 초·중·고생도 주요 타깃으로 선정, 홍보전에 적극 나서고 있다".[36]

엉터리 외국인 강사들도 달려들었다. 영어를 잘해도 흑인이면 안 되고, 영어를 못해도 "금발에 파란 눈을 가진 외국인이면 무조건 OK"라는 조건을 걸어 강사를 채용하는 학원이 많았다. 『국민일보』 2002년 3월 27일자는 "'러시아 사람을 미국 본토 출신 영어 강사라고 속여 강의하다니, 해도 너무한 것 아닙니까' 두 달 전부터 초등학교 6년생 아들(12)을 서울 강남의 모 영어 회화 학원에 보낸 주부 최 모 씨(39·서울 대치동)는 얼마 전 학원을 그만두도록 했다"며 다음과 같이 말했다.

"강사의 발음이 이상하다는 아이 말을 듣고 학원 관계자를 다그치다 결국 영어 강사가 러시아인이라는 황당한 말을 들었기 때문이다. 최 씨는 '영어 실력도 실력이지만 학원에 대한 배신감 때문에 아이를 계속 다니게 할 수 없었다'고 분개했다. 최근 자격을 갖추지 못한 엉터리 외국인 강사들이 학원가를 휩쓸고 있다.……기본적인 소양도 갖추지 못한 이들 외국인 강사는 관광 목적으로 입국한 뒤 학원가 주변의 브로커를 통해 강사로 취업하는 경우가 대부분이다."[37]

"한국 영어 배우기 국가적 종교 방불"

2002년 3월 31일 미국 일간지『로스앤젤레스타임스』는 한국 학부모들 사이에서 자녀의 영어 발음 향상을 위해 효과도 없는 혓바닥 절개 수술이 성행하고 있다고 소개하는 등 영어 조기 교육 이상 열기를 서울발로 상세하게 보도했다. 이 기사에 따르면, 서울 압구정동에서 병원을 개업 중인 남 모 씨는 "이 같은 수술을 한 달에 10건 정도 시술하고 있으며, 수술 대상자는 대부분 5세 미만의 어린이"라고 말했다. 이 수술은 의학적으로는 혀가 짧은 증상을 치료하는 설소대절제술舌小帶切除術로 국소마취를 통해 10분 정도면 끝나는 간단한 수술. 비용은 230(약 30만 원)~400달러(약 52만 원) 수준이라고 신문은 소개했다.[38]

이 신문은 한국 영어 교육 관련 시장 규모가 조기 유학 비용을 제외하고도 연간 30억 달러에 이를 것이라고 전하고, 교육방송EBS의 인기 토크쇼 진행자 조녀선 힐츠의 말을 인용, "한국에서 영어 배우기 열풍은 거의 국가적 종교와 같다"고 말했다.[39] 이에 대해『국민일보』논설위원 노동일은 "동업자로서 미안한 얘기지만 '혀 수술이 유행처럼 번지고 있다'는 얘기는 약간의 과장 보도 혐의가 짙다"면서도 다음과 같이 말했다.

"학부모 운동에 종사하는 어떤 분은 우리 부모들의 교육열이 광기狂氣라고 서슴없이 진단을 내린 바 있지만 '영어를 위한 혀 수술' 편은 광기를 넘어 엽

영어 배우기가 국가적 종교로
부상하면서 영어 조기 교육 시
장이 각광을 받자 유아 영어
학원들도 급증하기 시작했다.

기에 가깝다.……어느 유명한 영어 강사가 한국 사람은 '러버Lover'와 '러버
Rubber'를 구별 못하는 발음이 큰일이라고 엄포를 놓는 것을 들었다. 발음을
잘못하면 '사랑하는 사람'이 '고무 또는 지우개'가 돼버린다나 어쩐다나. 그
런데 바로 이런 것들이야말로 한국인의 영어 공포를 부채질해 자신들의 존재
가치를 부각시키고자 하는 상업적 난센스다. 한 단어를 떼어놓고 보면 그럴

수도 있다. 하지만 대화 중에 단어만 외마디로 구사하는 경우가 있을까. 아무리 발음이 시원찮아도 영어 문장을 구사하는데 누가 문맥 가운데서 사랑하는 사람의 러버와 고무의 러버를 구분하지 못하겠는가. 시중에 하고 많은 영어 교재들이 쌓여 있어도 오늘도 또 다른 영어책이 쏟아져나오고 그것이 팔리는 이유는 대개 이런 식이다. 그다지 중요하지 않은 문제를 끄집어내 '요건 몰랐지' 하고 약을 올리는 것으로 마케팅 전략을 삼는 것이다."[40]

경희대 교수 박병수는 "우리나라 사람들이 몇 가지 영어 발음을 하는 데 어려움을 겪는 것은 사실이다. 그러나 그것은 그 소리들이 우리말에 없거나 안 쓰이기 때문이지 우리의 발성기관(입술, 혀, 치아, 입천장, 목구멍, 콧속 등)에 문제가 있어서 그런 것은 아니다. 예컨대 영어 'f' 발음이 우리말에 없기 때문에 많은 학생이 'f'를 'ㅍ'으로 발음하는 오류를 범한다. 그래서 'fine'을 '파인pine'으로, 'coffee'를 '커피coppee'라고 발음하기도 한다"며 다음과 같이 말했다.

"그러나 그러한 음운체계의 차이에도 불구하고 영어 학습을 꾸준히 하는 과정에서 그 차이를 극복하고 정확한 영어 발음을 습득할 수 있다. 우리나라 사람의 발성기관이 미국 사람과 달라 영어 발음을 잘못하는 것은 결코 아니다. 다음으로 혀 수술을 해주려고 하는, 또는 할지도 모를 의사들에게 당부하고 싶다. 정상아가 영어 발음을 제대로 못한다고 해서 발성기관을 수술로 뜯어고치는 것은 생명을 파괴하는 행위나 다름없다. 의사는 아동이 말하는 것을 보면 정상인지, 장애인지 곧 구별할 수 있을 것이다. 혹 학부모가 잘 모르고 자기 아이의 혀를 수술해 달라고 떼를 쓰더라도 의사는 그를 선도할 책임이 있다."[41]

'우리에게 영어는 무엇인가'

2002년 5월 영미문학연구회가 낸 반년간 학술지 『안과 밖』은 '우리에게 영어는 무엇인가'라는 특집을 마련하고 최근의 영어 열풍은 억압에서 비롯된 병리적 현상으로, 세계화가 진행되면서 더욱 강화하는 경향을 보여준다고 분석했다.[42] 덕성여대 교수 윤지관은 "영어의 억압은 일차적으로는 각 개인에게 닥치는 스트레스의 형태로 나타나는 것이지만, 그 같은 개별적 발현의 근저에는 우리 개개인의 삶뿐 아니라 사회의 방향 전체를 추동하는 어떤 구조적인 모순이 자리 잡고 있다"고 주장했다.[43]

그런 '구조적인 모순'은 영어 산업의 상업적 성장의 발판이 되었다. "2주 미국 어학연수에 550만 원." 포털 업체 야후코리아가 어린이를 대상으로 한 이런 호화판 어학연수 프로그램에 앞장서고 있다는 비난을 받았다. 야후코리아는 여름방학을 맞아 2002년 5월 17일부터 어린이 전용 서비스 '야후 꾸러기'에 초등학생과 중학생 250명을 대상으로 하는 어학연수 프로그램을 내놓았는데, 참가자들은 미국 콜로라도 주 덴버에서 7월 말에서 8월 초에 걸쳐 20일간 머물면서 2주간 어학연수를 받게 된다는 내용이었다. 야후코리아는 "덴버 교육청의 후원을 받는데다 전문 강사의 지도를 받고, 믿을 만한 미국 가정에서 홈스테이를 하기 때문에 질적으로 차별화된다"고 강조했다.[44]

거짓 광고도 문제가 되었다. 2002년 9월 5일 공정거래위원회는 대규모 프랜차이즈 형태로 운영되는 유아 영어 학원에 대한 실태 조사 결과, 6개 업체의 각종 부당 광고와 가맹 계약서에서 불공정 약관을 적발해 시정명령을 내렸다고 밝혔다. 제재를 받은 유아 영어 학원들은 키즈클럽 펀코리아, 원더랜드, 스와튼, LCI키즈클럽, ECC, 키즈헤럴드스쿨 등으로, 서울 강남과 새 도시를 중심으로 전국에 가맹점을 두고 있는 유명 업체들이었다. 공정위에 따르면 키즈클럽은 강사의 70퍼센트가량만 미국, 캐나다 출신인 데다, 한국 본사에서 에이전트를 통해 선발하면서도 '외국 본사가 직접 선발한 100퍼센트 미국, 캐나다 강사진'이라고 광고했으며, 스와튼은 경기, 부산, 대구, 대전 등의 가맹 학원을 직영 학원으로 선전했다. 키즈클럽과 원더랜드는 실제 아무런 협정도 맺지 않았으면서 '미국 소재 대학과 프로그램을 공동주최하거나 교류하고 있다'며 거짓 광고를 한 사실도 적발되었다.[45]

토익 산업의 규모도 갈수록 커졌다. 1997년 1,596명에 불과하던 초 · 중 · 고생 응시생 수가 2001년에는 4만 4,145명으로 급증, 불과 4년 만에 무려 27배나 증가했다. 또한 초등학생 461명, 중학생 7,895명, 고교생 3만 5,789명이 시험을 치러 전체 응시생의 4.4퍼센트를 차지했다. 2002년 8월 현재까지 2만 5,148명의 초 · 중 · 고생이 토익 시험을 치렀다.

토익 산업의 팽창

이렇듯 초 · 중 · 고생들의 토익 응시가 늘자 토익위원회는 2001년 '토익 브릿지TOEIC Bridge'라는 청소년 대상 미니 토익 시험까지 개발해 적극 마케팅에 나섰다. 서울 강남 S 외국어학원, T 어학원 등 많은 영어 · 보습 학원에서 초 · 중 · 고생 대상의 '꼬맹이 토익반' 등을 운영해 인기를 끌었고, 'C 주니어 영어', 'Y 어린이토익' 등 초등학생용 토익 교재와 학습지도 앞다투어 출간되었다. 2002년 9월 개발된 초등학생용 주간 학습지 'Y 주니어토익'은 한 달

●
토익을 배우려는 학생들로 가득 찬 강의실.

만에 5,000명이 넘는 회원을 확보할 정도로 인기를 끌었다.[46] 토익 브릿지가
첫 시행된 2001년 응시자는 2,632명에 그쳤으나 2002년에는 6,048명으로
1년 만에 2배 이상 늘었다. 이 중 초·중생 비율이 80퍼센트를 웃돌았다.[47]

토익 후원 세력도 갈수록 늘어났다. 대원외고와 대일외고, 이화외고, 한
영외고 등은 토익과 토플, 텝스TEPS만으로 외국어 특기자를 뽑았고 일반 고
교도 전국 95개 학교에서 토익 고득점자에게 가산점을 주었다.[48] 전남교육청
은 2000년부터 중·고교의 토익 성적 우수자에게 표창장을 주고, 담당 교사
에게 가산점을 주는 제도를 실시했다. 우송대학 영어과 성기완 교수는 "일본
회사원들의 승진 시험용으로 개발된 토익을 초·중·고생에게 강요하는 것
은 한국 영어 교육이 영어가 아니라 시험 영어만 가르치고 있다는 증거"라고

지적했다.[49]

　시험 영어마저 '찍기 과외'를 낳는 부작용을 초래했다. "청취 파트에서 답을 모를 때는?"(강사), "4개의 보기 중에 현재진행형을 찍으면 되지요."(학생들) 서울 강남구 압구정동 A 영어 전문 입시 학원에서는 '영어 특기자 수시 입시 대비반' 학생 20여 명이 '영어'가 아닌 '시험 잘 치기'를 배우고 있었다. 학원에서 만든 100여 개의 청취 패턴과 150여 개의 문법 문제 패턴을 '모조리' 암기하는 게 이들의 목표였다. 서울 강남의 B 학원은 아예 암기할 내용을 담은 '비법 노트'를 나눠주는데, 내용은 대부분 '답 고르기 요령'으로 예를 들어 "가정법 과거완료 문장이 나오는 제시문은 무조건 정답"이라는 식이었다.[50] 한국에서 영어는 국가적 종교이긴 하되, 그 정체는 내부 경쟁에서 이기기 위한 기복신앙이었던 셈이다.

제6장

영어,
정치와 유착하다

2003~2007년

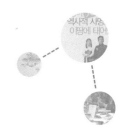

영어캠프 · 영어마을 붐

한국 사회의 영어 열풍을 풍자하는 영화 〈영어완전정복〉(김성수 감독, 이나영 · 장혁 주연)이 2003년 11월 5일 개봉했다. 한국인은 영어 열풍을 풍자의 대상으로 보는 반면, 영어권 외국인들은 자못 심각했다. 2004년 1월 2일 AP 통신이 다시 일부 한국인들의 자녀 혀 수술에 주목했다. 이 통신은 이처럼 혀를 더욱 길게 하고 빠르게 움직이도록 하기 위해 혀 밑에 있는 얇은 조직을 절개하는 수술이 확산하자 당황한 한국 정부는 이를 막기 위해 영화까지 만들 정도라고 지적했다.

한국의 국가인권위원회가 제작한 영화 속에서는 유치원의 성탄절 영어 연극을 할 예정인 자녀의 영어 발음 때문에 고심하던 한 젊은 엄마가 급속 교정을 위해 자녀를 병원으로 데리고 간 뒤 비명을 지르는 어린 남자아이를 간호사와 함께 붙잡고 있으면서 "아이의 장래를 위한 것"이라고 주장했다. 이 영화에 실제 수술 장면을 삽입한 박진표 감독은 "많은 관람객들이 수술 장면에서 눈을 감는다"며 "아이의 장래라는 미명 아래 우리 사회가 얼마나 어린 이들의 인권을 짓밟고 있는지를 보여주고 싶었다"고 말했다.[1]

영어 교육 이대로는 안 되겠다고 생각한 걸까? 아니면 영어와 정치의 유착이었을까? 서울시, 경기도 등 광역자치단체는 물론 기초자치단체 등이 앞다투어 영어캠프를 열거나 영어마을을 조성하겠다고 나섰다. 경기도는 2003년 여름방학 때 초·중생 1,360명을 대상으로 2주간의 원어민 영어캠프를 열었는데, 참가비는 1인당 40만 원으로 나머지 20억 원은 경기도가 세금으로 충당하는 방식이었다. 경기도는 이와 함께 1,090억 원을 들여 2006년 개원을 목표로 파주시 통일동산 내 약 26만 4,462제곱미터(8만 평)의 부지에 교육 연수 시설과 체험 학습장 등을 꾸미고 원어민이 거주하는 영어마을을 조성하겠다고 나섰다.[2]

2004년 초 국내에서 최초로 문을 연 경기도 안산의 영어체험마을은 문을 연 지 3주 만에 2005년 2월까지 예약이 완료되었다. 이에 자극 받은 각 자치단체들은 벤치마킹을 통해 앞다투어 영어마을 조성에 총력을 기울였다. 서울시는 백제 초기의 토성터가 있어 '유적지 훼손' 우려와 비난에도 불구, 송파구 풍납동에 (구)외환은행 합숙소를 활용한 약 1만 6,730제곱미터(5,061평) 규모의 거대한 영어마을을 2004년 11월 개장하기로 했으며, '제2의 영어체험마을'을 유치하기 위한 성북구와 노원구, 도봉구, 서대문구 등 강북 지역 자치구들의 경쟁이 치열하게 벌어졌다.

전라남도는 도청 이전지인 무안군 남악 신도시에 총 151억 원을 투입,

한국인의 영어 열풍을 풍자한 영화 〈영어완전정
복〉. 박진표 감독은 아이의 장래라는 미명 아래
영어 발음을 위해 혀 수술까지 하는 한국 사회
의 풍토를 비판했다.

2006년까지 대규모 영어마을을 조성하기로 했다. 그 밖에도 부산시, 강원도,
인천시, 제주도, 대전시 등 광역 지자체·교육청, 소규모 지자체들도 영어마
을이나 비슷한 시설 건립을 추진했다. 이에 대해 전교조 등 교육시민단체들
은 "행정기관의 영어 교육 투자는 일부에게만 혜택이 돌아갈 뿐만 아니라 공
교육을 피폐시키는 것"이라면서 전국의 영어마을 붐을 비판했다.[3]

거리로까지 뛰쳐나간 영어

이런 붐은 거리로까지 뛰쳐나왔다. 한림대 교수이며 한글문화연대 대표

인 김영명은 『한국일보』 2004년 4월 1일자에 쓴 「정신 나간 서울시」라는 칼럼에서 서울시의 지극한 '영어 사랑'을 꼬집었다. 얼마 전엔 택시 정류장을 몽땅 영어로만 표기하더니 이번엔 버스 디자인을 새로 하면서 온통 B, G, R, Y 따위의 영문자들을 기형적으로 크게 써 붙였다는 것이다. 김영명은 그 글자들은 아무런 뜻도 없으며 그저 버스 빛깔의 머리글자들뿐이라고 비판했다.

"이명박 시장과 서울시 관리들은 지금 역사에 죄를 짓고 있다. 어설픈 국제인 흉내를 내기 전에 올바른 서울 시민이 되기를 충고한다. 서울이 진정으로 국제도시가 되려면 서울과 한국의 고유성을 살려야 한다. 나라 망치는 반풍수짓을 당장 그만두기 바란다."

서울시는 버스 노선을 개편하면서 간선, 지선, 순환, 광역 버스에 각각 파랑Blue, 초록Green, 노랑Yellow, 빨강Red의 색을 칠하고 BGYR이라는 영문 첫 글자를 차체에 크게 표시했는데, 인터넷에서는 이 영문 머리글자가 '지랄염병'의 약자라는 우스개가 나돌기도 했다.

2004년 7월 국어문화운동본부 등은 'KB(국민은행)', 'KT(한국통신)'의 로마자 이름과 간판이 국민 정서에 큰 해악을 끼쳤으므로 이를 고치고 응분의 배상을 하라는 소송을 제기했다. 9월 22일 한글학회와 한글문화연대는 그간 논란을 빚어온 시내버스의 영문 도입에 대해 감사원에 감사를 청구했다. 서울시는 한글학회 등의 압력에 굴복해 10월 4일 버스의 알파벳 자리에 공익광고를 도입하기로 방침을 정했다고 발표했다.

그런 와중에 초등학생을 대상으로 한 영어 시험인 PELTPrimary English Level Test와 EEPAElementary School English Proficiency Assessment의 응시자가 크게 늘었다. 영어 초중급자용으로 개발된 토익 브리지 시험에도 초등학생들이 몰렸다.

PELT에는 2003년 27만여 명의 초등학생이 응시했으며, 2004년 10월 현재 40만 명을 넘어서는 등 폭발적인 증가세를 보였다. 응시자 중 초등학생이 30~40퍼센트를 차지한다는 토익 브릿지도 매회 6,000여 명을 기록한 2003년에 비해 2004년에는 1만 명을 넘어섰다.

이처럼 초등학생들이 영어 시험으로 내몰리는 까닭은 대단위 아파트 단지를 중심으로 초등학생 자녀를 둔 부모들 사이에서 자녀들의 영어 시험 급수가 교육열을 나타내는 지표로 통용되는 등 유행을 타고 있기 때문인 것으로 분석되었다. 학원 친구들이 다 붙은 시험을 자신을 포함한 두 명만 불합격했다는 한 초등학생은 "시험에 떨어져 너무 창피해서 학원에 갈 수가 없다"며 "엄마가 밥 먹지 말라고 화를 내 엄마 보기가 무섭다"고 고백했다.[4]

2004년 12월 초 노무현 대통령이 유럽 순방 중 영어에 맺힌 한을 밝혀 화제가 되었다. 그는 폴란드에서 동포 간담회를 가진 자리에서 "대통령이 될 줄 알았으면 영어를 열심히 공부했을 텐데 대강 공부해서 영어를 잘 못한다"며 "굉장히 불편하다"고 털어놓았다.[5] 이 일화를 거론하면서 아이를 다그친 엄마는 얼마나 많았으랴.

『국민일보』 2004년 12월 13일자는 1면 머리기사 「TOEIC 광풍시대」를 통해 2004년 국내 토익 응시자는 200만 명에 육박하며 그 비용은 수천억 원에 이를 정도로 '광풍狂風'이지만, '말하기'와 '쓰기'가 빠진 토익 공부는 실용 영어 실력 향상에 별 도움이 되지 않아 기업과 학생 모두 피해를 입고 있다고 보도했다.[6]

'대한민국은 그들의 천국인가?'

국내 각종 어학원이나 학교에서 고용 허가 없이 취업하고 있는 자격미달, 무자격의 외국인 강사는 2만여 명으로 추정된 가운데,[7] 2005년 초 외국인 영어 강사들과 한국 여성들이 함께한 파티의 음란 장면이 공개되어 젊은 네티즌들의 분노를 샀다. 『중앙일보』 2005년 1월 11일자 기사 「외국인 영어 강사 사이트 한국 여성 비하 글 논란: "여자랑 자기 쉽고 돈 벌기 쉬운 김치랜드…"」는 한국에 와 있는 외국인 영어 강사들의 전용 사이트에 영어를 가르쳐준다며 한국 여성을 유혹해 잠자리를 같이하는 방법 등이 담긴 글이 하루 평균 5~6건씩 올라오고 있다고 보도했다.

『내일신문』 기자 김남성은 2005년 1월 17일자에 쓴 「내일의 눈: 외국인 강사 고백 파문 '유감'」에서 "외국인 강사의 글 가운데서 충격적인 것은 '중학생들도 뭐든지 한다'는 글이다. 이 글을 작성한 외국인 강사는 '나는 이제 겨우 15살밖에 안 된 학생을 알고 있다. 10만 원만 주면 그녀가 무엇이든 할 것이라고 말하는 지경에 이르렀다', '여중생과 20차례에 걸쳐 관계를 가졌다'고 썼다. 이 강사의 글이 사실이라는 것을 전제하면 명백히 '청소년 성매매'가 된다. 따라서 경찰은 글 쓴 강사의 IP 추적 등을 통해 사실을 밝히고 처벌 여부를 결정해야 한다. 본인 스스로가 청소년 성매매 사실을 밝혔는데 경찰이 손 놓고 있다는 것은 말이 안 된다"고 말했다.

또 김남성은 "모 인터넷 신문 등이 외국인 강사와 한국 여성의 파티 장면을 '섹스 파티'라고 단정한 것도 선정적이다. 파티가 있었던 홍대 클럽 대표와 해당 여성들은 '외국인과 춤만 추면 다 양공주고 음란 파티냐'고 반발하고 있다. 해당 여성 가운데 한 명은 외국인 남성과 사귀는 사이였다. 하지만 이미 인터넷에는 이들의 사진이 '섹스 파티'라는 기사와 함께 올라 있어 네티즌의 감정적 화풀이 대상이 되고 있다. 여중생도 성적인 대상으로 여기는데 거리낌 없는 외국인 강사나 외국 남성과 함께 있으면 '양공주'라고 매도하는 인터넷 언론들 사이에서 애꿎은 한국 여성만 피해를 입고 있다"고 말했다.

이어 2005년 2월 19일 밤 방송된 SBS 시사 프로그램 〈그것이 알고 싶다〉의 '대한민국은 그들의 천국인가?' 편은 한국에서 활동하는 외국인 영어 강사들의 무례하고 비도덕적인 모습을 고발했다. 이 프로그램은 그들이 학력을 위조해 국내 학원은 물론 대학, 기업체 등에서 고수익을 올리고 있으며, 학원에서 스승과 제자 사이로 만난 중·고생들과 성관계를 갖는가 하면, 마리화나 등 마약을 사용하며 학생들에게 판매까지 한다고 했다.

또 "한국에서 활동하는 외국인 강사 중 겨우 5% 정도만 자격을 갖추고 있다고 본다", "한국 여성들은 가장 손쉽게 구할 수 있는 섹스 파트너", "한국을 현금인출기로 인식하고 있다" 등의 충격적 증언들을 방영했다. 이날 방송 시청률은 12.5퍼센트로 심야시간대 시사 프로그램으로는 이례적으로 높았는데, 인터넷 공간에 표출된 시청자들의 분노 어린 반응 중에는 "외국인들을 사냥하자"는 과격한 주장마저 있었다.[8]

그러나 상당 부분 자업자득自業自得이라고 보는 시각도 존재했다. 『경향신문』 2005년 4월 13일자는 세계적인 흐름상 영어 교육 열풍이 부는 게 당연하다고 전제하면서도 "그렇다고는 해도 국내의 영어 배우기는 지나치다. 유치원 가기 전부터 학원에 보낸다, 외국인 독선생을 붙인다 하며 야단을 떤다. 발음을 좋게 한다고 아이에게 혀 수술을 시키는가 하면, 해외 유학도 학문 연구가 아니라 영어 습득에 초점이 맞춰져 있다"며 다음과 같이 말했다.

"무자격 미국인 영어 강사가 이런 영어 만능 풍조를 꼬집어 또 한 번 우리를 부끄럽게 했다. 아이가 영어만 잘하면 대기업 회장이라도 될 것처럼 생각한다는 것이다. 가짜 학위로 강사 노릇을 하다 경찰에 적발된 이들이지만 이런 지적은 통렬하기 그지없다. 오죽하면 '한국은 백인 강사들의 천국'이란 소문까지 났겠는가. 국내 체류 외국인 영어 강사의 문란한 사생활이 가능한 것은 절반 이상이 우리 탓일 게다."[9]

이 모든 게 국가적 차원의 '영어 드라이브' 정책이 낳은 소용돌이 효과는 아니었을까? 2005년 10월 교육인적자원부는 인천 · 부산 · 진해 · 광양 등 경제특구와 국제자유도시인 제주도에서 영어를 공용어로 사용하는 방안을 제시했다. 또 이 지역에서 학교 수업을 영어로 가르치는 새로운 수업 방식을 추진키로 했다.[10] 또 2006년 1월 11일 교육인적자원부는 2006년부터 2010년까지 5년간 추진되는 제2차 국가 인적자원 개발 기본계획을 확정하면서 국가 경쟁력 강화를 위해 현재 3학년부터 실시하는 초등학교 영어 교육을 1학년으로 앞당기는 방안을 적극 추진한다고 밝혔다.[11]

아무리 뜻이 좋더라도, 이런 발표는 연쇄반응 효과를 불러오기 마련이었다. 발표가 나오자마자 아파트 단지마다 조기 영어 프로그램을 내건 학원 광고 전단이 더욱 넘쳐났다. 영어 교재 출판 업체들도 어린이 영어 부문을 강화하는 방향으로 사업 계획을 수정했다.[12] 한국외국어평가원이 시행하는 펠트PELT, 한국토익위원회가 시행하는 토익 브릿지TOEIC Bridge와 제트JET, 미국 샌디에이고주립대학 국제교육원에서 개발 · 시행하는 주니어 지텔프JR G-TELP 등 4개 시험에 응시한 초등생은 2004년 38만 명, 2005년 46만 명에 이

어 2006년에는 60만 명을 넘어설 것으로 전망되었다.[13]

'영어가 권력이다'

2006년 3월 『한국일보』 기획취재팀이 서울대 경영학과 86학번 졸업생 51명을 조사한 결과, '영어 실력이 우수하다'고 응답한 그룹의 평균 연봉(1억 600만 원)은 '중간 혹은 그 이하'라고 답한 그룹(7,000만 원)보다 3,000만 원 이상 많았다. 이와 관련, 『한국일보』는 "영어는 우리 사회의 파워집단을 더욱 공고히 하는 '무기'로 작용하며 조기 영어 교육을 받기 어려운 소외계층의 상실감을 부추기고 있다. 외교관과 고위 관료 등은 해외 근무나 연수 기회를 자녀 영어 교육에 적극 활용한다. 실제 중앙부처 국장급 간부 자녀들 중 해외 유학 경험자는 절반 이상이며, 부모 귀국 후 현지에 남는 경우도 상당수다"며 다음과 같이 말했다.

"영어의 권력화는 외국어고 입시 열풍과 대학의 편중된 영어 교육으로 이어진다. 고려대는 어윤대 총장 취임 이후 전체 강의의 30%를 영어로 진행하고 있으며, 일부 대학은 국제화를 명분으로 국문학과와 한국사 교수들에게까지 영어 강의를 요구하고 있다. 경제전문가 공병호 박사는 '지식 중심 사회로 가면서 영어 네트워크로의 편입 여부가 부가가치 창출 능력을 결정하는 시대가 됐다'며 '한국 사회의 권력과 계급을 구분하는 잣대는 이제 영어'라고 강조했다."

이 기사는 영어의 권력화는 한국어에도 그대로 반영되고 있다고 지적했다. '선업Sun Up 시티, 디벨럽 시티, 솔라폴리스, 이글파크, 컬러 n 시티, 컬러

풀 가든, 드림 컬러풀 시티, 애플밸리, 이글파크…….' 대구시가 2005년 12월 산하 공무원과 대구 이전 예정 12개 공공기관 직원들을 대상으로 실시한 동구 신서동 '신서 혁신도시' 명칭 공모에 접수된 작품들이라고 한다. 공모에 들어온 총 154개의 혁신도시 명칭 가운데 시티, 파크, 폴리스, 밸리, 그린, 코스모스, 리폼, 퓨처, 스마트, 랜드마크, 이노베이션 등 영어가 들어간 명칭이 90퍼센트를 넘었다.

이 기사는 "행정기관이 이럴진대, 민간은 더 말할 나위도 없다. 거리에 즐비한 간판에도, 방송 진행자의 말에도 영어가 넘쳐난다. 그야말로 영어 전성시대다. 문제는 영어가 수백 년간 지속돼온 우리의 언어 체계를 급속히 허물어뜨리고 있다는 점이다"며 다음과 같이 말했다.

"대표적인 게 두음법칙의 훼손이다. 이미 토착화한 한자어의 경우 내일來日, 이자利子, 노인老人 등에서처럼 단어 첫머리에 유음流音(국어 자음의 'ㄹ'과 같은 흐름소리)의 사용을 금지하고 있다. 1900년대 초기에 도입된 영어는 남포 lamp, 나마llama교 등과 같이 두음법칙을 철저히 따랐다. 그런데 언제부턴가 영어의 'r'과 'l'을 포함한 단어가 대거 유입되면서, 첫 음절에 유음 사용이 크게 늘었다. 공동주택 래미안來美安, 화장품 라미羅美 등이 대표적이다. 2000년 이후 생산된 자동차 이름에는 리베로 라비타(현대자동차), 레조, 라노스, 르망, 렉스턴, 레간자, 리갈, 라보(대우자동차), 리오(기아자동차) 등 유음이 눈에 띄게 많이 사용됐다."

인명과 상호에서도 비슷한 결과가 나타났다. 서강대 영문과 채서영 교수가 서울 시민 4,000명과 연예인 2,000명을 조사한 결과, 이름 마지막 음절에 유음을 쓴 경우가 일반인 64명(1.6퍼센트), 연예인 102명(5.1퍼센트)으로 조사

되었다. 식당 상호는 첫 음절에 유음을 쓴 경우가 6.2퍼센트나 되었다. 순 우리말 '나빌레라'를 '라빌레라'로 변형한 경우도 있었다. '김라희', '신라나', '정리태', '윤려준' 등 유음이 들어간 이름 4개를 제시한 결과, '세련된 느낌을 준다'고 답변한 사람이 57.5퍼센트로 '별로 그렇지 않다(27.5퍼센트)'와 '그렇지 않다(15.0퍼센트)'는 사람보다 월등히 많았다.

영어는 우리말의 문장구조까지 바꿔 '좋은 시간 보내세요Have a good time', '그런 생각을 가져 봅니다I have-' 등의 영어식 표현이 크게 늘었다. 채서영 교수는 "최근 영어 단어나 영어식 신조어가 거리낌 없이 사용되는 것은 영어를 사용하는 사람들의 사회적 지위가 높은 것과도 관련이 있다"면서 "영어가 우리글이나 한자어보다 고급스러운 이미지를 준다는 느낌 탓에 특히 젊은 층의 언어생활을 크게 바꿔놓고 있다"고 분석했다.[14]

'2006, 대한민국 영어 보고서'

우리나라 사람은 대학 졸업 때까지 얼마나 많은 시간을 영어 교육에 투자할까? 2006년 5월 21일 밤 11시 30분에 방영된 〈MBC 스페셜〉의 '2006, 대한민국 영어 보고서'는 중소도시 평범한 대학생 정다운 씨의 사례 분석을 통해 이를 추산했다. 계산해보니 중학교 1학년부터 대학 4학년까지 정 씨는 10년간 1만 5,548시간(밤낮 없이 648일)을 영어 공부 하는 데 썼다는 결과가 나왔다. 총 투자 비용은 2,148만 원이었다. 이를 나라 전체로 환산했을 때 한 해 영어 교육에 쏟아붓는 비용은 약 10조 원으로, 이는 국가 전체의 교육비 예산 20조(2003년 기준) 원의 절반에 해당하는 수치다.[15]

그렇다면 한국 사람들은 영어를 얼마나 잘할까. 이 프로그램은 명동 거리에 외국인을 앞장세워 무작위 실험을 해보았다. 그러나 외국인과 의사소통이 가능한 한국인은 드물었다. 잘 안 되는 영어 공부, 그럼 대체 왜 할까. 이에 대한 설문조사에서 가장 많은 대답은 '승진 등 자기계발'(28.6퍼센트)이었고 '취업을 위해'가 22.7퍼센트로 2위였다. 72개 사 인사 담당자 설문조사 결과 79.2퍼센트가 '영어가 승진과 연봉 책정에 영향을 미친다'고 했다.[16]

사정이 이와 같았으니, 5·31 지방선거에 출마한 광역 단체장 후보들이 '영어마을' 조성 등 영어 교육 공약을 쏟아낸 것도 무리는 아니었다. 참여연대·함께하는시민행동·녹색연합 등 280여 시민·지역 단체가 모인 '2006 지방선거시민연대'가 5월 19일까지 공개된 16개 광역 단체장 후보들의 공약을 분석한 결과, 후보 11명이 영어마을 조성이나 원어민 교사 확충 등 영어 교육 관련 공약 15건을 내놓은 것으로 나타났다.

오세훈 한나라당 서울시장 후보는 서북권(은평·서대문)과 서남권(구로·금천)에 각각 1곳씩 약 4만 9,586제곱미터(1만 5,000평) 규모에다 기숙사까지 갖춘 '영어체험마을'을 짓겠다고 약속했다. 박주선 민주당 서울시장 후보도 154억 원의 예산을 들여 구마다 '영어체험 존'을 설치하겠다는 공약을 내걸었다. 김관용 한나라당 경북지사 후보도 3곳의 영어마을을 짓겠다고 약속했다.

충남에서는 오영교 열린우리당 후보와 이완구 한나라당 후보가 외국인 마을 조성과 외국의 유명 대학 캠퍼스 유치를 동시에 공약으로 내걸었다. 지역이나 정당에 관계없이 후보들이 앞다투어 영어 교육 공약 경쟁을 벌이는 양상을 보였다. 영어마을 공약을 내건 한 후보 쪽 관계자는 "핵심 유권자인 30대

영어와 정치의 유착이라고 해야 할까? 지방자치단체들은 앞다투어 영어캠프를 열거나 영어마을을 조성했으며, 단체장 후보들 역시 경쟁적으로 영어마을 조성을 공약으로 내놓기도 했다.

세대의 자녀 영어 교육 욕구를 외면하기 어렵다"면서도 "예산의 효율성은 검증해볼 필요가 있다"고 털어놓았다.[17]

'영어 인증 시험 열풍'

2006년 6월, 토플 시험이 9월부터 CBT Computer-based Testing 방식에서 인터

넷 접속을 통한 IBT Internet-based Testing 방식으로 바뀐다고 예고된 가운데 주관사 측의 갑작스런 7, 8월 토플 시험 접수 일정 공고로 수험생들이 한꺼번에 몰리는 '토플 대란'이 벌어졌다. 주관사인 한미교육위원단이 6월 8일 오후 홈페이지를 통해 7, 8월 토플 시험을 9일부터 선착순 방문 접수한다고 공고하자 유일한 접수 장소인 서울 마포구 염리동 위원단 건물은 9일 새벽부터 전국 각지에서 몰려든 수천 명의 수험생들로 북새통을 이루었다. 접수를 기다리는 줄은 건물을 에워싸기 시작했고 오후가 되자 1킬로미터가량 떨어진 지하철 5호선 공덕역까지 이어졌다. 평균 5~6시간씩 기다리는 건 예사였다.[18]

2006년 9월 8일 서울대가 2008학년도 정시 모집 학생부 반영에서 토익·토플·텝스 점수를 참고 자료로 활용하겠다고 밝히면서, 토익·토플·텝스 열풍이 더욱 거세졌다. 송형호 자양고 교사(영어)는 "한국 사회 입시 피라미드 구조의 정점에 있는 서울대가 토익·토플·텝스 시험을 반영하면 학부모들 처지에선 초등생 때부터 이들 시험을 준비시킨다"며 "서울대가 이 방향으로 가면 다른 대학들도 따라갈 것 같아 걱정된다"고 말했다.[19]

『경향신문』 2006년 9월 15일자는 "'영어에 올인'하는 교육 행태가 도를 넘고 있다. 공교육까지 '영어 열풍'에 뛰어들면서 공교육과 사교육의 경계가 흔들리고 있다. 초등학교에서 1인당 수백만 원이 들어가는 미국 교환 학생을 선발하는가 하면 영어마을을 운영하는 학교도 늘고 있다. 영어 교육을 잘 시키는 학교가 '명문'으로 대접받는 게 요즘의 교육 현실이다"며 다음과 같이 말했다.

"서울 광진구에 있는 사립 ㄱ초등학교는 지난해부터 4학년을 대상으로 '미국 교환학생'을 선발하고 있다. 1학기 말 지원자들은 1차 영어 듣기 평가, 2차

필기·면접 시험을 거친다. 방학 중에는 '예비 유학 학교'가 기다리고 있다. 2주간의 합숙 프로그램을 거쳐야 비로소 교환학생 자격이 주어진다. 4학년 전체 150여 명 중 매년 100명 정도가 교환학생으로 뽑힌다. 이들은 30~40명 씩 조를 짠 뒤 차례대로 현지 자매결연 학교에서 한 달 동안 미국 정규 교과 수업을 듣는다. 예전 대학교에서 주로 이뤄지던 교환학생 선발이 어느새 초등학교로 낮아진 것이다. 비용도 만만찮다. 이 학교 한 해 수업료는 4백만 원 정도. 유학 비용은 별도다. 항공료, 학비, 홈스테이 비용 등 한 달간 최소 3백80만 원 정도가 들어간다. 여기에 기타 비용을 더하면 총액은 5백만 원을 훌쩍 넘어선다. 교환학생이 나가 있는 동안 '국내파 학생'끼리 모여 따로 수업을 받는다. 이 학교에 3학년 딸을 두고 있는 최 모 씨는 '지원을 포기할지, 빚을 내서라도 보내야 할지 벌써부터 고민'이라며 '애들 기죽을까봐 고민하는 부모들이 나 말고도 더 있을 것'이라고 말했다."[20]

서울대까지 끼어들어 자극한 '영어 인증 시험 열풍'이 유치원생까지 덮치는 결과를 초래했다. 1995년부터 초등학교 3학년 이상을 대상으로 시행하는 영어 능력 시험 '펠트 주니어PELT junior'는 응시생이 2001년 6만여 명, 2002년 14만여 명, 2004년 25만여 명, 2006년 26만여 명 등으로 2000년 이후 해마다 급증하는 추세를 보였는데, 이들 가운데 1~2퍼센트는 7세 이하의 유치원생들인 것으로 업계는 추정했다. 한국토익위원회가 초등학생용으로 만든 '제트JET' 응시생도 2004년 2만 5,000여 명, 2005년 5만여 명, 2006년 6만 5,000여 명으로 늘었으며, 이 가운데 4퍼센트가량이 유치원생이라고 토익위원회 관계자는 전했다.

아예 유치원생들을 대상으로 2006년 9월 첫 시험을 치른 '펠트 키즈'는 첫 회에만 2,000여 명의 응시생이 몰렸다. 유아들을 모아 놓고 시험 대비반을 운영하는 유치원이나 영어 학원들도 늘었다. 분당에서 영어 유치원을 운영하는 ㄱ아무개 원장은 "'펠트 ○○명 합격'이라는 펼침막을 내걸 정도로 유치원들 사이에 경쟁이 붙은 상태"라고 말했다.[21] 그 와중에서 연간 수업료가 1,800만 원이나 되는 이른바 '명품 유치원'도 생겨났다.[22]

2007년 3월 25일 서울 소공동 롯데호텔 3층 사파이어볼룸 안. '캐나다 유학·연수 박람회'가 이틀째 열리고 있는 약 859제곱미터(260평) 크기의 박람회장에는 학부모와 학생이 발 디딜 틈 없이 빼곡하게 자리를 잡았다. 상담 창구마다 학부모들이 길게 늘어서 입학 가능한 학교와 현지 환경, 홈스테이 여부 등을 묻느라 북새통을 이루었다. 이날 하루 동안 박람회장에는 4,000여 명이 다녀갔다. 초등학교 4학년 아들의 조기 유학을 생각하고 있다는 김 모 씨(43·회사원)는 "국내 사교육비가 너무 비싸다 보니 캐나다 유학 비용과 별 차이가 없다"며 "영어가 필수인 시대에 1~2년간 유학을 갔다 오면 영어에 자신감이 생기지 않겠느냐"고 말했다.[23]

계속되는 '토플 대란'

그런 상황에서 '토플 대란'이 계속 일어나지 않는 게 더 이상한 일이었는지도 모른다. 『경향신문』 2007년 4월 14일자는 "외고 입시를 준비하는 중학생 김 모 군(15)은 요즘 마음이 바쁘다. 10월에 원서 접수를 하기 위해서는 토플 점수가 필요한데, 방학 때 보려고 했던 7월 인터넷 접수창구는 3일 밤을 지새도 열리지 않고 있다. 학교에서는 졸기 일쑤고 낮에는 엄마가 컴퓨터 앞을 지킨다. 학교에 있는 동안에도 혹시 접수가 시작될까봐 불안하기만 하다. 접수가 열리기만 하면 마감은 순식간이다"며 다음과 같이 말했다.

"유학을 준비하는 회사원 박 모 씨(25)도 마찬가지다. 그는 이번 7월 시험이 입학 원서를 넣기 전에 볼 수 있는 마지막 시험이다. 박 씨는 '정 안 되면 일본이나 대만에서라도 보고 올 수밖에 없다'며 한숨을 내쉬었다. 밤새 컴퓨터 앞을 지킨 박 씨는 회사에 출근, 외근을 핑계로 찜질방에서 부족한 잠을 보충했다.……수만 명의 응시생들이 컴퓨터 앞에서 밤을 지샜다. 어떤 응시생은 '55만 원이나 주고 다른 사람에게 응시권을 양도받았지만 사기였다'며 억울함을 호소했다."[24]

『한겨레』 2007년 4월 17일자는 "지난 일주일 동안 수만 명의 토플 수험생의 애를 태웠던 '토플 대란'이 16일 진정됐다. 이 시험을 출제하는 미국교육평가원ETS이 이날 급히 6월에 한국에서 특별시험을 실시하기로 결정했기 때문이다. 하지만 이번 사태는 미국교육평가원의 '선처'에 따라 울고 웃는 한국 영어 시험 시장의 종속성을 그대로 보여줬다. 한마디로 유학 열기와 영어 광풍이 몰고 온 '토플의 식민지'라고 할 만하다"며 다음과 같이 말했다.

"토플 대란의 주원인은 무엇보다 지난 7~8년 동안 비약적으로 늘어난 응시생 수다. 2000년에 5만여 명에 머물던 응시생의 수는 2005년 그 두 배인 10만 명을 넘어섰다. 8만여 명인 일본보다도 훨씬 많은 수다. 우선 미국 유학을 노리는 학생들이 주된 응시자이다. 토플 대란에서 가장 큰 고통을 겪은 이들도 당장 유학 수속을 밟아야 하는 유학 준비생들이었다. 미국 이민통관집행국의 2006년 말 자료를 보면, 미국 체류 유학생 가운데 한국인은 9만 3천여 명으로 세계에서 가장 많다. 2위는 7만 6천여 명의 인도다.……초·중·

고교 학생들의 응시 증가도 토플 수요를 크게 늘리는 요인이다. 외국어고 등 특목고들이 특별 전형에서 토플 성적을 요구하는 탓이다. 토플뿐 아니라 텝 스, 토익 등도 평가 요소이지만, 학생들은 인지도와 국제적 쓰임새를 고려해 토플을 압도적으로 많이 선택한다.⋯⋯여기에 일반 회사들이 사원을 뽑으면 서 영어 시험을 치는 대신 토플 점수 제출을 요구하면서 구직자들도 대거 토 플 시험에 몰려들고 있다." [25]

'영어에 홀린 한국'

초·중·고교에 불어닥친 영어 교육 열풍 속에 2007년 상반기 부모를 동 반하지 않고 '나홀로' 해외로 떠난 초등학생 수가 사상 최대를 기록했다. 대 한항공과 아시아나항공에 따르면, 2007년 1월부터 6월까지 인천국제공항에 서 혼자 출국하는 어린이 승객을 위한 '비동반소아 서비스'를 이용한 초등학 생(만 5~12세)은 모두 4,503명으로 2006년 3,637명에 비해 23.8퍼센트 늘었 다. 비동반소아 서비스는 만 5~12세 어린이가 공항에서 탑승권을 받는 순간 부터 도착지의 보호자를 만나기까지 안전하게 여행하도록 항공사가 도와주 는 것으로, 조기 유학이나 영어 연수인 경우가 대부분이다. [26]

초중고교에선 '미국 교과서 학습 열풍'이 불었다. 2007년 국내의 미국 교 과서 시장 규모가 200억 원 안팎이 되면서 '성장하는 교과서 시장을 선점'하 기 위한 미국 출판사들의 경쟁도 치열해졌다. 스콧포스만이 교과서 마케팅 담당자를 배치했고, 휴튼 미플린이 이미 2006년 한국지사를 오픈했다. [27]

대학은 영어 강의에 미쳐 돌아갔다. 영어 강의의 선두 주자인 고려대는

2007년 1학기 개설 2,389과목 가운데 35퍼센트에 이르는 850과목을 영어로 강의했으며, 2012년까지는 영어로 하는 강의를 절반 이상으로 늘리겠다고 했다. 어느 대학에서는 독일이나 프랑스에서 공부한 교수에게 영어 강의를 요구하기도 했다.[28] 이에 『경향신문』 사설은 "요즘 우리 대학들은 '영어를 위한, 영어에 의한, 영어의' 교육에 사활을 걸고 있는 듯하다"며 다음과 같이 말했다.

"영어 강의의 가장 큰 문제점의 하나는 수업이 제대로 되지 않는다는 사실이다. 유학을 하고 영어를 잘한다는 교수도 소통능력은 한국어의 절반 정도라고 한다. 울며 겨자 먹기로 영어 강의를 담당한 교수와 학생들 모두 전달력과 이해도가 낮았다고 털어놓고 있다. 이런 상황에서 질 높고 창의적인 강의를 기대하는 것 자체가 무리다. 우리말로도 쉽지 않은 전공 강의가 '영어

방학을 맞아 어학연수를 떠나는 학생들. 영어 열풍을 타고 조기 유학과 어학연수를 떠나는 학생들이 매년 급증했다(사진은 2007년).

좀 말하는' 교수와 '영어 좀 알아듣는' 학생 사이에서 의미 없이 진행되는 게 현실이다. 영어와 강의의 두 마리 토끼를 다 놓치고 있는 셈이다."[29]

서울대 이준구 교수(경제학부)는 우후죽순처럼 늘어나는 대학의 영어 강의에 대해 "사이비 개혁의 대표적인 사례"라고 질타했다. "영어 강의를 하고 있는 서울 모 사립대 교수를 최근 만났어요. 수업 중 학생들에게 의미 전달이 제대로 안 돼 결정적인 순간에는 한국어를 사용한다고 하더군요. 지금 한국 대학에서 벌어지는 영어 강의의 적나라한 현실은 웃지 못할 코미디입니다." 그렇지만 영어 강의가 존속되고 오히려 확대되는 이유에 대해 이 교수는 학생들이 영어 강의의 질을 문제 삼아야 하지만 침묵하고 있는 점을 첫 번째로 꼽았다. 그는 "영어 강의는 대부분 절대평가라 학점이 후하다"며 "이 때문에 학생들이 불만을 토로하지 않는다"고 지적했다.

이 교수는 "영어 강의 증설이 개혁적 성과로 치부되고 있다"며 "대학 평가 기준에 영어 강의 비율이 있는 상황에서 대학 랭킹을 높이기 위해 영어 강좌를 경쟁적으로 늘리는 측면도 있다"고 비판했다. 그는 "사원 전체가 영어를 잘할 필요도 없고, 외국 업체와의 협상 인원도 선별적으로 교육하면 된다"며 "모두 영어를 해야 한다는 논리는 사대주의라고 설명할 수밖에 없다"고 성토했다. 이 교수는 "'일제시대 조선어 말살 정책에는 왜 반대하느냐'고 묻고 싶다"며 "그때 일본어를 사용했으면 지금 세계에서 대접받고 살 수 있었을 것"이라고 비꼬았다.[30]

'스파르타식 학원 성황'

스파르타식 영어 학원도 성황을 누렸다. 『한국일보』 2007년 10월 30일자
는 "온 나라를 휩쓸고 있는 영어 강박증이 '스파르타 영어 학원'까지 만들어
냈다. 하루 종일 학원에 갇히고, 혼나고 맞아서라도 각종 영어 평가 시험 점
수를 올려보겠다는 어른들로 학원은 북적이고 있다"며 다음과 같이 말했다.

"영어 시험 고득점이 다급한 만큼 수강생들은 다 큰 어른들이지만 엄격한
생활 규칙은 물론 체벌이나 벌금까지 감수한다. 실제로 학원에 들어오려는
수강생은 '단 한 번만 무단결석해도 제적', '실내화 신고 외출 금지', '다른 수
강생을 술 마시자고 꼬드기거나 동조하면 제적' 등을 서약해야 한다. 수업 태
도가 불량하거나 시험 성적이 좋지 않을 때는 심지어 손바닥으로 등을 맞는
봉변을 당할 때도 있다. 최근 학원을 그만둔 A 씨(26)는 '어떤 강사는 시험에
서 틀린 문제 수만큼 손으로 수강생의 등을 때리기도 했다'며 '이 나이에 맞
으면서까지 영어 공부를 해야 하나 하는 생각이 들 때도 있었다'고 말했다.
일부 수강생은 밥 먹고 잠시 쉬는 시간을 빼곤 하루 13시간을 꼼짝달싹하지
않고 영어에 매달리고 있다. 오전 9시부터 오후 6시까지 수업, 오후 7시부터
11시까지 자습이 이어진다. 이것으로 끝이 아니다. 집에 돌아가도 '단어
200개 외워오기' 등 산더미 같은 숙제를 하다 보면 새벽 2, 3시를 넘기기 일
쑤다.……단어 시험이나 받아쓰기 시험 등을 못 보면 하루 최고 5,000원의
벌금을 낸다."[31]

누군들 매 맞아가면서까지 그런 짓을 하고 싶겠는가만서도 세상이 모두
다 그렇게 미쳐 돌아가는 걸 어쩌겠는가. 2007년 10월 온라인 채용 정보 사

한 기숙 입시 학원에서 학생들이 영어 단어를 외우면서 식사를 하고 있다. 대학 입시와 취업에 영어가 큰 비중을 차지하면서 하루 13시간을 영어만 공부하는, 어른들을 위한 스파르타식 영어 학원들도 생겨났다.

이트인 잡코리아에 따르면 직장인 1,075명 중 64.1퍼센트인 689명이 "직장 생활을 하면서 영어 때문에 스트레스를 받고 있다"고 답했다. 스트레스를 받는 이유에 대해 응답자의 절반가량은 '영어 교육을 받지 않으면 다른 직장인들과 경쟁에서 뒤떨어질 것이라는 불안심리 때문'(46.3퍼센트)이라고 밝혔다. 또 '영어 능력 부족으로 업무 처리가 원활히 이루어지지 않기 때문'(27.6퍼센트), '회사에서 영어 실력을 중요하게 생각하기 때문'(12.3퍼센트), '영어 성적이 인사고과에 반영되어 승진에 지장 있을 것 같아'(10.7퍼센트) 등이 뒤를 이었다. 특히 직장인 31.4퍼센트는 영어나 외국어 때문에 인사상 불이익을 받은 경험이 있다고 답했다.[32]

이런 현실을 껴안겠다는 듯, 한나라당 이명박 · 대통합민주신당 정동영 대선 후보가 경쟁적으로 "국가가 영어 교육을 책임지겠다"는 공약을 내놓았다. 이 후보는 2007년 10월 9일 발표한 교육정책과 23일 한국교총 토론회 등에서 '영어 공교육 완성 프로젝트'를 내놓았다. 정동영 후보는 31일 서울 송중초등학교에서 가진 '학부모와의 대화'에서 '정(정부가 책임지는) 동(동등한) 영(영어 교육)'이란 공약을 발표했다.

이 후보는 영어로 수업할 수 있는 교사를 매년 3,000명씩(신규 1,000명, 현직 교사 2,000명) 양성하는 것과 함께, 다른 일반 과목도 단계적으로 영어로 수업·토론하도록 하겠다고 했다. 그는 "일주일에 몇 시간 영어 공부하는 시스템으론 안 된다"며 싱가포르나 두바이처럼 국내에 교육 국제화 특구를 도입해 학교에서 영어만 사용토록 하는 방안도 추진하고, 원어민 보조 교사와 영어 잘하는 대학생들에게 저소득층 학생들이 방학 기간이나 방과 후에도 영어를 배우도록 하겠다고 했다.

정 후보는 "당선되면 임기 중 전국의 1만 2,000여 개 모든 초·중·고교에 '영어 랭귀지 스쿨'을 설치하겠다"고 했다. 수업은 주로 '방과 후 학교'로 운영해 학교 교실을 그대로 이용할 수 있게 하고, 학교마다 원어민 교사 1명과 영어 능통 내국인 교사 3명씩을 각각 배치한다는 계획이었다. 그는 '말하기' 위주의 영어 교육을 위해 대학 입시에서 영어 과목을 폐지하고 이를 2009년부터 도입 예정인 국가 공인 영어 인증 시험으로 대체하겠다고 했다.[33]

'영어 사교육 부추기는 빗나간 대선 공약'

대선 후보들이 이구동성으로 나라에서 영어 교육을 책임져 영어 사교육비를 줄이겠다고 한 것에 대해 김영환 부경대 신문방송학과 교수는 "영어는 경쟁력이나 선진화의 도구가 아니다. 언어를, 특히 영어를 이렇게 목적에 대한 수단으로 보는 관점은 매우 좁은 생각이다. 우리보다 영어를 못하는 일본은 영어 배우기에 열을 내지 않아도 경제적으로 큰 문제가 없다. 필리핀은 영어를 잘해도 필리핀 전체 인구의 10% 가량이 돈을 벌고자 국외로 나가 허드렛일을 하고 있다"며 다음과 같이 주장했다.

"점점 번져가는 영어 숭배 현상은 우리 사회에서 영어가 상류층이 되는 주요 통로라는 점에 그 큰 원인이 있다. 신정아 씨가 출세하는 데 가장 필요한 것은 미국 박사 학위였고 유창한 미국말이었다. 모든 이가 영어를 잘해야 한다는 거듭된 선전은 상류층이 미국말 배우기에 쓸 시간과 돈이 모자라는 하류층과 스스로를 차별화하려는 이데올로기라는 측면도 있다.……대통령이 될 사람은 휘몰아치는 영어 숭배의 미친바람을 먼저 잠재워야 한다. 점점 무시당하는 우리말과 글을 책임지고 살리겠다는 공약을 내거는 대통령 후보는 어디 있는가." [34]

반면 『조선일보』 강경희 파리특파원은 "'부실한 영어 공교육'이 가진 자와 못 가진 자의 간극을 벌리는 '잉글리시 디바이드English divide' 현상을 심화시킨다"며 다음과 같이 주장했다.

"한국은 교육부 예산이 한 해 31조 원인데, 영어 사교육비로만 10조 원 넘게 들어가는 기형적 나라다. 그러면서 싱가포르, 홍콩 등에 영어 실력도 뒤진다. 사교육 시장으로 쏠리는 영어 교육은 '잉글리시 디바이드'로 인한 계층 격차를 점점 심각하게 만들고 있다. 'CEO 대통령'을 자처하는 이명박 대통령 당선자라면 한국의 공교육 문제도 효율성이라는 관점에서 진단하고 혁신해야 한다. 영어 교육 하나만 봐도, 공교육 10년이면 썩 훌륭한 실력을 갖추게 해주는 북유럽 나라들에 비교하면 한국의 공교육은 죽어라 공부해서 시험 점수만 따고, 다시 사교육 시장에 돈을 쏟아부어야 하는 비효율 극치의 '불량 공장'이다."[35]

2007년 12월 19일에 치러진 제17대 대선에서 한나라당의 이명박 후보가 유효 투표 수 2,373만 2,854표의 48.7퍼센트인 1,149만 2,389만 표를 획득해 당선되었다. 정동영 대통합민주신당 후보는 617만 4,681표(26.1퍼센트)에 그쳤다. 두 후보 모두 영어에 '올인' 하는 듯한 모습을 보이긴 했지만, 영어 열풍을 불러일으키겠다는 의지와 정책은 이명박이 훨씬 강하고 과격했다.

제7장

'영어 망국론'이
등장하다

2008~2014년

영어로 회의하는 '뚱딴지' 서초구청

대선 결과의 풍향계를 읽었던 것일까? 2007년 12월 27일 서울 서초구청이 처음으로 간부회의를 영어로 진행했다. 2008년에도 한 분기에 한 차례씩 1년에 4번 영어로 회의를 하겠다고 했다. 이에 대해 『한국일보』 사설은 "기업이나 대학에서 회의나 강의를 영어로 하는 경우는 봤어도 지방자치단체가 내부 회의를 영어로 하는 경우는 처음이다. 서초구의 슬로건대로 '세계 명품 도시'를 지향하는 글로벌 전략의 일환으로 평가하는 이도 있겠다"며 다음과 같이 주장했다.

"하지만 우리가 보기에는 영 쓸데없는 짓을 하는 것 같다. 이날 회의 상황에서 보듯이 발제자가 미리 준비한 수준의 원고를 들고 읽는 이상의 회의 진행은 사실상 불가능하다. 간부회의라는 것은 구정 전반의 문제점을 토의하고 의견을 모으는 자리일 텐데 할 말을 못하는 자리가 어떻게 회의라고 할 수 있는지 의문이다. 국·과장, 동장 등 참석자 60여 명 중 상당수는 입을 뗄 엄두도 못 냈다는데 왜 스트레스를 자초하는지 알 수가 없다. 5급 이상 공무원들은 이 회의를 위해서 6월 3주 동안 매일 일과 후 3시간 30분씩 영어 훈련을 받았다고 한다. 그렇게 해서 무슨 행정을 누구한테 서비스하겠다는 것인지 이해할 수 없다. 해외 투자를 유치하려면 영어도 잘하는 고급 전문 인력을 써야 할 것이고, 외국인 구민에 대한 서비스를 강화하려 한다면 외국인 행정 원스톱 센터 같은 곳에 여러 나라 언어를 제대로 구사하는 인력을 배치해야 할 것이다. 이런 식으로 국리민복과 아무 관계가 없고 공무원 자신들부터 괴로운 이벤트성 행정이 우리 사회에는 아직도 많다. 새로 들어설 정부는 실용을 모토로 삼는다는데, 지자체든 중앙 부처든 예산과 시간과 정력을 허비하는 과시성 행정은 과감히 털어버리기를 바란다."[1]

그러나 서초구청보다 한 수 더 뜨는 정권이 출범하면서 한국 사회는 이전보다 더욱 거센 영어 광풍의 소용돌이로 휘말려 들기 시작했다. 이명박 당선인은 연말 대기업 총수들을 만난 자리에서 "비즈니스 프렌들리business-friendly(기업친화적) 정부를 만들겠다"고 말했고, 이경숙 인수위 위원장은 "나는 '프레스 프렌들리press-friendly(친언론적)'"라며 언론과의 협조 관계를 약속했다. 어느 언론은 일요일도 없이 일하는 인수위에 대해 '노 홀리데이(휴일 없음)'라는 표현도 사용했다.

이에 대해 『경향신문』 기자 설원태는 "새 정권과 새 인물이 부상하면서 영어의 조각들이 우리말에 저항 없이 들어오는 현상에 대해 경각심을 촉구하려 합니다. 새 인물들을 포함해 우리 사회의 여론 주도층은 가능하면 우리

말에 영어 단어를 섞어 쓰지 말아야 한다고 생각하기 때문입니다. 만약 그들이 이런 언어적 습관을 보일 경우 우리 언론이 영어 섞인 표현을 여과해 보도해야 합니다"라면서 다음과 같이 말했다.

"세계화된 요즘 '언어적 순수주의'가 무슨 쓸모가 있느냐고 반문할 수 있습니다. 하지만 떠오른 새 권력의 언어 습관이 국민의 언어생활에도 큰 영향을 미친다는 점에서 이 문제를 지적하려 합니다. 게다가 우리 언론은 '기업 친화적 정부를 만들겠다'는 우리말 제목을 사용하면 될 텐데 왜 큼지막한 글자로 '비즈니스 프렌들리 정부'라고 제목을 뽑아야 하는지 의문입니다. '나는 프레스 프렌들리'라는 표현을 굳이 큰 제목으로 내세워야 하는지도 이해되지 않습니다. 프렌들리란 '프린터 친화적printer-friendly', '환경 친화적 environment-friendly' 등으로 영어에서 사용되고 있으나 아직은 외래어의 자격이 없습니다. 그렇지 않아도 우리의 매체들은 현재 한국어를 심하게 오염시키고 있습니다. '중앙SUNDAY', '지식IN', '시사IN', '세계IN', '하이 스터디', 'Weekly BIZ', 'Why?', '뉴스데스크', 'W' 등 한글과 영어 단어를 뒤섞어 사용하고 있습니다. 왜 우리말에 일본어 단어나 스와힐리어 단어는 섞어 쓰지 않을까요? 필자는 영어 문헌이나 매체에서 한국어 단어가 이처럼 뒤섞여 사용되는 것을 보거나 듣지 못했습니다."[2]

"영어 잘하면 군대 안 간다"

대통령직 인수위원회는 '영어 몰입교육', '국가영어능력평가시험' 도입 등 엄청난 파장을 불러일으킬 만한 혁신안들을 연일 쏟아냈다. 2008년 1월

25일 전국교직원노동조합(전교조)은 서울 삼청동 대통령직 인수위원회 앞에서 기자회견을 열고 "영어 몰입교육으로 사교육을 절반으로 줄인다는 말을 믿을 국민이 얼마나 되겠냐"며 "새 정부의 영어 교육정책은 학생에겐 심리적 압박을, 학부모들에겐 사교육 부담을 가중시키는 역설적 상황을 초래할 것"이라고 비난했다.

전교조는 "교육은 실험 대상이 아니며 국민적 합의에 의해 이뤄져야 한다"며 "시장주의적 교육정책 기조를 재검토하라"고 촉구했다. 참교육을 위한 전국학부모회도 이날 인수위 앞에서 "영어 사교육으로 학생과 학부모를 고통스럽게 하고, 조기 유학과 어학연수 열풍은 더 거세질 것"이라며 이경숙 인수위원장의 '기러기 아빠 축소론'을 비판했다.[3]

하지만 대통령직 인수위원회는 군에 가야 할 젊은이 중 영어를 잘하는 사람은 군대 대신 학교에서 영어를 가르치도록 하는 방안을 추진하는 등 파격을 넘어 거의 엽기의 수준으로 치달았다.[4] 이에 대해『한겨레』권태선 편집인은 "그러지 않아도 기회만 되면 병역을 피해 보려는, 일부 부유층의 특례를 위한 외국 유학을 부추기고, 이것이 사회적 갈등의 골을 깊게 만들 것임은 불을 보듯 뻔하다. 영어 격차를 걱정하는 사람들이 어떻게 이토록 사회적 격차에는 둔감한지 이해하기 어렵다"고 비판했다.[5]

2008년 1월 30일 한글학회와 한글문화연대 등 국어 관련 단체 18곳과 홍사단 등 14개 시민사회단체는 서울 중구 정동 세실레스토랑에서 기자회견을 열고 "대한민국 정부의 영어 숭배 정책을 당장 폐기하라"고 주장했다. 이들은 "이명박 당선인이 도입하겠다는 영어 교육정책은 사교육 증가를 빚고 교육 양극화를 강화시켜 결국 국어를 파괴하고 폭넓은 교양을 갖춘 인재를 길

이명박 대통령직 인수위원회는 영어 몰입교육과 국가영어능력평가시험 도입 등을 발표하면서 엄청난 파장을 불러일으켰다.

러내는 데 실패할 것"이라고 비판했다. 이들은 또 '저스티스 코리아'(법무부), '씽크 페어'(공정거래위원회) 등 부처 홍보 문구와 '로드맵', '클러스터', '메니페스토' 등 행정 용어를 정부의 대표적인 영어 남용 사례로 들고 전국 2,166개 동사무소를 동주민센터로 바꾸는 정책 철회, 정부 사용 용어에서 영어 남용 중단, 대통령 직속 언어위원회 신설 등을 요구했다.[6]

『한겨레』 2008년 1월 31일자는 "인수위가 잇따라 영어 교육에 대해 논란의 불을 지피는 동안 학부모들의 불안 심리는 가중되고 영어 사교육 시장은 더욱 들썩거리고 있다"며 다음과 같이 말했다. "영어 전문 학원들은 말하기·듣기 교육을 강화하기 위해 원어민 강사 채용을 확대하거나, 국가 공인 영어 시험에 대비하기 위해 말하기·쓰기 중심의 인터넷 기반 토플iBT 등을 필수 과정에 반영하려는 움직임을 보이고 있다. 이미 미국 교과서를 교재로 사회, 과학, 수학 등을 가르치며 '영어 몰입교육'을 해왔던 학원들은 역사와 문화로까지 영어 수업을 확대하는 등 더 다양한 서비스를 준비하고 있다."[7]

'오렌지와 아린지' 파동

이경숙 대통령직 인수위원장의 외래어표기법 개정 주장은 더 큰 논란을 불러일으켰다. 이 위원장은 1월 30일 "영어 표기법이 획기적으로 바뀌지 않으면 원어민처럼 발음하기 어렵다"면서 "내가 미국에서 '오렌지orange'라고 했더니 아무도 못 알아듣다가 '오린지'라고 하니 알아듣더라"라고 말했다.

이에 대해 한글학회 김승곤 회장은 "영어와 국어의 음소가 많이 다르다는 것을 이 위원장이 모르는 것 같다"며 "영어 교육을 어떻게 시킬 것인지 고민하기 전에 집에서 국어 공부부터 했으면 좋겠다"고 꼬집었다. 한글문화연대 이건범 총무위원은 "바나나banana는 버내너로, 프렌드friend는 후렌드로 쓰자는 얘기냐"고 어이가 없다는 듯 반문했으며, 충남대 국어국문학과 한영목 교수는 "외래어표기법 수정 운운하는 주장은 학회 등을 통해 신중한 검토가 있은 후에 나와야 한다"고 충고했다.

영어 전문가들조차 황당하다는 반응을 보였다. 이화여대 통·역번역대학원 배유정 교수는 "한국인과 영어가 모국어인 사람은 구강 구조 자체가 다르기 때문에 표기법을 바꾼다고 해서 발음이 달라지는 것이 아니다"며 "'f'나 'r'의 정확한 발음은 아예 한글로 표기 자체가 힘들다"고 지적했다. 인터넷에서

는 "그렇게 따지면 오린지도 아니고 '아륀지'라고 표기해야 맞다" 등의 비난 글들이 쇄도했다.[8]

모든 논란의 초점이 순식간에 '오렌지와 아린지'로 이동하는 상황이 벌어졌다. 김홍숙 시인은 "일생 동안 영어로 밥벌이를 해왔는데 요즘은 영어가 지긋지긋하다. 영어가 정치가 되어서다. 대통령직 인수위원회가 쏟아내는 정책들을 보면 그곳이 정상적인 사고를 하는 사람들의 모임인지 의심스럽다"며 다음과 같이 말했다.

"이경숙 인수위원장을 보고 있으면 언젠가 영어로 말미암아 트라우마, 곧 정신적 외상을 입은 게 아닐까 하는 생각마저 든다. 엊그제 공청회에서 예로 든 '오렌지' 때문에 상처를 받은 건지도 모른다. '영어 표기법이 획기적으로 바뀌지 않으면 원어민처럼 발음하기 어렵다'는 말은 무슨 뜻일까? 영어 표기법이란 우리의 편의를 위해 영어를 우리말 발음으로 옮겨 적는 원칙을 말하는데, 그게 바뀌어야 원어민처럼 발음할 수 있다니? 그럼 이 위원장은 'orange'를 그냥 영어식으로 발음하지 않고, 먼저 '오렌지' 혹은 '아린지'라고 한글로 적은 다음 그걸 보고 발음한다는 말인가? 게다가 영어를 쓰는 사람들이라 해도 런던·마닐라·보스턴·멜버른 등, 사는 곳에 따라 발음이 다른데 이 위원장이 말하는 원어민 발음이란 어떤 것일까? 외국에 사는 친구 하나는 그곳의 외국인들이 '너희 나라, 왜 그렇게 영어 가지고 난리야?' 하고 묻는 바람에 창피해 죽겠다고 한다. 미국도 영국도 아니고, 영어를 쓰는 나라의 식민지도 아닌데, 왜 온 국민이 '고등학교만 나와도 영어로 소통할 수' 있어야 하는지, 참으로 알 수 없는 일이다."[9]

『영어 발음 웃기고 있네』의 저자인 김일승은 "영어 발음의 우리말 표기법 하나로 우리의 영어 발음이 개선된다면, 이경숙 위원장은 대한민국 영어 발음 교육에 한 획을 그을 족적을 남기게 될 것이다. 그러나 이런 표기법만으로 '한 획'을 기대하기엔 무리다. '패션'을 '풰션'으로, '댕큐'를 '쌩큐'로 우리말 표기법을 바꾸어서 대한민국 국민의 영어 발음에 일대 혁신을 가져올 수 있다면 얼마나 좋을까. 그러나 그런 한글 표기법과 영어 발음과는 사실 아무런 관계가 없다"며 다음과 같이 말했다.

"알파벳으로 구성된 영어에서 발음 원천은 다름 아닌 '영어 발음기호'다. 미국인이 발화하는 각각의 영어 발음기호를 얼마나 그와 유사하게 익혔느냐에 따라 영어 발음의 좋고 나쁨이 사실상 판가름 나는 것이다. 제아무리 뛰어난 표기법이라고 하더라도 그것이 '한글'인 이상, 결국 우리 입에서는 '우리말'이 바탕에 깔린 영어 발음이 만들어질 수밖에 없는 것이다. '오렌지'를 '오륀지'로 발음했더니 미국인이 알아먹었다고 해서 동영상으로 그 '오륀지' 발음을 직접 들어 보았는데, 이경숙 인수위원장은 역시 'ㅣ' 모음을 끝에 붙여서 발음하고 있었다. 미국인이 잘 알아듣지 못했던 이유는 '오륀지'를 '오렌지'로 발음했기 때문이 아닐 것이다."[10]

'신해철'인가, '박진영'인가

반면 보수 논객들은 이명박 정권의 영어 정책에 지지를 보냈다. 『동아일보』 김순덕 편집국 부국장은 "세상은 바뀌었고 국민은 새 정권을 선택했다. 학생이 공부를 하든 말든, 사회에 나가 제 밥벌이를 할 수 있든 없든, 어른이 돼서도 영어 때문에 고통을 받든 말든 태평하기 그지없었던 학교도 이젠 뼈를 깎아야 할 때가 됐다"며 다음과 같이 주장했다.

"논란이 불거질 때마다 단골로 등장하는 '총론 찬성 각론 반대' 주장은 효과적 발목잡기로 변질될 우려가 크다. 공부엔 왕도가 없는 판에 영어 교육에 대왕의 교수법이 있을 리 없다. 영어 교사가 영어를 영어로 가르치는 것조차 완벽하게 준비를 마친 뒤 해야 한다는 주장은 모든 부모가 자식을 키울 준비가 완벽해질 때까지 임신을 미루라는 것과 마찬가지다.……사람과 기업이 국경 없이 경쟁해야 하는 세계화 시대, 영어는 세계 무대로 연결해주는 글로벌 사다리다. 세계화와 상관없이 살고 싶은 사람이야 어쩔 수 없지만(그래서 학교 선택권은 확대돼야 한다) 올라타기 싫다고 걷어차진 말아야 한다. 아무리 공교육이 뛰어나대도 여유 있는 계층의 사교육은 사라지지 않는다. 영어 공교육 강화를 늦출수록 손해 보는 쪽은 좌파가 그렇게도 끔찍이 위한다고 외쳤던 소외된 계층일 뿐이다."[11]

『조선일보』 김대중 고문은 "언어문화의 전문가도 아닌 가수 신해철 씨는 대통령직 인수위가 '영어 공교육 완성 프로젝트'를 발표하자 비아냥조로 미국의 '51개 주州' 운운하며 정책을 비판했다. 우리가 우리의 필요에 의해 외국어를 배운다고 우리가 그 나라의 '속국'이 되는 것처럼 말하는 것은 너무나도 시대착오적이다. 영어가 필요 없는 사람까지 '강제적'으로, 또 '몰입적'으로 배울 필요가 있느냐고 볼멘소리를 하는 사람도 있겠지만 우리가 배우고 시험 보고 있는 모든 과목들이 반드시 실생활에 필요해서 배우는 것이 아니다. 우리가 우리말을 지우고 없애면서 영어를 배우는 것이 아니라면 언어의 국수주의는 지극히 해악적이다"며 다음과 같이 주장했다.

"어떤 학부모들은 영어 공교육 강화로 인해 입시 과목이 영향을 받고 따라서 과외가 늘어날 것을 걱정하고 있다. 그런 현상은 다분히 있을 것이다. 과외는 우리 사회에 지울 수 없는 그늘이 된 지 오래다. 그러나 이렇게 생각해볼 수는 없는 것일까? 과외의 비용에 견주어 가장 효율적이며 실용적인 것이 언어, 특히 영어에 대한 투자일 것이라는 생각이다. 물론 부작용들은 줄여나가야 할 것이다. 그러나 큰 바다로 나가 많은 고기를 잡기 위해서는 우리가 지불해야 할 것들이 있다는 생각을 가질 필요가 있다. 다소의 부작용과 과불급이 있겠지만 큰 덩어리를 보고 가야 한다.……가수 박진영 씨를 보라. 그가 언어에 발이 묶여 한국을 벗어나지 못했다면 그의 재능과 끼는 지금 어디쯤에 묻혀 있을까? 그가 뉴욕으로 나가 세계인들의 음악과 교류할 수 있었기에 그는 한국의 대중음악을 업그레이드하는 데 기여하고 있는 것이다. 음악적으로 누가 낫다든가 하는 비교를 하자는 게 절대 아니다. '박진영'으로 갈 것인가 아니면 '신해철'로 갈 것인가. 이것이 이 나라 모든 어버이들이 선택할 문제이며 동시에 한국이 선택할 길이다."[12]

영어 몰입교육 파동

노르웨이 오슬로국립대학 교수 박노자는 "전국이 지켜보는 가운데 영어 몰입교육과 '오렌지' 발음을 갖고 열변을 토하는 대한민국 국정 책임자들을 보면서 필자는 패관소품 문체의 퇴치에 올인했던 200여 년 전의 국왕을 떠올려본다. 특정 제국이 영원하리라는 맹신과 어리석음으로 나라를 그르친 적이 있었음에도 그들은 또다시 같은 어리석음을 범하려 한다. 몰입교육을 논하기 전에 한번 생각해볼 것이 있다. 과연 영어가 '공부의 중심'이 돼야 하는 가라는 근본적 문제다"며 다음과 같이 주장했다.

"일부 특수 직종(학자·기자·외교관 등)을 제외한 다수에게 외국어가 필요한 것은 교역 등 회사에서의 대외 업무 수행과 외국 여행 때일 것이다. 무역부터 보자. 2007년에 한국은 영어가 통하는 미국(12.3%), 영국(1.8%), 독일(3.1%)보다는 중화권인 중국(22.1%), 대만(3.5%), 홍콩(5.0%)에 약 2배 더 많은 물건을 팔았다. 외국 여행도, 영어가 잘 통하지 않는 중국과 일본 여행자가 절반 이상을 차지하는 반면 미국으로 간 이들은 7.2%에 그쳤다. 작년 입국자 통계를 봐도 중국·대만(21%)과 일본(35%)은 미국(9%)과 비교해서 한국 관광산업에서 훨씬 더 중요한 존재다. '실용주의적' 시각으로 외국어 수요를 파악하면 학교에서는 앞으로 제1외국어를 중국어로 바꿀 것을 고려해야 할 것이다. 학술·기술·국제정보망의 주요 언어로서의 영어의 영향력은 당분간 유지될 것으로 보이나, 중국어 구사 인구(12억여 명)가 영어 구사 인구(약 3억 4,000만 명)에 비해 거의 4배 가까이 된다는 점이나, 구매력 기준으로 계산되는 중국의 국내총생산이 2026년쯤에는 미국을 능가할 전망이어서 결국 이 우위도 오래가지 않을 것이다. 특히 동아시아권에서는 중국어가 공용어로 통할 상황이 그보다 훨씬 이른 약 15~20년 안에 올 것에 대비하면서 영어 몰입교육보다는 영어와 중국어 교육 사이의 균형과 효율성을 논해야 한다."[13]

그러나 당장 불안에 떠는 학부모들은 영어 교육에 '올인'하는 쪽을 택했다. 대통령직 인수위원회가 영어 말하기·쓰기 교육을 강조한 뒤, 영어 사교육 수요가 폭발하는 양상을 보였다. 서울 목동 ㅈ학원 쪽은 "반마다 상황은 다르지만 입반하려는 학생들이 밀려 있는 경우, 적어도 한 달 정도는 기다려야 한다"고 말했다. 목동 ㅇ학원도 "기초반의 경우 4달 정도 기다려야 수업을 들을 수 있다"고 전했다. 또 다른 ㅇ학원의 김 아무개 부원장은 "인수위 발표 뒤 입반 상담이 두 배로 늘었으며, 그 수의 대부분이 등록으로 이어지고 있다"고 말했다. ㅍ학원 김 아무개 부원장은 "인수위 발표 뒤 영어 교육에 적극적이지 않았던 사람들이 말하기·쓰기 등에 관심을 갖기 시작했다"며 "이들을 위한 새로운 프로그램을 준비 중"이라고 말했다. ㅇ외국어학원의 남 아무개 부원장은 "영어 교육에 무덤덤했던 학부모들의 기초반 문의가 증가하고 있다"고 말했다.

중학교에 올라가는 아이를 둔 학부모 김 아무개 씨는 "문법은 혼자 해도 됐지만, 말하기·쓰기는 여러 명이 함께해야 한다"며 "원어민 과외까지 고려하고 있다"고 전했다. '함께하는 교육 시민모임'의 김정명신 공동대표는 "학원뿐 아니라 맞춤형 단기 유학 광고도 극성일 만큼 이미 영어 열풍이 불고 있고 진화가 쉽지 않을 것"이라고 전망했다.[14]

교육비가 월 150~200만 원에 이르는 고가의 영어 유치원도 속속 등장했다. 서울 강남의 ㅂ학원은 유아교육을 전공한 외국인 원어민 교사가 하루 5~6시간 어린이들에게 맞춤식 영어 교육을 제공하면서 수업료로 월 150만 원대를 받았고, 여기에 특별활동 등이 추가되면 교육비는 200만 원을 훌쩍 넘었다. 어린이들을 상대로 미술이나 피아노·태권도·요리 등을 영어로 가르치는 이른바 영어 몰입교육 프로그램도 등장했다.[15]

'영어 망국론'

이명박 정부의 출범과 함께 각 지자체와 교육청마다 '영어 교육 강화'와

'영어 도시 만들기'에 앞장서는 등 영어 열풍이 그 어느 때보다 강하게 몰아쳤다. 다소 과장된 기사도 없진 않겠지만, 「무턱대고 '영어 몰입' 전국이 몸살」[16], 「영어 광풍 사회에 몰입교육은 '오발탄'」[17], 「유치원생까지…영어 자격시험 열풍」[18], 「한글도 못 뗐는데 영어 유치원으로……」[19], 「'영어 열풍' 도지나 새 정부 교육정책 영향 해외 연수 급증」[20], 「아파트 영어마을 '교습소 수준' /영어 광풍 업고 '분양 미끼 상품' 남발」[21], 「"미美 가을 학기 신청 2월에 벌써 끝" – 이李 정부 이후 거세진 조기 유학 열풍 현장」[22], 「등록금 2,000만 원에 학력 인정도 안 되는데…… '영어몰입 대안학교' 속속 등장」[23] 등과 같은 제목의 신문 기사들이 쏟아져나왔다.

급기야 '영어 망국론'까지 나왔다. 조성돈 실천신학대학원대 교수는 『국민일보』 2008년 4월 24일자에 기고한 「영어 망국론」이라는 칼럼에서 "대한민국 교육의 핵심은 이제 영어인 것 같다. 물론 전부터 영어는 교육의 중요한 부분이었다. 그런데 더 노골적으로 영어가 교육의 모든 것인 양 정부 차원에서 밀어붙이고 있다. 대한민국에서 이제 계급은 영어를 할 줄 아는 사람들과 영어를 못하는 사람들로 구분될 것 같다. 학교에서는 영어 수업뿐 아니라 모든 과목을 영어로 시키겠다는데, 영어를 못하는 하층계급은 결국 도태에 도태될 수밖에 더 있겠는가"라면서 다음과 같이 개탄했다.

"그런 교육적 가치관에서 선한 인간이 어찌 만들어질 수 있을 것인가. 이 나라 교육은 점점 생각이 없는 출세 지향적 인간들을 만들어가고 있다. 무엇이 옳고 그른지, 그리고 참된 가치라는 것은 무엇을 말하는지에 대해서는 가르치지 않고 출세의 기술만 가르치고 있는 것이다. 선생님마저 인격이 아니라 영어권의 경험만으로 뽑겠다니 무너지는 교권에 또 하나의 주춧돌을 빼는 것은 아닌가 하는 생각이 든다. 점점 이 민족이 이렇게 생각을 잃어가고 있다. 이 생각 없는 민족이 과연 세계에서 살아남을 수 있을지 심히 걱정된다. 글로벌 시대에 본질적으로 필요한 것은 영어가 아니라 생각인데 수단과 목표가 뒤바뀐 것 같다."[24]

"한국에선 영어가 '종교'나 다름없죠"

"한국에선 영어가 '종교'나 다름없죠. '숭배'해야 '출세'할 수 있다는 믿음이 존재하는 것 같아요." 2008년 6월 『한국일보』 기자가 동남아 조기 유학 실태를 현지에서 취재하면서 필리핀 마닐라에서 대면한 30대 후반의 학부모 A 씨는 동남아 조기 유학 '광풍'의 이유를 이런 식으로 분석했다고 한다. 간단히 말하면 영어 때문에 부부가 '생이별'을 하고, 아버지와 자식이 헤어지는 조기 유학을 택하고 있다는 뜻이다.

그의 말은 이렇게 이어졌다. "이곳에서 영어는 단순히 의사소통을 돕는 도구로만 인식되지는 않아요. 영어가 유학 생활의 성패를 판단하는 유일한 기준이 돼버렸지요." 영어를 잘하는 학생은 물론이고 엄마도 덩달아 존경의 대상이 된다고 했다. 기자가 현지에서 만난 한 일본인 여성은 "한국 엄마들 정말 대단하다. 영어 하나 때문에 어떻게 수년씩 가족과 떨어져 살 수 있느냐"며 혀를 내두르기도 했다나.[25]

한국에선 영어가 '종교'나 다름없다는 걸 인정하고 이해한다면, 사실 놀랄 일은 없는 셈이었다. 2008년 신문 지상에 소개된 다음과 같은 4가지 놀라운 사실들도 한국에선 어느덧 상식이 되어가고 있었다.

(1) "정부의 영어 강화 정책이 사교육 시장에 광풍을 예고하고 있다. 외국계 자본이 몰려드는 등 사교육 시장의 '몸집 불리기' 우려가 현실로 나타나고 있다. 국내 초·중등 영어 학원인 '아발론교육'은 7월 3일 세계적 자산 운용사인 AIG그룹으로부터 6,000만 달러(약 600억 원) 투자를 유치했다고 밝혔다. 지금까지 단일 학원에 투입된 외국 자본 중에서는 최고 액수다. 거대 자본의 국내 사교육 시장 투자는 이번이 처음이 아니다. 국내 사모펀드인 스카이레이크 인큐베스트는 올해 초 초·중등 영어 회화 전문 학원인 청담어학원을 모태로 하고 있는 CDI홀딩스에 164억 원을 투자했다. 투자 6개월 만에 이 회사가 거둔 수익은 상장된 주식만 팔아도 수십억 원에 달하는 것으로 알려져 있다. 이 회사는 최근 미국 온라인 기업과 합작으로 온라인 영어 교육

정부가 영어 강화 정책을 강조하면서 영어 사교육 시장에는 외국계 자본도 경쟁적으로 들어왔다. 초·중등 영어 학원인 아발론교육은 2008년 세계적 자산 운용사인 AIG그룹에서 6,000만 달러(약 600억 원) 투자를 유치했다.

기업을 설립하기도 했다. 국내 대형 어학원 관계자는 '국내·외 투자가들 사이에서 한국의 영어 시장은 전 세계에서 중국에 이어 2위로 알려져 있다'고 전했다. 거대 자본은 영어 시장뿐 아니라 국내 사교육 시장 전반에 뛰어들고 있다. 세계적 사모펀드인 칼라일그룹도 지난해 특목고 입시 학원인 토피아 아카데미에 184억 원을 투자해 화제가 됐다. 사교육계에 대형 자본에 몰려드는 이유는 정부의 영어 교육 강화 방침 및 특목·자사고 확대 계획과 맞물려 있다는 분석이다. '영어 교육 강화' 방향 등의 정책 때문에 영어학원이 고성장할 수밖에 없다는 점을 외국계 투자자들이 간파한 것이다."[26]

　(2) "말도 안 되는 실력임에도 불구하고 백인 외모를 갖췄다는 이유만으로 아랍게 불법 체류 외국인들이 버젓이 엉터리 영어 강사로 활개 치다 적발됐다. 우리 사회의 무분별한 '영어 광풍'이 빚은 웃지 못할 해프닝이다. 서울출입국관리사무소(소장 원형규)는 7월 9일 미국 또는 캐나다인으로 신분을 속이고 학원 등에서 영어를 가르친 이란, 모로코, 리비아 등 중동계 출신 불법체류자 6명을 검거하고 전원 강제 출국시키기로 결정했다. 중동계 불법 체류자들이 영어 강사로 활동하다 다수가 적발된 것은 이번이 처음이다. MBC 인기 프로그램 〈신비한 TV 서프라이즈〉에 출연하기도 했던 이란인 G 씨(34) 등 이들의 영어 실력은 형편없었다. 한 사람은 'June(6월)'과 'July(7월)'를 구분하지 못했고, 다른 사람은 'Tuesday(화요일)'와 'Thursday(목요일)'조차 헷갈려 했다. 이들은 자신들의 짧은 영어 실력과 엉터리 발음이 잘 드러나지 않도록 유아나 초등학교 저학년생을 상대로 강의한 것으로 확인됐다."[27]

　(3) " 'One step forward, one step back(한 걸음 앞으로, 뒤로).' 서울 ㅌ발레학원을 다니는 7~9세 아이들은 영어 구령에 익숙하다. 영어 음악이나 동

요에 맞춰 발레 동작을 익히고 집에 가면 영어 교재로 발레리나가 들려주는 단어를 외운다. 여름방학을 맞아 유치원생·초등학생 사이에 예체능 분야를 영어로 배우는 바람이 불고 있다. 이른바 '피글리시(피아노+영어)', '태글리시(태권도+영어)'라 불리는 실기·영어 혼합 교습을 하는 학원이 성업 중이다. 최근에는 발레·수영·미술 등 다양한 분야로 확산되고 있다. 학원 측은 '영어로 실기수업을 진행하기 때문에 아이들이 짧은 시간에 두 마리 토끼를 잡을 수 있다'고 내세운다."[28]

(4) "초등학생부터 직장인까지 가리지 않는 '영어 말하기 열풍'이 '외친(외국인 친구) 사귀기' 쪽으로 번지면서 돈을 주고 외국인 친구를 사귀는 식의 부작용이 나타나고 있다. 사설 어학원들이 10만 원 안팎의 돈을 받고 외국인 친구를 소개시켜주는가 하면 사설 브로커까지 등장했다.……돈을 주고라도 '외친 사귀기'에 나서는 사람들이 많은 이유는 외국어 말하기 능력이 선택이 아닌 필수로 여겨지는 사회 분위기와 무관치 않다. 특히 젊은이들 사이에서 외국인 친구는 든든한 개인 교사이자 자랑거리로 여겨지고 있는 것이다."[29]

'영어에 미친 나라'

2008년 10월까지 외국인 회화 지도 강사 비자E-2를 받고 입국한 외국인은 3만 4,963명이며, 겨울방학을 앞둔 11~12월 6,000여 명이 추가될 것이라는 예상을 감안하면 2008년 원어민 강사 입국자 수는 2007년 3만 5,457명보다 18퍼센트 늘어난 4만 1,000여 명에 달할 것으로 추산되었다. 미국 뉴욕 출신의 존 플린(27)은 "한국 수강생들은 3가지를 원한다. 강사가 젊고, 잘 생기고,

백인일 것. 그러나 외모와 영어 실력과는 아무런 상관이 없다"며 "어느 때는 마치 내가 영어를 쓴다는 이유만으로 슈퍼스타가 된 기분이 들 때가 있다"고 말했다.[30]

2008년 10월 최재목 영남대(철학) 교수는 「'영어'에 미친 나라」라는 칼럼에서 "세상이 '영어, 영어' 하니 나도 부화뇌동해 영어를 좀 배워보겠다고 근년 학생들 틈에 끼어 안간힘을 다 하다가 힘이 딸려서 일단 휴식 중이다. 배워도 늘지 않고, 당장에 영어로 말할 필요도 없다. 그러니 해도 그만 안 해도 그만이 된 셈. 세상이 영어로 아프니 나도 아프다"며 다음과 같이 말했다.

"비교적 안정된 직장을 잡고 있는 나마저도 이러니, 세상 살기 힘든 사람들은 오죽이나 하겠나. 뱃속의 아이에게 미국 영주권을 얻어 주려고 만삭의 몸을 이끌고 미국행 비행기를 탄다. 미 국적 비행기에서 아이가 태어나기라도 하면 미국 국적을 얻을 수 있다는 기대감에 차 있지는 않은지. 이 땅에 태어난 아이는 더 편할 날이 없다. 기저귀를 찬 채 영어 학원으로 보내진다. 영어로 남을 밟고 올라서기 위해 원어민처럼 발음해야 하니, 혓바닥 수술도 서슴지 않는다."[31]

2008년 11월 서울시의회 이수정 의원(민주노동당)은 서울시교육청에 대한 행정사무감사에서 "서울아카데미국제학교의 경우 내국인 비율이 60%를 넘는 등 일부 미국계 외국인 학교가 부유층 내국인 자녀들을 위한 '귀족 교육기관'으로 전락했다"고 말했다. 서울시교육청 자료에 따르면 2008년 3월 현재 서울에 있는 21개 외국인학교 가운데 내국인 비율이 가장 높은 서울아카데미국제학교(미국계)는 재학생 166명 중 60.8퍼센트인 101명이 내국인이었다. 이어 프랑스계 하비에르국제학교(43.2퍼센트), 미국계인 아시아퍼시픽 국제외국인학교(36.6퍼센트), 한국외국인학교(30.8퍼센트), 한국기독교100주년기념외국인학교(27.9퍼센트) 순으로 나타났다.

21개 외국인학교 전체로는 재학생 5,573명 중 9퍼센트(503명)가 내국인이었다. 유치원에서 초·중·고교 과정을 함께 운영해 외국인학교 중 학비가 가장 비싼 미국계 학교의 등록금은 연 1,000~2,800만 원(2008년 3월 기준)으로 국내 일반 사립대학과 맞먹는 수준이었다. 이 의원은 "이런 상황에서 서울시는 외국인학교 신설을 위해 내년에 1,544억 원을 예산을 배정했다"며 "5년 이상 해외에 살거나 영주권을 가진 내국인도 입학이 가능한 외국인학교를 짓는데 시가 혈세를 낭비해선 안 된다"며 외국인학교 신규 건립 계획 철회를 주장했다.[32]

이 글의 첫머리에서 소개했듯이, 미군 학교도 인기를 끌었다. 미군부대 내 학교가 있는 곳은 서울 용산, 대구, 경기 오산 등 8곳. 이들 학교는 미 국방부 소속 교육처DoDEA가 관할하며 우리나라 교육과정으로 유치원부터 초·중·고 과정이 모두 미국식 수업으로 진행되었다. 입학은 미군과 미 군속 자녀에게 우선권이 주어지며, 미국 시민의 자녀도 다닐 수 있었다. 그런데 이들 학교의 한국계 학생 비중이 점차 높아졌다. 상당수는 불법 입양을 통해 미국인으로 국적 세탁을 한 학생들이었다. 입양으로 인해 날로 늘어나는 한국계 학생들로 인해 정작 미군 자녀는 입학하지 못하는 상황에 이르렀다. 7세 여자 아이를 키우는 한 미군의 아내 B 씨는 "한국(계) 아이들이 너무 많아 내 아이가 들어갈 자리가 없다"고 분통을 터뜨렸다.[33]

'복지 예산 깎아 영어 교육'

2008년 국내 토익TOEIC 응시 인원이 사상 최초로 200만 명을 돌파했다. 이는 지난 1982년(응시 인원 1,379명) 처음으로 국내에 토익이 도입된 뒤 26년 만에 최고치다. 최근 5년간 토익 응시생 수는 2004년 183만 명을 넘어선 뒤 2007년까지 180~190만 선에서 각축하다가 2008년 200만 명을 넘어선 것이다. 2008년까지 토익 시험이 실시된 26년간 누적 응시 인원은 모두 1,800만 명으로 한국인 10명 당 3.8명이 응시한 셈이다.[34]

2009년 9월 국회 교육과학기술위원회 소속 민주당 안민석 의원이 교육과학기술부에서 제출받은 '2008 회계연도 16개 시·도교육청별 예산 절감 현황 및 절감 예산 사용 실적'에 따르면, 정부가 2008년 저소득층 학생들의 학비·급식 지원, 교육 격차 해소, 장애 학생 지원 등에 쓰일 교육 복지 예산과 시설 환경 예산 1,941억 원을 깎아 영어 교육 강화 등에 사용한 것으로 확인되었다.[35]

2009년 10월 박종성 『경향신문』 논설위원은 "파주 영어마을은 한가롭게 이국적인 정취를 즐기려는 사람의 나들이 장소로 그만이라고 한다. 유유자적하며 바람을 쐬기에 좋기 때문이다. 외국에 온 느낌을 받을 수 있고 번잡하지도 않으니 잠시 들러 사진 찍기에 안성맞춤이라고도 한다. 파주 영어마을을 찾는 사람들에게 더이상 '영어 배우기'를 바라는 것은 언감생심이다. 그저 이국적인 정취를 느끼는 체험장일 뿐이다"며 다음과 같이 말했다.

"파주 영어마을에서 영어 배우기는 실종 상태다. 이곳을 찾은 한 학생은 자신이 말한 영어는 '하이'가 전부였다고 했다. 영어마을 외국인 직원에게

여러 지자체에 영어마을 조성 붐을 일으켰던 경기도 파주의 영어마을. 이국적인 분위기가 물씬 풍기는 이곳은 영어 교육과 수익성 달성이라는 취지가 무색하게 적자의 늪에서 허덕이고 있다.

말을 붙여보려고 했으나 무슨 바쁜 일이 있어서인지 본체만체 지나가 머쓱했다고도 했다. 파주 영어마을의 2004년 첫해 적자는 190억 원에 달했다. 해마다 적자가 지속되는 영어마을은 경기도에 골칫거리다. 그런데 더 끔찍한 일은 파주 영어마을이 전국 지방자치단체에 영어마을 조성 붐을 일으킨 사실이다. 다른 지자체들도 영어마을 조성에 뛰어들어 지금 전국에는 20개에 가까운 영어마을이 들어서 있다. 물론 대부분 제자리를 찾지 못하고 '돈 먹는 하마'로 전락해 있다. 지역 학생들의 영어 실력을 키우고 돈도 번다는 일석이조의 꿈은 적자의 늪이라는 현실로 바뀌었다. 영어 시설만 세워 놓으면 저절로 영어 실력이 늘어날 것이란 얼토당토한 발상이 초래한 결과다."[36]

"영어가 입에 붙은 '아륀지 정권'"

2009년 10월 8일 한글날을 하루 앞두고 한글학회 한글사랑지원단은 9월 한 달간 전국 16개 시·도와 17개 정부 부처 및 산하 공공기관들이 운영 중인 누리집(인터넷 홈페이지)의 우리말 사용 실태를 조사한 결과 "대한민국 지자체가 영어 범벅에서 허우적거리고 있다"고 개탄했다. 한글사랑지원단은 "16개 시·도에서 영어로 된 구호를 알파벳으로 내세우는 모습을 어디에서나 볼 수 있다"면서 "인천Fly Incheon, 대전It's Daejeon, 울산ULSAN for you은 인터넷 홈페이지에 영어 이름만 표기돼 있고 한글 이름은 아예 옆에 쓰지도 않았다"고 밝혔다.

정책 이름에도 알파벳을 고스란히 드러내거나 영어를 붙이는 일이 벌어졌다. 국토해양부와 문화체육관광부는 '4대강 살리기' 정책을 알리는 4대강 캐릭터를 '에코 프렌즈'로 이름 붙였다. 서울시의 '한강 르네상스' 사업은 그야말로 '영어 르네상스'였다. 이 사업에 따르면 한강변을 따라 '반포 컬처 랜드', '금호나들목 빌리지 커뮤니티 플라자', '윈드 앤 바이시클 플라자', '요트 마리나', '어반 테라스' 등이 조성된다고 했다.[37]

이와 관련, 『경향신문』 2009년 10월 9일자는 "정부와 지방자치단체가 국어 사용의 기본 원칙을 파괴하는 사례는 일일이 헤아리기 힘들 정도다. 각 지자체의 구호는 영어 일색이다. 전남 고흥군은 'HI Goheung, Happy Goheung'을 내걸어 '서울시 구호Hi Seoul 짝퉁'이라는 구설수에 올랐다. 경기 파주시가 사용하는 슬로건은 'G&G 파주'인데 'Good and Great 파주'의 약자다"며 다음과 같이 말했다.

"정부 산하 기관들이 대놓고 알파벳으로 기관 이름을 쓰고 있는 점도 매번 지적된다. 'Kobako(한국방송광고공사)', 'K water(한국수자원공사)' 처럼 알파벳 이름을 크게 앞세우는 경우가 대부분이다. 'LH(한국토지주택공사)', 'KDI(한국개발연구원)'는 알파벳으로만 적고 있고 'dibrary(디브러리·디지털도서관)'와 'koscom(코스콤·옛 한국증권전산)'은 한글 이름도 알파벳을 그대로 읽은 것뿐이다. 정책 이름에서도 순 우리말 단어를 찾아보기 힘들다. 보건복지가족부가 관광 정보 등을 제공하는 현지 전문가를 노인 인력으로 활용하는 사업 '투어토커Tour Talker'는 '노인은커녕 일반인도 뜻을 전혀 이해할 수 없다'는 쓴소리를 듣고 있다. 여성부는 범국민 녹색 생활 실천 운동에 '위 그린We Green 운동'이라는 이름을 붙였고, 녹색 생활 운동의 확산을 목적으로 후원하는 여성단체의 모집체는 'G-Korea 여성협의회', 여성부 후원 행사 이름은 '여성이 그린 세상, 지 코리아G-Korea'다. 노동부는 '내가 그린Green 희망잡기Job氣'라는 복잡한 사업 이름을 쓰고 있다. 이 밖에도 'Talk사업(교육과학기술부)' '서울형 데이케어센터(서울시)' 등 처음 들어서는 무슨 뜻인지 모르는 정책 이름이 무수하다."[38]

관련 기사는 "정부의 정책 이름이나 정책에 대한 설명에서 영어의 과·남용이 심각하다는 지적이다. 불필요한 영어를 과도하게 사용하거나 불완전한 영어 조어가 빈번하다는 것이다. 정부 스스로 한글 사용의 취지를 훼손하고, 부적절한 용어로 정책의 품위를 떨어뜨리고 있다는 비판이 제기된다"며 다음과 같이 말했다.

"이명박 대통령과 청와대가 문제의 출발점이다. 청와대는 북한의 핵 포기와 경제 지원, 안전보장을 '일괄타결'한다는 내용의 북핵 정책을 '그랜드 바겐Grand Bargain'이라고 이름 지었다. 이 대통령의 설명을 듣고 버락 오바마 미국 대통령이 정리했다는 용어를 그대로 사용한 것이다. 청와대 관계자는 이 내용을 설명하면서 '원샷딜'이라고 표현해 비판을 받기도 했다.……이 대통령의 연설에서도 불필요한 영어 사용이 자주 발견된다. 이 대통령은 지난 6일 한국토지주택공사 출범식 축사에서 '일자리나누기' 정책을 설명하며 영어로 '잡 셰어링Job Sharing'이라고 표현했다. 친절하게 '잡'을 '셰어링'한다는 설명도 덧붙였다. 영국의 토지은행 제도는 '랜드 뱅크land bank'라고 칭했다. 정부의 경제 정책 기조를 설명하는 '비즈니스 프렌들리Business Friendly'도 마찬가지다. 친기업이란 용어의 부정적 이미지 때문에 영어를 사용한 것이다. 더욱이 이제는 영어식 표현에서 나아가 문법에 맞지 않는 조어까지 등장했다. 이 대통령은 지난달 30일 주요 20개국G20 유치 특별 기자회견에서 기업들에 대한 투자 독려를 설명하며 '그게 비즈니스 프렌들리이고 시장 프렌들리라고 할 수 있다. 그것은 바로 서민 프렌들리와도 일치한다'고 말했다. 이 같은 영향으로 정부의 각종 정책에도 영어식 이름은 물론 한글과 영어를 자의적으로 섞어놓은 신조어들이 사용되고 있다."[39]

"영어에 '고문' 당하는 사회"

시간이 흐를수록 더 영어는 샐러리맨들에게 승진과 출세를 결정짓는 생존 도구가 되었다. 2010년 1월 잡코리아가 직장인 2,042명을 대상으로, "불경기에 직장인에게 가장 후회되는 것?"을 설문조사한 결과, 1위가 단연 영어(27.2퍼센트)였다. 전문기술과 자격증(25.1퍼센트), 좋은 학벌(15.3퍼센트)보다 높은 수치였다. 영어가 필요 없는 부서도 영어에서 결코 해방될 수 없는 게 현실이었으며, 구조조정 시즌이 오면 영어 못하는 사람이 희망퇴직 1순위라는 소문이 쫙 퍼졌다. "학벌도 이기는 영어"란 말이 나돌 정도였다.[40]

이 같은 영어 열풍은 학벌주의의 폐해를 넘어선 실력 경쟁이라는 점에서 긍정적으로 보아야 할까? 영어 열풍이 단지 기업에만 머무른다면 그렇게 볼 수도 있겠지만, 문제는 기업에서 불고 있는 영어 열풍이 사회 전반에 미치는 '눈덩이 효과'였다.

2010년 3월 3일 『조선일보』 기자 강경희는 「영어에 '고문拷問' 당하는 사회」라는 칼럼에서 "대학 캠퍼스에 영어 공용화 바람이 불고, 대학이 학생들의 영어 실력 높이기에 발 벗고 나서는 건 바람직하다. 교수나 전공에 따라서는 영어로 진행하는 게 더 나은 과목도 있다. 외국인 학생을 유치하는 등 우리나라 대학의 국제화를 위해 영어 강의도 당연히 늘어야 한다"고 전제하면서도 다음과 같이 말했다.

"문제는 한국인 교수가 하는 '영어 강의' 강좌 수가 마치 대학 국제화의 척도인 양 여기는 어설픈 외부 잣대 때문에 대학마다 준비 안 된 '영어 강의'를 남발하는 것이다. 그 바람에 '토종 박사'가 대부분인 국문과나 국사학과 교수들에게까지 영어 강의를 주문하는 코미디 같은 일도 벌어진다. 몇 년 전 공교육을 통해 국민의 영어 구사력을 높인 북유럽 국가 중 덴마크를 취재한 적이 있다. 어린 초등학생들을 만나 말을 걸어보았는데, 뜻밖에도 아직 그 나이에는 영어를 못했다. 한데 지난겨울 우리나라의 한 영어캠프에서 초등학생들이 캠프 생활을 이야기하는 동영상을 본 적이 있다. 그 아이들은 또래의 덴마크 어린이들보다 영어를 더 잘했다. 그런데도 어린 아이들 상당수가 기죽은 목소리로 '나는 영어를 잘 못하는데……'라고 영어 첫 문장을 시작하는 걸 보고 가슴이 철렁 내려앉았다. 도가 지나친 영어 광풍狂風은 전 국민을 주눅 들게 만들고 패배자로 만든다. 우리가 극복해야 하는 건 영어 실력이 아니라, 사회 전체가 앓고 있는 '영어 콤플렉스'가 먼저인 듯싶다."[41]

국문학과나 국사학과 교수들에게까지 영어 강의를 주문하는 코미디 같은 일도 벌어지는 이면엔 이른바 '대학 평가'가 자리 잡고 있었다. 돈줄을 쥐고 있는 교육부의 평가 방식도 문제였지만, 대학 서열을 매기는 언론사의 대학 평가에서 '국제화' 점수를 높게 받기 위해 영어 강의 비율을 높이는 일이 벌어진 것이다. 그래서 "언론사 대학 평가가 대학을 망치고 있다"는 말까지 나왔다.[42]

이즈음 한국의 1년 사교육비 30조 원 중 영어 사교육비는 20조 원 규모로 추산되었으며, 영어 사교육비는 매년 가파른 증가세를 기록하고 있지만 영어 실력이 세계 하위권에 속했던 이유는 무엇일까? 이준엽 파워스터디 대표는 영어 학원 수강료의 70퍼센트 가까이가 임차료·인테리어비·홍보비 따위로 쓰인다고 비판했다. 영어 사교육 시장에 거품이 끼어 있다는 것이다.[43] 단지 그것뿐일까? 이미 앞서도 지적했지만, 『조선일보』의 다음과 같은 기사에서 그 진정한 답을 찾을 수 있는 건 아닐까?

"가을 입사 시즌을 맞아 토익 성적표 등 각종 자격증과 증명서를 위조해 전산망에 등록까지 해준다는 광고가 인터넷을 떠돌며 취업 준비생들을 유혹하고 있다. 이 광고들은 '모든 자격증과 증명서를 인터넷으로 조회가 가능하도록 전산 등록하여 드립니다'고 방법까지 소개하고 있다.……대기업 인사 담당자는 '인재 채용 때 토익 등 각종 자격증의 고유번호를 받아 실제 성적표가 맞는지 조회해본다'며 '만약 조회 화면까지 조작이 가능하다면 우리 쪽에서는 이를 잡아낼 방법이 없다'고 말했다."[44]

'토익 계급사회'

2012년 6월 3일 한국개발연구원이 내놓은 「영어 교육 투자의 형평성과 효율성」 보고서에 따르면 부모 소득에 따라 영어 사교육 노출 비율이 극명하게 대비되었다. 월 소득 100만 원 이하 가구의 학생은 영어 사교육 참여율이 20퍼센트 수준이지만, 500만 원 이상 가구의 학생은 70퍼센트였다. 서울 강남권은 영어 유치원 참여 비율이 24.6퍼센트인 반면에 비강남권은 1.1퍼센트에 불과했다. 영어캠프와 영어 전문 학원 참여 비율의 격차는 물론 도·농간 영어 성적 격차도 두드러졌다.

이런 불평등 구조는 대학 수학 능력 시험과 토익 점수, 연봉 격차로 이어졌다. 부모 소득 100만 원 당 수능 영어 점수 백분율이 2.9계단 상승해 국어(2.2계단), 수학(1.9계단)을 앞질렀다. 소득 100만 원 당 토익 점수는 16점 차이가 났다. 또 토익 점수 100점이 높으면 연봉이 170만 원 높은 것으로 나타났다. 보고서는 영어 성적에 따라 임금 프리미엄이 나타났지만, 영어 능력이 업무 생산성으로 연결되었다기보다 다른 자질 덕이라고 분석했다. 중요한 것은 부모 소득의 격차에서 비롯된 불평등한 영어 학습 기회가 또 다른 소득 격차로 대물림되고 있다는 사실이다.[45]

2012년 7월 7일 『중앙일보』 런던 특파원 이상언은 「'영어 불평등' 어찌할 것인가」라는 칼럼에서 "요즘 영국 공항에선 한국 젊은이들이 줄지어 나온

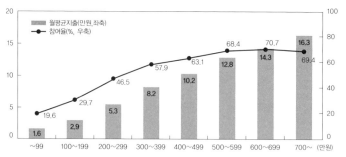

가구소득별 영어 사교육 현황

월평균지출(만원,좌축)
참여율(%, 우축)

	~99	100~199	200~299	300~399	400~499	500~599	600~699	700~ (만원)
월평균지출	1.6	2.9	5.3	8.2	10.2	12.8	14.3	16.3
참여율	19.6	29.7	46.5	57.9	63.1	68.4	70.7	69.4

자료: 통계청, 「2010 사교육비 조사」, 2011.

서울 강남권과 비강남권의 초등학생 영어 사교육 경험 차이

(단위: %)

가. 영어 사교육 시작 시기의 차이

	초등 입학 전	초등 1학년	초등 2학년	초등 3학년 이후	받은 적 없음
강 남	50.0	17.7	21.0	11.3	0.0
비강남	13.6	14.8	18.2	39.8	13.6

나. 일평균 영어학습시간의 차이

	1시간 미만	1~2시간	2~3시간	3~4시간	4시간 이상
강 남	8.1	21.0	29.0	22.6	19.4
비강남	37.5	42.0	16.5	1.7	2.3

영어 계급사회가 도래하면서 부모 소득에 따라 영어 사교육비 노출 비율도 극명하게 대비되었으며, 영어캠프와 영어 전문 학원 참여 비율의 격차는 물론 도·농 간 영어 성적 격차도 두드러지게 나타났다. 사진은 2012년 6월 3일 한국개발연구원이 내놓은 「영어 교육 투자의 형평성과 효율성」 보고서.

다. 방학이 시작됐음을 알리는 신호다. 상당수가 영어 연수를 위해 날아온 대학생이다. 좀 있으면 단체로 영어캠프로 향하는 초등학생들까지 몰려올 것이다"며 다음과 같이 말했다.

"어학연수 두 달이면 1,000만 원 정도가 든다. 1년 치 대학 등록금에 맞먹는 액수다. 2주짜리 초등학생 영어캠프 비용은 그 절반가량이다. 연수는 어느새 형편이 넉넉한 가정의 자녀에만 해당되는 게 아닌 일이 됐다. 특히 대학생에겐 필수 과정처럼 돼버렸다. 남아공이나 필리핀까지 영어권이면 어디나 한국 학생이 퍼져 있다. 보통의 부모에겐 버거운 일이 아닐 수 없다. 1년 치 연수 비용은 회사원 평균 연봉에 육박한다. 과외비 열심히 대고 대학 등록금 꼬박꼬박 내주는 게 부모 역할의 끝이 아닌 세상이다. 이 연수 열풍에는 영어를 못하면 취업이 안 되고, 사람 구실 제대로 할 수 없다는 생각이 깔려 있다. 대학에서 영어로 수업하는 나라이니 어찌 이를 잘못된 믿음이라 할 수 있을까.……이번 대선의 주자들은 영어 사교육 문제를 진지하게 고민하길 기대해본다. 이념적 틀에 얽매인 등록금 논쟁보다 보통 가정의 살림과 나라의 미래에 훨씬 보탬이 되는 일로 보인다."[46]

2012년 12월 27일 한국 토익위원회 등에 따르면 국내 1,200대 기업 대부분이 토익 시험 점수를 입사나 승진 심사에 활용하고 있으며, 응시자 숫자도 매년 증가하고 있는 것으로 나타났다. 2003년 처음 100만 명을 넘어섰고 2010년에는 200만 명을 돌파했다. 평균 점수는 990점 만점에 558.1점(2000년)에서 633점(2011년)으로 80점 가까이 올랐다.

특히 2008년 삼성그룹이 공채 응시 자격에 영어 말하기 시험 점수를 추가하면서 영어 자격증 시장은 몸집이 더욱 커졌다. 2011년 토익 스피킹TOEIC Speaking 응시자는 24만 명, 영어 말하기 시험인 오픽OPIc은 18만 명이었다. 4년 전에 비해 10배 안팎으로 크게 늘었다. 응시료 부담 등 사회문제도 발생했다. 세대별 노동조합 청년유니온에 따르면 4년제 대학생의 89퍼센트가 토익에 응시하는데 평균 응시 횟수는 9회, 응시료 평균 비용은 59만 원으로 나타났다. 학생이 감당하기에는 큰돈이다. 그래서 나온 말이 '토익 계급사회'였다.[47]

이와 관련, 『동아사이언스』 기자 최새미는 "우리나라에는 누구나 꺼려하지만 꼭 봐야 하거나 많은 이들이 보는 시험이 몇 개 있다. 한 번의 마킹에 평생이 결정된다고 해도 무리가 아닌 '대학 수학 능력 시험'. 신나게 캠퍼스 생활을 즐기다가 다시 수능 시험장으로 돌아간 것 같은 기분을 느끼게 하는 '삼성 직무 적성 검사SSAT', 대부분 기업에서 입사·승진 시 점수를 요구하는 '토익TOEIC'이 그것이다"며 다음과 같이 말했다.

"이 중 가장 '악질'은 토익이다. 수능이나 SSAT야 몇 번의 응시 끝에 대학생이나 삼성 임직원의 자격을 얻으면 더이상 볼 필요가 없지만 토익은 보면 볼수록 점수가 오르고 가끔 이른바 '대박달'에 응시하면 어이없을 정도로 점수를 쉽게 딴다. 영어 실력을 뻥튀기시킬 수 있는 기회를 놓칠 수 없어 항상 쫓기듯 접수하다 보니 추가 접수를 하게 되고 4만 6,200원의 접수비를 울며 겨자 먹기로 지갑에서 꺼낸다. 응시 횟수가 어느새 10회가 넘은 것을 깨달은 사람도 피눈물을 흘리면서 다시 '결제'를 하는 시험이 바로 토익이다."[48]

'공포 마케팅'과 '탐욕 마케팅'

앞서 보았듯이 이른바 '토익 펀딩'까지 출현하고, "토익 성적표 위조합니다" 피해주의보까지 나오는 '토익 계급사회', 즉 '영어 계급사회'에서 '공포 마케팅'이 활개를 치는 건 당연한 일인지 모른다. 2013년 1월 29일 서울 강남구 대치동의 A 영어 유치원에서 일어난 풍경을 보자. 이 유치원은 오전 9시에서 오후 2시 30분까지, 또래 10명과 한 반을 맞춰 100퍼센트 영어 수업을 진행하면서 월 112만 원의 학원비를 받는다고 했다. 기자가 6세 아이를 둔 부모라고 밝힌 뒤 상담을 요청하자 학원은 "늦었다"는 말부터 꺼내들었다. "아이가 6세라고요? 세 살, 네 살 때부터 시작한 친구들도 있는데 여섯 살이면 늦죠. 일찍 시작한 아이들은 초등학교 입학 전부터 원어민과 '프리 토킹'도 하고 영어 일기까지 쓴다니까요."[49]

이런 '공포 마케팅'은 대학 입시 산업이 즐겨 쓰는 '공포 마케팅'의 판박이다. "대한민국 학원이 살아가는 방법 중 하나가 '공포 마케팅'이다. 학교의 교육 과정을 훨씬 앞선 어려운 문제를 주고 '이 정도를 따라가지 못하면 상급 학교에 못 간다'고 겁을 준다. 처음엔 흔들리지 않으려고 하는 엄마, 아빠들. 그런데 친구 아들·딸을 보니 어렵다는 과정을 잘 따라가는 것 같다. 사교육이 만들어놓은 공포 마케팅 프레임에 부모들이 낚이는 순간이다."[50]

'공포 마케팅' 못지않게 공포를 열망이나 탐욕으로 뒤집어 활용하는 마케팅도 기승을 부렸는데, 이런 마케팅은 부동산 시장까지 파고들었다. 2013년 9월 『매일경제』는 "올해 유명 아나운서 출신의 H가 며느리와 S사 아들의 국제학교 입시 비리로 전국이 시끄러웠다. 사회계층과 거주 지역을 막론하고 자녀를 네이티브 수준의 영어 교육을 받게 하려다 생긴 해프닝이다. 토익 점수가 100점 높은 노동자의 평균 연봉이 170만 원 더 높다는 한국개발연구원KDI의 연구 결과에서도 볼 수 있듯이 국제중, 국제고 입학은 상류층을 비롯한 자녀 교육에 열성인 대한민국 학부모는 누구나 한번쯤 꿈꿨을 고민이다. 이러한 극성스러운 영어 교육 열풍은 부동산 시장에까지 영향을 미치고 있다" 며 다음과 같이 말했다.

"글로벌 교육 기관 주변 지역 몸값이 높아지고 있는 것. 수도권의 경우 서울 명륜동에 위치한 서울 국제고를 비롯해 동탄, 고양, 인천국제고 등이 있다. 지방의 경우 세종시, 광주(북구 삼각동), 부산(부산진구 당감) 국제고가 운영 중이다. 실제로 송도에 위치한 채드윅 국제학교의 경우 서울 등지에서 등·하교가 어려워 학교 주변 아파트에 베이스캠프를 차리면서 전셋값이 치솟고 있다. 동탄 지역도 사정은 마찬가지다. 교육청에서 운영하는 동탄국제고는 전체 정원의 20%에 배정돼 있는 화성시 거주자의 경우 지역 우수자 전형으로 다른 시도 아이들보다 유리하게 입학할 수 있어 화성시에 둥지를 트는 맹모들이 적지 않다는 게 업계 관계자의 말이다. 주택업계도 이 같은 영어 교육 열풍에 편승해 국제고 주변에 아파트를 선보이거나 체계적인 영어 교육 시스템을 도입, 적극 홍보하고 있다."[51]

사정이 이와 같은바, 시간이 지날수록 '영어 조기 교육'의 대상 연령이 낮아지는 건 당연한 일이었다. 2013년 11월 12일 방송된 MBC 〈PD수첩〉은 '조기 영어 교육 열풍'을 다루면서 그런 현실을 지적했다. 〈PD수첩〉은 '영어 조기 교육'의 실태를 극명하게 비교하기 위해 비영어권 국가 중 세계 최고 수준의 영어 사용 능력을 가진 핀란드를 찾았다. 핀란드인들에게 '영어'는 말 그대로 '놀이'였다. 그리고 제작진은 영어를 '놀이'라 생각하는 국가와 지역을 찾아 한국 영어 교육의 현실을 꼬집었다. 『매일경제』는 이 프로그램을 긍정 평가하면서도, 다음과 같이 한계를 지적했다.

"그러나 〈PD수첩〉은 대안을 제시하지 못했다. '놀이로 하는 영어 공부'라는 현실에서 적용 가능성이 낮은 말만 되풀이했을 뿐, 사실상 영어 교육의 올바른 방향 제시는 제대로 하지 못한 셈이다. 이와 같은 분석은 〈PD수첩〉 이전에도 충분히 있었고, 시청자들에게 그 문제점을 충분히 인식게 했었다. 때문에 〈PD수첩〉의 12일 방송은 '우리 현실이 이렇구나'라는 한탄에만 그치는 수준을 벗어나지 못한 아쉬움을 남겼다."[52]

'근본적 개선 방안'이 존재할 수 있는가?

"영어 교육의 올바른 방향 제시는 제대로 하지 못한 셈"이라는 평가가 흥미롭다. 그게 과연 가능할까? 대통령은 그걸 할 수 있다고 생각한 걸까? 2014년 2월 13일 대통령 박근혜는 경기도 안산에 있는 서울예술대학교에서 교육부와 문화체육관광부의 업무 보고를 받는 자리에서 "사교육비의 3분의 1을 차지하는 영어 사교육 부담을 대폭 경감해야 한다"면서 "학생들에게 과잉 영어 교육을 요구하는 교육 현실에 대한 근본적 개선 방안을 마련해야 한다"고 지시했다. 박근혜는 "기초적인 영어는 배워야 되겠지만 모든 사람에게 전문적인 영어를 배우도록 강요하면 그것이 결국 사교육비 증가로 이어지게 되고, 또 개인에게도 굉장한 부담이 되는 것 아니겠느냐"며 근본적인 대책 마련이 필요하다고 역설했다.[53]

교육부는 대통령의 뜻에 맞춰 허겁지겁 대책을 내놓긴 했지만, 이는 조롱거리가 되었다. 『한국경제』는 「영어를 하지 말라니, 교육부는 영어 계급사회 만들 건가」라는 사설에서 "교육부가 대통령 업무보고에서 영어 사교육비 부담을 줄이겠다며 내놓은 허무개그 같은 방안들에 반대한다. 대학 입시 자기소개서에 토익·토플 등 공인 영어 성적을 기재하면 서류 전형 점수가 0점으로 처리된다는 것도 그렇고 영어 독해와 작문, 심화 영어 회화 영역은 시험 출제 범위에서 제외하겠다는 것도 코미디다. 지문 분량을 줄이는 방안까지 검토하겠다고 한다. 수능에서 영어를 아예 빼자는 방안이 나올 것 같다"며 다음과 같이 말했다.

"교육부가 대학 수능 영어에 대해 시시콜콜한 지침을 내리는 것도 웃기지만, 영어 구사 능력에 따라 사회적 신분이 결정된다고 할 정도인 현실을 아예 무시하는 발상이다. 눈 가리고 아웅 하며 위선적인 사교육 시장만 번성하게 만들 뿐이다. 영어 교육은 이미 사교육비 차원의 문제가 아니다. 영어는 어차피 필수적으로 배워야 할 만국 공용어다. 미래 세대일수록 더욱 그렇다. 평등교육을 부르짖고 착한 교육을 주장하는 좌익 인사들일수록 제 자식은 미국에 유학 보낸다는 것이 엄연한 현실이다.……대통령도 밖에 나가면 영어로 연설한다. 청년들에게 국내서만 일자리를 찾지 말고 해외로, 국제기구로 과감하게 눈을 돌리라고 등을 떠미는 것도 바로 정부다. 정부가 영어 디바이드를 부추기는 꼴이다. 차라리 지금은 그 반대로 가야 하지 않겠나. 누구라도 학교 교육만으로도 영어를 구사할 수 있도록 만드는 것이 진정한 사회 대책이요 진보다. 교육부의 위선은 끝이 없다. 신물이 난다."[54]

교육부가 영어 사교육비 절감 정책의 일환으로 수능 영어 문제를 매우 쉽게 출제하겠다고 발표한 것도 조롱거리가 되었다. 이에 대해 서울대 고고미술사학과 3학년 학생 최하은은 "토익 학원에 가는 버스 안에서 스마트폰으로 이 뉴스를 접한 나는 교육부의 고식지계姑息之計(임시방편으로 당장 편한 것을 택하는 계획)에 그저 코웃음을 칠 뿐이었다. 누구나 쉽게 수능에서 고득점을 할 수 있으면 사교육 열풍이 가라앉을 것이라는 기대는 지나치게 낭만적으로 보였다"며 다음과 같이 말했다.

"이 같은 처방은 학생들이 맹목적으로 영어 공부에 매달리는 까닭이 오로지 '수능 영어 고득점'일 때만 가능하다. 그러나 어린 시절부터 끈질기게 이어온 영어 공부의 궁극적인 목표는 수능 고득점이 결코 아니다. 만약 그렇다면 방학마다 영어 학원에 빈자리 하나 없이 20대 청년들이 꽉 차 있을 리 없을 텐데 말이다. 청년들이 원하는 모든 일자리는 한결 같이 상당한 영어 능력을 요구한다. 영어 시험 점수는 고고익선高高益善이요, 어학연수나 교환 학생, 해외 체류 경험은 없어서는 안 될 필수 스펙이 되어버렸다. 너도나도 '글로벌 인재'를 요구하는 사회에서 영어는 선택의 영역이 아니라 의무가 됐다. 수능이라는 레이스를 완주한 후에도 사회인이 되는 길목에서 영어와 또다시 부딪힐 수밖에 없는 것이 우리의 현실이다. 지금 우리 사회가 고쳐야 하는 것은 수능 평가방식이 아니라 '영어 지상주의' 풍토다. 10월 9일 한글날이 법정공휴일의 지위를 되찾았으면 뭐 하나. 나머지 364일은 우리에게 'English day'인 것을."[55]

『중앙일보』는「영어 과잉 사교육에 신중한 대처를」이라는 사설을 통해 "결국 과잉 영어 문제는 교육 당국과 대학, 고교 등 관련 이해당사자들이 네트워크를 형성해 머리를 맞대고 함께 풀어갈 수밖에 없다"고 점잖게 말했지만,[56] 그게 가능할까? 아니 그렇게 하면 무슨 답이 나올 수 있을까? "학교 교육만으로도 영어를 구사할 수 있도록 만드는 것이 진정한 사회 대책이요 진보"라는 말은 백번 옳지만, 그게 가능할까?

그게 가능하지 않다는 걸 알면서도 정부가 자꾸 이런저런 대책을 내놓는 것은 이른바 '행동 편향action bias' 때문이다. 대학 입시 제도가 3년 10개월마다 '성형수술'을 받는 것과 같은 이유다.[57] 즉, 똑같은 결과, 아니 더 나쁜 결과가 나오더라도 가만 있는 것보다는 행동하는 게 낫다는 믿음 때문에 하나마나한 짓인 줄 알면서도 어설픈 처방들을 양산해내는 것이다. 그런데 우리 국민은 단지 피해자일 뿐일까? 이는 「맺는말」에서 자세히 논의하기로 하자.

영어 광풍에
너그러워지자

근본적 개선 방안은 있을 수 없다!

이상 본문에서 살펴본 바와 같이 '영어 전쟁'이라는 말은 결코 과장이 아니다. 정색을 하고 물어보자. 이른바 '근본적 개선 방안'이라는 게 있기는 한건가? 왜 우리는 '근본적'이란 말을 그렇게 좋아하는 걸까? 영어 문제는 한국 사회가 안고 있는 구조적이고 총체적인 문제의 반영일 뿐이라고 인정하는게 오히려 문제 개선에 도움이 되는 게 아닐까?

구조적이고 총체적인 문제의 한 면을 살펴보자. 2011년 7월 기준으로 이명박 정부의 장관급 인사 20명 중 최종 학력이 미국 소재 대학인 사람은 9명으로 전체의 45퍼센트였으며, 18대 국회의 국회의원 299명 가운데 외국 학위를 가진 이는 석·박사를 포함해 71명이고, 이 중 미국에서 학위를 받은 이는 64명으로 전체 국회의원의 21퍼센트에 달했다. 2011년 삼성전자 정기 임원 인사 중 부사장급 승진자 13명 중 8명(62퍼센트)이 미국 대학에서 석사 또는 박사 학위를 받았으며, 100대 기업의 임원 가운데 출신 학교 정보가 파악된 5,965명 중 외국 대학 학위 취득자가 700명이나 되었고 이 중 523명이 미국 학위를 취득했다.[1]

학계는 어떨까? 서울대·연세대·고려대의 정치(외교)·경제·사회학과 교수 165명 가운데 '미국 박사'는 전체의 86퍼센트인 142명이다.[2] 서울대 경제학과의 경우엔 전체 31명 교수 가운데 94퍼센트(29명), 정치학과는 전체 14명 교수 중 85.7퍼센트(12명)가 미국에서 박사 학위를 받았다.[3] 서울대 교수 1,711명 중 전공별 미국 박사 비율을 살펴보면 사회과학(경영·행정 포함) 82퍼센트, 자연과학 78퍼센트, 공학 76퍼센트, 교육학 57퍼센트, 기타 전공 38퍼센트, 인문학 36퍼센트, 생명과학 24퍼센트, 의학 3퍼센트 등이다.[4] 연세대 경영학 마케팅 교수 15명 전원(100퍼센트)은 미국 대학 박사 학위 소지자고, 고려대 화공생명공학과의 19명 교수 중 영어권 대학 박사 학위 소지자는 14명(미국 12명, 영국 1명, 캐나다 1명)이다.[5] 2008년 한국 학생은 미국에서 공부하는 외국 학생의 14퍼센트가 넘는 세계 최고의 미국 유학률(인구 대비 일본의 5배, 중국·인도의 30~40배)을 기록했다.[6]

외교통상부가 세계 각국의 지역 전문가를 양성하고 외무 공무원의 제2외국어 능력을 향상시키기 위해 2년 단위로 시행하고 있는 해외 연수 프로그램도 미국 일변도다. 2006년부터 2008년까지 3년간 해외 연수로 파견된 외무 공무원 105명 가운데 66.6퍼센트인 70명이 미국을 선택했으며, 이어 영국 10명(9.5퍼센트), 중국 9명(8.5퍼센트), 일본 7명(6.6퍼센트), 프랑스 4명(3.8퍼센트) 순인 것으로 나타났다. 특히 2008년엔 9월까지 파견된 외무 공무원 37명 중 89.2퍼센트에 달하는 33명이 미국으로 해외 연수를 간 것으로 나타났다.[7]

사정이 이와 같은데도, 영어 전쟁의 '근본적 개선 방안'을 찾겠다는 게 말이 된다고 생각하는가? 근본적 개선 방안은 있을 수 없다! 그걸 아는 것이 가장 중요하다. 결국 다시 문제는 내부의 치열한 경쟁이다. 영어는 그런 경쟁의 변별 도구로 동원된 것일 뿐이다. 치열한 경쟁을 완화시킬 수 없다면, 결국 영어 전쟁은 우리의 숙명인 셈이다. 숙명이라는 데에 동의할 수 없다면, 좀 달리 생각해보자. 우선 다음과 같은 세 진술을 감상해보자.

(1) "우리는 지금 문화적 측면에서 한국인이 아니다. 동양인이라고 하기도 어렵다. 서양인 중에서도 대충 미국인이다. 미국식으로 생각하고, 미국식 제스처를 쓰고, 미국식 음식을 먹는다. 안성기보다 니컬러스 케이지가 인기 있는 화제가 되고, 최민수보다 브레드 피트가 연모의 대상이며, 현주엽의 기록은 몰라도 마이클 조던의 기록은 외워진다. 음식, 의복, 주거, 법규제도, 문화 향유의 각 측면에서 미국 것이 곧 우리 것이다."[8]

(2) "초등학교부터 대학교를 졸업할 때까지, 아니 사회에 나가서 늙어 죽을 때까지 '영어! 영어!' 하며 산다. 환갑이 다 된 어느 주부 왈. 중학교 시절, 한 영어 교사가 '미국 가면 거지도 영어를 잘하는데, 너희들은 거지만도 못하냐'고 꾸지람을 해서 자신이 미국 거지보다 못하다는 '웃기는' 착각을 했단다. 영어 하나로 국가 경쟁력을 높일 셈이라면 영어 마을, 영어 아파트, 영어 대학, 영어 도시, 영어 나라를 만들자. 아예, 미국인으로 태어나든가, 미국으로 가고 싶은 사람들은 모두 국적을 옮기거나, 국가 자체를 미국에 편입시키는 방법도 괜찮을지 모른다."[9]

(3) "한국에서 영어는 이미 전통 시대의 한문처럼 사회 귀족들의 특권 언어가 돼버렸으며, 부모에게 조기 유학이나 영어 연수 보낼 돈이 없어서 영어

를 덜 하게 된 학생들에 대한 차별은 전통 시대의 천민 차별처럼 당연지사가 되고 말았다. 식민성은 이미 우리들의 집단 정체성이 된 것이다." [10]

'이웃 효과'와 '서열주의'

위 세 진술에 심정적으론 공감하지만, 이 책의 함의는 한국 사회의 영어 광풍에 대해 좀더 너그러워지자는 것이다. 본문에서도 소개했듯이, 두 번째 진술을 한 최재목의 다음과 같은 고백에 주목해보자. "세상이 '영어, 영어' 하니 나도 부화뇌동해 영어를 좀 배워보겠다고 근년 학생들 틈에 끼어 안간힘을 다 하다가 힘이 딸려서 일단 휴식 중이다. 배워도 늘지 않고, 당장에 영어로 말할 필요도 없다. 그러니 해도 그만 안 해도 그만이 된 셈. 세상이 영어로 아프니 나도 아프다. 비교적 안정된 직장을 잡고 있는 나마저도 이러니, 세상 살기 힘든 사람들은 오죽이나 하겠나." [11]

그렇다. 바로 이것이다. 생존 경쟁과 인정투쟁 등 우리를 둘러싸고 있는 환경이 우리에게 영어를 강요하고 있는 것이다. 한국은 사회문화적 동질성이 강한 동시에 고밀집 사회이므로, '이웃과의 비교'가 삶의 주된 행동 양식이 되었다. 행복감마저 이웃과의 비교에서 나온다. 이런 '이웃 효과neighbors effect'에 관한 한, 한국은 타의 추종을 불허했다.

동질적인 고밀집 사회는 이웃을 의식하지 않고선 단 한시도 못 살게 만든다. 엄친아(엄마 친구 아들), 엄친딸(엄마 친구 딸), 아친남(아내 친구 남편), 딸친아(딸 친구 아빠) 등과 같은 말들이 순식간에 국민이 공감하는 신조어가 될 정도로 그 비교는 필사적이다. '이웃 효과'는 강력한 중앙 일극구조로 인해 집단적으론 '쏠림' 현상으로 나타난다. "너도 하면 나도 하겠다"는 '이웃 효과'형 평등의식의 결과다. 어느 음식점이 좋다 하면 우우 몰려가 줄을 서서라도 먹어야 직성이 풀리는 한국인들 특유의 행태는 사회의 전 국면을 지배하고 있다.

이를 잘 보여주는 게 이른바 '1천만 신드롬'이다. '1천만 신드롬'은 1,000만 관객을 목표로 하는 '대형 영화 제일주의blockbuster mentality'가 한국 영화계를 지배하고 있는 현실과 이를 뒷받침해주고 있는 관객의 쏠림 현상을 일컫는 말이다. "너 아직도 안 봤니?"라는 말과 함께 벌어지는 '빨리빨리 보기' 경쟁이 눈덩이 효과를 낳아 경제활동 인구 세 명 중 한 명이 같은 영화를 보러 가는 일이 가끔 벌어지는 것이다. 기업들은 한국인의 이런 속성을 겨냥해 "천만 명이나 쓰는 카드가 있대요. 괜히 천만이겠어요"라는 식의 광고를 해댄다.[12]

자기 자신보다는 남들과의 관계에서 삶의 의미와 보람을 찾는 한국인의 강한 타인 지향적 인정 욕구는 영어 광풍에도 큰 영향을 미쳤다. 즉, 영어 광풍엔 '사대주의'라거나 '내 마음의 식민주의'[13]라는 평가만으론 환원할 수 없는 한국적 특수성이 있다는 것이다. 그런 한국적 특수성에 주목하는 김영명은 "우리의 영어 수요는 실수요가 아니라 가수요"라고 단언한다.

"가수요가 또 다른 가수요를 낳고 그것이 또 가수요를 낳고 하는 악순환이 바로 우리 영어 열풍의 참모습이다. 이런 가수요는 영어가 가진 막강한 힘 때문에 일어났지만, 우리 사회가 가진 항구적 위기의식, 정신적 사대주의, 휩쓸리기 쉬운 문화, 지나친 경쟁 이데올로기와 상업주의, 그리고 학벌주의와 못 말리는 교육열 때문에 급기야 '정신 나간' 수준에까지 이르렀다.……그 맹목성은 영어가 가진 권력에서 나오지만, 그것에 기대어 세력을 확대하는 기업, 언론, 정부, 사교육계와 상류층 전반이 이를 조장하기도 한다.……영어 교육의 기본 철학을 혁파해야 한다. 그것은 정치와 권력의 문제다."[14]

전적으로 공감하고 동의할 수 있는 주장이지만, 영어는 '정치와 권력의 문제' 이상의 문제라는 것이 이 책의 주장이다. 영어는 한국 사회의 기본 작동 방식의 문제다. 물론 이 또한 넓게 보자면, '정치와 권력의 문제'에 포함되겠지만, 국가권력으로도 이 문제를 해결할 수는 없다고 본다는 점에서 나는 좀더 비관적이다.

김영명이 말한 가수요의 정체는 내부 서열이다. 즉, 내부 서열을 정하기 위해 역사적 상황과 시류에 맞는 판별 도구로 영어가 선택된 것이다. 따라서 계층 간 영어 격차는 필연이다. 영어 격차를 완화하기 위해 영어의 공용어화가 필요하다는 주장은 순진하거나 낭만적이거나 어리석거나 기만적이다. 영어 전쟁의 목적이 영어를 잘하는 데 있는 것이 아니라, 내부 서열을 정하는 데에 있기 때문이다. 즉, 모든 국민이 영어를 모국어처럼 잘하는 날이 오더라도 누가 더 잘하는지를 따지는 서열은 꼭 건재하리라는 것이다.

'영어 광풍'의 기회비용

서열 없는 사회를 꿈꾸는 건 아름답지만, 그건 종교의 비전과 비슷한 아름다움이다. 영어 광풍에 대한 비판과 비난은 백번 지당하신 말씀이지만, 이게 일반 대중 사이에 설득력을 갖지 못하는 이유에 대해서도 성찰이 필요하다. 영어 전쟁에 비판적인 사람들은 다 영어를 잘했기 때문에 그렇게 발언할 수 있는 자리에 오른 사람들이다. 우선 좋은 대학을 나오기 위해서라도 영어를 잘하는 건 꼭 필요한 일이었을 테고, 이후의 경쟁에서도 영어라고 하는 관문을 거쳐야만 사회적 발언을 할 수 있는 지위에 오를 수 있다는 건 분명한 사실이다.

이건 딜레마다. 영어를 못하는, 그래서 사회적 지위가 없는 사람이 영어 전쟁을 비판해보아야 누가 들어주겠는가. 영어 전쟁에서 승리를 거둔 사람이 영어 전쟁을 비판하는 건 설득력이 있다고 볼 수도 있지만, '위선'의 혐의에서 자유로울 수 없다. 그건 마치 교육 문제를 포함해 한국 진보진영의 최일선에서 활동하는 지식인들의 상당수가 자기 자식만큼은 한사코 일류 대학을 보내거나 미국으로 유학을 보내려고 발버둥치는 것과 비슷하다.

한국의 정치, 경제, 사회, 문화 등 전 분야가 서열화를 전제로 한 경쟁의 구도로 짜여 있고 그 장점을 한껏 누리는 사람들이 보수와 진보를 막론하고 엘리트 계층에 오른 상황에서, 서열 타파는 근본적인 국가 개조론과 같다. 그건 가능한 일이 아니다. 그래서 현 영어 전쟁을 이대로 즐기자는 것인가? 그게 아니다. 서열주의를 완화시킬 수 있는 실현 가능한 해법마저 눈곱만큼도 실천하지 못한 지난 세월의 현실, 그리고 그 현실을 낳은 메커니즘을 직시할 필요가 있다.

예컨대, 서울대에 대해 상당한 문제의식이나 반감을 갖고 있는 것 같았던 노무현 정부 시절에 서울대를 포함한 이른바 SKY(서울대-고려대-연세대) 지배 구조가 더 강화되었다는 건 어떻게 설명할 수 있을까? 노무현을 빼놓곤 그 주변 참모들이 거의 다 SKY 출신이었기 때문에 그랬을까? 그런 점도 없진 않겠지만, 노무현 자신도 '개천에서 용 나는' 식의 서열주의 구현체이자 화신이었다는 게 더 큰 이유일 것이다. 그는 젊은 시절 '영어'라는 무기 대신 '사법

고시'라는 다른 무기를 택했을 뿐이다.

영어 전쟁과 입시 전쟁은 동전의 양면관계, 아니 한 몸이다. 영어 전쟁은 입시 전쟁과 직결되어 있는 '서열 정하기 게임'이며, 그래서 영어 전쟁은 우리의 숙명인 셈이다. 오늘도 영어 전쟁을 비판하고 개탄과 한숨을 쏟아놓더라도 내 자식만큼은 영어 공부 열심히 시키는 게 대안 아닌 대안으로 만인의 공인을 받고 있는 것이다. 영어 광풍에 대해 너그러워지자는 것은 영어 광풍이 바꾸기 어려운 한국인의 정체성에 가까운 것일 수 있다는 점에 대한 인식을 새롭게 하자는 뜻이기도 하다.

영어 광풍을 비교적 지지하는 보수파는 전체 초·중·고생 사교육비의 3분의 1이 영어 학습에 쏠리는 현실이 국가적 차원에서 초래하는 '기회비용機會費用'에 눈을 돌려야 한다. '묻지마' 식으로 하는 영어 교육에 서울시가 1년에 쏟는 예산만 1,000억 원으로, 이는 한국어에 쏟는 예산 6억 원의 160배에 이른다. 2012년 기준 영어 사교육비 규모도 19조 원이다.

그렇게 많은 돈과 시간을 들여 영어라도 잘한다면 또 모르겠다. 토익을 한 번이라도 공부한 사람이라면 잘 알겠지만 "듣기 파트 1·2를 풀 때 파트 3·4를 읽어둔다", "being이 섞이면 오답일 가능성이 크다" 같은 스킬을 들어보았을 것이다. 우리나라에서 영어는 소통의 도구가 아니라 점수를 따기 위한 숫자에 불과하기 때문에, 한국인의 영어 실력은 세계 중하위권 수준에 불과하다.[15]

어디 그뿐인가. 사교육비가 무섭고, 자식을 지금과 같은 살벌한 경쟁의 수렁에 빠뜨리는 게 죄스러워 애를 낳지 않겠다는 젊은 부모가 많다. 2013년 합계 출산율(이하 출산율)은 1.19명을 기록해 2011년 1.24명, 2012년 1.30명으로 반짝했던 출산율이 다시 곤두박질을 친 게 그걸 잘 말해준다.[16] 이에 대해 보수 언론은 거의 '망국亡國'이라는 식의 우려를 쏟아내고 있는데, 그러면서도 기존 경쟁 방식은 결사 옹호하니 그 속내를 알다가도 모르겠다.

출산율의 문제가 아니더라도, 영어 광풍은 기회비용의 관점에서 보자면 보수가 좋아하는 국제 경쟁력에 도움이 되기는커녕 오히려 큰 해악을 초래한다. 외국의 학생들이 배움에서 '깊이'를 추구할 때에 우리는 순전히 내부경쟁용 변별 수단으로 영어 교육에만 올인하는 꼴이니, 그게 국익에 무슨 도움이 되겠는가 말이다. 보수가 국가를 생각하지 않으면 누가 생각해야 하는가?

"영어 교육, 진보의 콤플렉스를 깨라"

진보파도 성찰이 필요하다. 아니 보수파에 비해 훨씬 높은 강도의 성찰을 해야만 한다. 왜 그런가? 보수파는 변화를 원치 않거나 변화를 위해 애쓰지 않는다. 보수와 진보를 막론하고 "상위권 엄마의 기쁨을 아느냐"는 어느 입시 광고처럼 상위권에 속하는 자녀를 둔, 그리고 상위권 유지를 원하는 학부모 역시 변화를 원치 않는다. 결국 변화의 힘은 이기적 탐욕을 버리는 게 아니라 어느 정도 조절할 수 있는 진보에게서 나올 수밖에 없다.

교육평론가 이범이 『한겨레』(2013년 12월 26일)에 기고한 「영어 교육, 진보의 콤플렉스를 깨라」라는 칼럼에서 진보파의 문제점을 잘 지적했다. 이범은 "진보로 분류되는 사람들 중에는 현재의 영어 교육 풍토에 반감을 드러내는 경우가 많다.……이러한 반감은 나도 상당 부분 공유하고 있다. 문제는 마땅한 대안이 있느냐는 것이다. 지금은 설령 미국과의 정치적 관계가 소원

해지는 일이 벌어진다 할지라도 영어 교육 수요가 그리 줄어들지 않을 상황이기 때문이다. 좋은 일자리는 재벌 대기업에 몰려 있는데 이들은 주로 수출로 먹고산다. 자연히 영어 구사 능력을 필요로 하는 업무 비율이 높다"며 다음과 같이 말한다.

"우리나라 전체 경제를 기준으로 봐도, 경제의 대외 의존도가 나날이 높아져 70%였던 것이 엊그제 같은데 최근 3년 연속 100%를 넘고 있다(국내총생산 대비 수출·수입 총액 비율). 흔히들 영어 교육 수요를 제어하는 데 성공한 사례로 일본을 언급하는데, 참고로 언급하자면 일본 경제의 대외 의존도는 겨우 25%다. 진보가 집권한다 해도 이런 구조적인 특성을 단기에 변화시키기는 어려울 것이다. 현재의 상황을 진정시켜야 하는 당위는 분명하지만, 막연한 미래의 기대에 근거하여 영어 사교육을 줄이라고 학부모에게 요구하는 것 또한 불합리한 일이다. 그렇다면 우리에게 시급한 일은 단순히 지금의 '미친' 영어 교육을 저주하는 게 아니라, 영어 교육을 '두려움과 피로'에서 탈출시킨 구체적인 성과를 보여주고 이를 확산시키는 일일 것이다."[17]

그렇다. 바로 그런 자세가 필요하다. 진보파는 저주 일변도로 흐르다 보니 구체적인 대안을 무시하거나 소홀히 했다. 그래서 '영어 광풍'이 악화된 면이 있다. 진보파는 우선 영어 광풍에 대해 너그러워져야 한다. 그래야 구체적인 대안을 모색할 자세를 갖게 되기 때문이다. 그런 점에서 보자면『한겨레』기자 권혁철이 존경스럽다. 그는「나의 사교육 투항기」라는 칼럼에서 다음과 같이 고백한다.

"누구나 학벌사회의 폐해를 알고 고쳐야 한다고 말한다. 하지만 '내 자식은 학벌사회 상층부에 진입해야 한다'고 생각한다. 나부터가 그렇다. 아이가 어릴 때는 대안교육을 고민하다 아이가 중·고등학생이 되면서 사교육에 투항해버렸다. 박근혜 정부만 욕해선 해법 찾기가 어렵다는 생각이 든다."[18]

그렇다. 바로 이런 자세가 필요하다. 즉, 내 자식에게도 적용하고 실천할 수 있는 해법을 고민해보자는 것이다. 나와 내 자식은 예외로 하면서 사회를 향해 당위를 외치는 건 무력하거니와 위선이라는 말을 듣기 십상이다. '전부 아니면 전무' 식의 자세를 버리고 나의 욕망도 인정하는 수준의 타협이 필요하다.

'SKY 소수 정예화'는 안 되는가?

다시 말하지만, 영어 문제는 대학 입시 문제의 판박이다. 똑같다고 해도 과언이 아니다. 나는 『입시 전쟁 잔혹사: 학벌과 밥줄을 건 한판 승부』(인물과사상사, 2009)에서 문제 개선을 가로막는 주범 중의 하나로 '진보적 근본주의'를 지적했는데, 그 이야기를 여기서 반복해야겠다. '진보적 근본주의'의 문제에 공감하는 사람들이 아직 많지 않기 때문이다.

나는 학벌, 서열, 경쟁을 비판하지만, 그건 깨거나 없앨 수 있는 건 아니라고 생각한다. 나는 그걸 깨거나 없애려는 시도를 높이 평가하지만, 그 시도 이외에 어떤 다른 타협책도 수용하지 않으려는 경직된 자세를 '진보적 근본주의'로 부르고자 한다.

생각해보자. 사교육 과잉과 입시 전쟁은 정치를 무의미하게 만든다. 대중은 정치라는 '공적 해결 방식' 대신 각개약진식의 '사적 해결 방식'을 택했기 때문에 정치에 관심과 시간을 투자하지 않기 때문이다. 즉, 사교육 과잉과 입시 전쟁 문제를 해결하지 않고서 '정치의 정상화'라거나 '민주주의 발전'을 기대할 수는 없다는 것이다.

나는 'SKY 정원 축소'를 하나의 대안으로 제시한 바 있는데, 이 대안에 매달릴 생각은 전혀 없다. 답답해서 내놓은 방안일 뿐, 이마저 실현 가능성이 매우 낮다고 보기 때문이다. 그런데 내가 매우 흥미롭고도 중요하게 여기는 건 이 대안에 대한 반발, 그것도 진보파들의 강한 반발이다. 나는 그 반발에서 '진보적 근본주의'를 읽었고, 이게 진보진영에 건재하는 한 현상유지는커녕 사태를 더 악화시키리라는 생각을 갖게 되었다. 그래서 반복하는 이야기임을 유념해주시기 바란다.

그간 학벌주의를 완화시켜 보려는 모든 노력에 대해 그 반대자들은 '하향 평준화'라고 떼를 써왔다. 그러나 SKY 정원 축소에 대해선 그렇게 말할 수 없다. 아니 '정원 축소'라는 말도 할 필요가 없다. 프레임 전략상, '소수 정예주의'라고 불러야 한다. '정원 축소'는 부정적인 느낌을 주는 반면, '소수 정예주의'는 긍정적인 느낌을 주기 때문이다. '소수 정예주의'라고 해야 SKY 사람들도 흡족해할 것이다.

SKY 정원을 단계적으로 대폭 줄여 소수 정예주의로 가게 만들면 모두에게 좋다. 국내에서 존경을 누리면서 국내가 아닌 국외를 대상으로 경쟁을 하게 만들면 SKY에도 좋고, SKY의 기존 인해전술人海戰術이 사라진 공백을 놓고 다른 대학들이 치열한 경쟁을 함으로써 범국민적 차원의 '패자부활전'이 가능해진다. 즉, SKY를 향한 기존 입시 '병목 현상'이 크게 완화될 수 있다는 것이다.

SKY의 독과점 체제는 형평의 문제를 넘어서 진정한 의미의 '경쟁'과 '엘리트'를 죽인다. 학벌이라는 신분으로 결속된 인해전술식 경쟁에 의존하는 엘리트에게서 무얼 기대할 수 있겠는가. 국내 경쟁력만 강해질 뿐이다. 국외 경쟁력을 갖기 위해서라도 엘리트는 '홀로서기'에 익숙해질 필요가 있다.

그러나 나와 마찬가지로 SKY 소수 정예화를 외친 정운찬의 주장은 서울대 총장이라는 사회적 위상에도 불구하고 사회적 의제로 떠오르지 못했다.[19] 서울대의 소수 정예화는 총장 마음대로 할 수 없는 일이다. 서울대 교수들이 벌떼처럼 들고 일어나 반대하기 때문이다.[20] 그래서 서울대 밖의 지원이 필요하다. 그런데 놀라운 사실은 기존 입시 전쟁으로 인한 민중의 피폐한 삶에 가장 신경을 쓴다고 주장하는 진보파들이 정운찬의 주장을 거들떠보지도 않은 채 본질과는 무관한 이념적인 문제에만 매달려왔다는 점이다.

진보적 근본주의자들의 보수주의

SKY 소수 정예화에 누가 가장 반대할까? SKY가 결사반대 하겠지만, 문제는 SKY의 반대가 아니다. SKY의 반대는 국민 여론으로 넘어설 수 있지만, 국민 여론을 형성하는 데에 큰 역할을 할 수 있는 사람들이 더 반대한다는 게 문제다. 즉, 사교육 과잉과 입시 전쟁의 문제를 통탄하는 사람들이 반대한다는 게 더 중요하다. 이게 바로 '진보적 근본주의' 때문이다. 진보적 근본주의 견해를 대변하는 성지훈의 반론을 들어보자.

"소수 정예로 운영돼 입학의 길이 더욱 좁아진 스카이 대학은 더욱 공고한 학벌 권력을 갖게 되고, 그 권력을 잡기 위해 더 많은 사람들이 눈에 불을 켜고 달려들 테니 좁아진 문은 오히려 사교육의 과열을 부추기는 윤활유가 될 테다. 마침내는 더 많은 사교육비를 투자한 사람이 더욱 공고한 권력을 갖게 되는 부와 권력의 대물림 현상이 굳어질 테고 사회는 지금보다 더 계층의 수직 이동이 어려운 사회로 변모해갈 것이다. 근본적인 문제를 인식하지 못한 강준만 교수의 대안은 정답일 수 없다. 아니 오히려 사태를 악화시킬 수 있는 위험한 발언이다."[21]

SKY 정원을 그대로 두거나 늘리면 사태가 악화되지는 않을 거라고 보는 건가? 하긴 그 덕분에 SKY가 지금까지 무한팽창 전략을 써왔던 건지도 모르겠다. 물론 위 주장에 일리가 있는 대목도 있다. 과도기적 현상으로 성지훈이 염려한 사태가 벌어질 수 있으리라. 중요한 건 사회 전 분야에 걸쳐 SKY 출신은 상층부의 50~90퍼센트를 점하고 있다는 사실이며, 이게 달라지지 않는 한 대학 입시에 모든 걸 거는 지금과 같은 범국민적 차원의 사교육 열풍은 사라지지 않으리라는 점이다. 그런데 그 이전에 더욱 중요한 것은 대안의 현실성에 관한 것이다.

성지훈의 대안은 무엇인가? 없다. 그냥 학벌 비판이다. "문제는 학벌 그 자체다. 최종 학력을 서열화하고 그 학력의 서열이 곧 사람의 서열이 되는 사회가 문제인 것이다." 그러니까 학벌 타파가 대안인 것 같다. 그런데 어떻게? 무슨 방법으로? 학벌도 없고 서열도 없는 사회가 온다면 얼마나 좋겠는가만 서도 그런 사회는 영원히 오지 않을 것이다. 그런 사회가 이 지구상에 단 하나라도 있는가? 없다!

나 역시 '학벌 타파'라는 말을 많이 써왔지만, 편의상 '학벌의 극소수 독과점 체제 타파'를 그렇게 부르겠다는 걸 밝힌 바 있거니와,[22] 현실적인 타협책까지 거부하겠다는 건 아니었다. 그러나 '학벌 타파'를 문자 그대로 믿고 그걸 대안으로 삼는 사람이 많으니 이 일을 어찌하랴. 그래서 나는 앞으로 '학벌 완화'라는 말을 쓰련다.

역설이지만, 성지훈과 같은 근본주의적인 학벌 타파주의자가 사실은 학벌 권력을 강화하는 데에 일조하는 셈이다. 학벌을 타파하자는 외침 이외에는 아무런 대안이 없기 때문이다. 그러면서도 현실적인 타협책은 다 '위험한 발언'으로 몰아 부친다.

그런데 진짜 문제는 성지훈과 같은 생각을 가진 사람이 소수가 아니라는 데에 있다. 지난 수십 년간 학벌주의를 비판하는 세력은 많았지만, 사교육 문제는 계속 악화되어왔다. 왜 그럴까? '전부 아니면 전무'라는 식의 근본주의적 대응이 그 주요 이유다.

삼성 입사 경쟁이 치열해지면 안 되는가?

SKY의 정원을 줄이면 문제가 더 악화된다는 주장은 비단 근본주의자들만 갖고 있는 생각은 아니다. 거의 모든 진보적 지식인도 갖고 있는 생각이다.

박거용은 "'서울대의 자기 축소'를 요구하는 강(준만) 교수의 주장은 더 피 말리는 입시 경쟁을 불러올 것이라는 점에서 볼 때 타당성의 의문을 던져주고 있다"고 했다.[23]

김기수는 "서울대학교 같은 일류 대학의 학부생 정원을 대폭 줄인다는 방안에 대해서 생각해보자"며 "대학 입시 경쟁이 일류 대학의 학부 입학을 둘러싸고 벌어지는 것이라면 그 일류 대학의 학부생 정원을 가령 10분의 1로 대폭 감축했을 경우 우리가 분명하게 예언할 수 있는 것은 경쟁이 더욱 치열

해질 것이라는 점밖에 없다"고 했다.[24]

이들의 주장은 일면 타당하지만, 좀더 깊이 검증해볼 필요가 있다. 진보적 근본주의자들은 서울대 입시 경쟁이 치열해지면 큰일 날 것처럼 말하는데, 그 이치를 왜 삼성엔 적용하지 않는지 모르겠다. '삼성공화국'이라는 말이 나올 정도로 삼성의 한국 사회 장악력은 날이 갈수록 커지고 있고, 삼성입사는 '삼성고시'라고 불릴 정도로 인기가 높다. 삼성의 경제적 집중이 안고 있는 문제들을 비판해 삼성의 채용 인원이 줄어들면 삼성 입사 경쟁이 더욱 치열해지기 때문에 안 되는가? 이 무슨 코미디 같은 반론인지 모르겠다.

SKY의 정원을 대폭 줄이면 경쟁이 더욱 치열해질 것이라는 주장은 맞다 하더라도 큰 문제는 아니다. 어차피 기존 체제하에서도 서울대에 갈 실력이 안 되는 학생들은 연·고대를 가고 있으며, 연·고대를 못 가는 학생들은 다음 순위의 대학을 가고 있다. 즉, 모두 다 오직 SKY에만 목을 걸고 있는 건 아니란 말이다.

반대로 물어보자. SKY의 정원을 대폭 늘리면 경쟁이 약화되는가? 그게 꼭 그렇지 않다는 데에 이 문제의 묘미가 있다. SKY의 정원이 줄면 정원 축소에 따른 경쟁률 상승과 더불어 "SKY의 특권적 지위가 강화되기 때문에 꼭 SKY에 들어가야 한다"는 이유로 경쟁이 더욱 치열해지라는 가설이 가능하다. 그렇지만 반대로 SKY의 정원이 늘면 "SKY에 저렇게 많이 들어가는데 SKY 못 나오면 더 죽는다"는 이유로 경쟁이 더욱 치열해지리라는 가설도 가능하다.

"죽어도 SKY 아니면 안 된다"는 사람은 어차피 극소수다. 그들의 자율 결정은 존중해주자. SKY에 들어가기 위해 재수, 삼수, 아니 사수를 하더라도

장한 일이라고 격려해주자. 중요한 건 절대 다수의 학생들이 취하는 태도다. SKY의 독과점 파워가 약해지면서 대학 서열의 유동화가 일어나면 대학에 들어가서도 다시 한 번 경쟁해볼 수 있다는 가능성이 미칠 수 있는 영향에 주목해보는 게 옳지 않을까?

물론 진보적 근본주의자들의 심정은 이해하며 그 선의도 인정한다. 말이야 바른 말이지만, 서열 타파는 불가능하다며 겨우 서열 유동화를 주장하는 게 성에 찰 리 만무하다. 그러나 우리는 여기서 미국의 도시 빈민 운동가이자 커뮤니티 조직 운동가인 솔 알린스키Saul Alinsky(1909~1972)가 역설한 바와 같이, 우리가 세상의 변화를 시도할 때엔 '우리가 원하는 세상the world as we would like it to be'이 아닌 '있는 그대로의 세상the world as it is'에 근거하는 냉정함이 필요하다.[25]

'학벌 공정거래법'은 안 되는가?

사회 각계 엘리트의 절대 다수가 3개 대학에서 나오는 것과 30개 대학에서 나오는 게 무슨 차이가 있는가? 엄청난 차이가 있다. 엘리트 충원 학교가 수적으로 대등한 수십 개 대학으로 늘어나면 서열 유동성이 생겨나게 되고, 대입 전쟁의 열기를 대학에 들어간 이후로 분산시킬 수 있다. 즉, 대학 입시가 유발하는 병목 현상을 어느 정도 타개할 수 있다는 것이다.

어렵게 생각할 것 없이, 공정거래법의 원리로 이해해보자. 공정거래법상 1개 사업자의 시장점유율이 50퍼센트를 넘을 경우, 상위 3사의 점유율이 75퍼센트 이상일 경우 시장 지배적 사업자(상위 3사에 포함되어도 점유율이 10퍼센트 미만인 사업자는 제외)로 지정된다. 그렇게 하는 이유가 무엇이겠는가? 공정거래법 개념을 원용하자.

공정거래법은 일류 기업의 세력 팽창과 그에 따른 취업 기회를 제약한다. 그러나 그 누구도 공정거래법 적용으로 일류 기업 입사 경쟁이 치열해진다고 불평하거나 걱정하지 않는다. 그런데 왜 SKY 소수 정예화 방안에 대해선 위험하다고 벌벌 떠는 사람이 많은 걸까?

일부 진보적 근본주의자들은 '엘리트'라는 개념 자체도 인정하지 않으려고 한다. 좋은 일이긴 한데, 그걸 현실 세계의 정책 목표로 삼는 건 어리석은 정도를 넘어서 매우 무책임한 일이다. 우리가 아무리 평등을 추구하더라도 누군가는 대통령을 해야 하고, 도지사를 해야 하고, 시장을 해야 하고, 총장을 해야 하고, 사장을 해야 한다. 모두 다 평등하게 사는 세상은 우리가 앞으로 계속 추구해야 할 이상이지만, 그 이상을 대안으로 삼을 수는 없는 일이다.

반면 학벌주의 옹호론자들에겐 독특한 정서 또는 '아비투스(습속)'의 문제가 있는 것 같다. 한신대 사회학과 교수 김종엽은 엘리트 계층이 고교 평준화를 반대하는 이유로 그들 자신의 학창 시절에 대한 향수, 계급 재생산, 계급적 분리 욕망 등 세 가지를 들었다. 세 번째 이유가 주목할 만하다. 상류층과 중상층은 섞이고 싶지 않은 계층의 자녀와 자신의 자녀를 섞어놓는 평준화 제도에 대한 불만이 크며, 이는 노골적인 차별의 심리는 아니라 하더라도 문화적 취향과 감각의 차이라는 형태로 매우 강하게 관철되고 있다는 것이다.[26]

한국해양대 교수 김용일은 '복고적 엘리트주의' 개념을 제시했다. 그는 "평준화 이전 세칭 '명문고'에 대한 향수에서 막무가내로 평준화의 폐해를 강변하는 모습은 30년이 지난 지금도 여전하다. 물론 이런 입장을 단순히 향수 차원의 문제로 파악하는 것은 잘못이다. 서열화되어 있던 학교 체제에서 지배 학벌의 혜택을 톡톡히 본 경험에서 나온 것으로 다양한 평준화 폐지론의 정서적 공감대를 형성하는 구실을 하고 있기 때문이다"라고 주장했다.[27]

이 '복고적 엘리트주의' 론에는 충분한 근거가 있다. 최고의 지성에 속하는 지식인들이 학벌 문제만 나오면 갑자기 사이버 세계의 악플러 수준으로 지적 수준이 낮아지는 걸 쉽게 볼 수 있는데, 이는 이들이 자기 경험의 포로가 되기 때문이라는 가설이 가능하다. 고교 평준화를 없애야 "개천에서 용 날 수 있다"거나, 사교육 문제는 공교육 부실 때문이라고 주장하는 건 자신의 일류고 시절 경험에 매몰되어 있다는 걸 말해주는 게 아니겠느냐는 것이다.

조금이나마 의식이 있는 엘리트주의자들이 남들에게 '루저'로 보일까봐 입을 다물고 있는 것도 안타까운 일이다.[28] 하긴 내가 그간 학벌 문제와 지방 문제를 집요하게 물고 늘어지면서 주변 사람들로부터 가장 많이 받았던 '애정 어린' 충고는 "루저처럼 보이니, 그만 하라"는 것이었다. 속된 말로 '치사찬란한' 발상이 아닐 수 없지만, 그게 우리의 현실임을 어찌 부인할 수 있으랴.

학벌주의를 긍정하는 언론의 보도 프레임

논의를 다시 정리해보자. 한국 사회의 거의 모든 주요 문제는 쏠림 현상의 산물이다. 수시로 일어나는 서울대 입시 정책을 둘러싼 논란도 예외는 아니다. 서울대의 이익을 추구하기 위한 입시 정책 자체는 문제 삼을 게 전혀 못 된다. 오히려 국가 경쟁력을 염두에 둔 서울대의 애국심에 칭찬과 격려를 보내주어도 좋을 것이다. 문제는 한국이 워낙 쏠림이 강한 사회다 보니까 어떤 사안에 대해 판단할 때 그 자체보다는 그것이 낳을 사회적 파급 효과에 주목할 수밖에 없다는 데에 있다. 그런 관점에서 보자면 서울대의 특수한 위상은 서울대에도 축복이자 저주인 셈이다.

서울대는 미국의 아이비리그 대학처럼 되어야 한다. 일부 사람들은 미국 사회를 아이비리그 출신이 다 말아먹는 것처럼 이야기하지만, 그건 사실이 아니다. 서울대 출신은 어느 분야에서든 상층부 인력의 두 자릿수 점유율을 자랑하지만, 아이비리그 출신은 결코 그렇지 않다. 권력 분야에선 서울대 출신 아닌 사람이 희귀할 정도로 '유비쿼터스'하다. 그러니 서울대 출신이 실력을 갖추었다 하더라도 존경 받긴 어려운 일이다.

기존의 극소수 명문대 독과점 체제를 그대로 두고선 앞으로 어떤 입시 정책을 편다 하더라도 초 · 중등 교육의 정상화는 기대하기 어렵다. 그렇지만 이에 대한 문제 제기는 박약하다. 가장 좋은 학벌을 가진 집단이 일부 유력 언론사들이라는 사실과 관련되어 있는 건 아닐까?

1960년대 이후 1990년대까지 중앙지 편집국장 184명 중 77퍼센트가 이른바 SKY 대학 출신이라는 게 그걸 잘 말해준다.[29] 또 2003년 6월 기준으로『경향신문』,『동아일보』,『서울신문』,『조선일보』,『중앙일보』,『한겨레』등 6개 신문사의 부장급 이상 간부 263명 중 서울대 출신은 39.9퍼센트인 105명, 고려대는 17.9퍼센트인 47명, 연세대는 9.3퍼센트인 25명으로 SKY 출신의 점유율은 67.3퍼센트에 이르렀다.[30]

『조선일보』는 1988~1991년 신입 기자의 75.8퍼센트가 서울대 출신이었다(『동아일보』는 51.2퍼센트). 또 『조선일보』는 5개 대학 이외의 기타 대학 출신자가 전무했다(『동아일보』는 9.3퍼센트).[31] 2003년 6월 기준으로 『조선일보』의 부장급 이상 간부 중 서울대 출신은 57.5퍼센트인 23명, 연세대는 9명, 고려대는 4명으로 SKY 출신의 점유율은 90퍼센트나 된다(다른 5개 신문사의 SKY 출신 점유율은 『경향신문』 52.3퍼센트, 『동아일보』 78.6퍼센트, 『서울신문』 54.8퍼센트, 『중앙일보』 69.6퍼센트, 『한겨레』 57.7퍼센트 등이었다).[32]

게다가 역사적·인적 관계로 인해 "『조선일보』나 『동아일보』는 사실상 연세대, 고려대의 학보사라는 말까지 나오고 있"는 현실이다.[33] 2003년 6월 기준으로 『동아일보』의 부장급 이상 간부 46명 중 고려대 출신은 전체의 34.8퍼센트인 16명, 서울대 출신은 32.9퍼센트인 14명, 연세대는 10.9퍼센트인 5명이었다.[34]

그런 이유 때문인지, 언론은 대체적으로 학벌 경쟁을 사실상 긍정하거나 미화하는 보도 프레임을 고수하고 있다. 물론 학벌주의의 폐해가 심각하다는 기사는 양산해내지만, 그건 교통사고 다루듯이 하는 이야기일 뿐이고 정책 차원에서 문제의 개선을 위한 해법으로 들어가면 완전히 딴소리를 한다. 그래서 변화의 출구가 보이질 않는다. 심지어 학벌주의에 비판적인 『한겨레』마저 이에 관한 문제의식이 박약한 편이다.

예컨대, 2008년 11월 『한겨레』 사설은 "서울대의 학생 선발에 대해 상담을 해 온 미국의 도리스 데이비스 코넬대 입학처장이 전해 온 컨설팅 결과는 여러모로 주목된다. 이 가운데 특히 눈에 띄는 건 학생 선발에서 고교 때 성취를 가장 중요한 기준으로 삼고, 복잡무쌍한 입학 전형을 단순화하라는 내용이었다. 간단하지만 대입 제도 문제점의 정곡을 찌른다"며 다음과 같이 말했다.

"오늘의 버락 오바마를 만든 여러 요인 가운데 하나는 미국 대학의 학생 선발 제도다. 고교 시절까지만 해도 그는 정체성 문제로 방황하다가 술과 마약에까지 손을 댔다. 옥시덴틀 칼리지는 그런 그를 받아주었고, 명문 콜롬비아대학은 그의 잠재력을 보고 정치외교학과 편입을 허락했다. 대학 졸업 후 빈민가에서 환경 및 인권 운동을 하다가 뒤늦게 하버드대 로스쿨의 문을 두드렸을 때도 이 대학은 그를 받아주었다. 오늘날 오바마가 미국의 역사를 새로 쓸 수 있었던 것은 바로 이 대학들 덕분이었다. 한국의 대입 제도에서라면 불가능한 일이다. 서울대가 학생 선발 제도를 바꾸겠다고 한다. '한국의 오바마'를 선발하고 길러낼 수 있는 제도를 도입해, 국립대로서 의무를 다하길 기대한다."[35]

좋은 말이긴 하지만, 이건 한국 실정에 맞지 않는 이야기다. 미국의 그런 학생 선발 제도는 미국이 한국만큼 학벌주의가 강하지 않거니와 명문대 출신의 요직 독과점이 심하지 않기 때문에 가능한 것이며, 그마저 상징적인 수준에 지나지 않는 것이다. 그렇기 때문에 한국에서 그런 제도를 실시한다 해도 더더욱 상징적 수준에 머무를 수밖에 없게끔 되어 있다. 명문 대학으로선 '귀족 대학'이라는 비판을 피하기 위한 면피용 목적이 더 크다는 것이다. 중요한 건 극소수 명문대의 학생 선발 제도 변화로는 지금 우리가 문제 삼고 있는 사교육 과잉과 입시 전쟁엔 아무런 변화를 가져올 수 없다는 점이다.

학벌만 좋은 '천민 엘리트'

'원인'은 SKY 출신의 사회 요직 독과점에 있는데, 우리는 원인은 방치하거나 악화시킨 채 '증상'과만 싸우고 있다. 앞서 지적한 이유들 때문에 이런 비생산적인 싸움은 앞으로도 계속될 것이다. 피곤하고 살벌하게 살더라도 그 이유는 제대로 알고나 살자. 우리는 쏠림의 축복과 저주의 덫에 갇혀 있다. 이 덫이 유발하는 각개약진 체제는 노블레스 오블리주Noblesse Oblige를 불가능하게 만든다. 이게 기존 입시 전쟁이 한국 사회에 미치는 가장 치명적인 악영향이다.

한국엔 노블레스 오블리주가 없다는 비판의 목소리가 높다. 2005년 7월 5일 밤 MBC 〈PD수첩〉이 공개한 고위층의 병역 의무 기피 실태를 보면, 국적 이탈자의 아버지 출신 학교는 서울대가 560명으로 45.8퍼센트, 연세대 145명으로 11.8퍼센트, 고려대 84명으로 6.8퍼센트 순으로 나타났다. SKY의 점유율이 64.4퍼센트에 이른다.[36]

물론 이 문제는 세계화 시대에 윤리적 문제로만 볼 일이 아니지만, 한국 상류층을 대표하는 SKY 출신들에게 노블레스 오블리주가 없다는 데엔 만인이 동의하고 있다.

2008년 6월 서울대 교수 전상인은 "대한민국의 상류 계층은 체제의 안정과 재생산을 위한 이른바 노블레스 오블리주 정신의 숨은 기능에도 무지했다. 한국적 근대화 모델의 수혜자로서 그들은 낙오 집단이나 소외 계층에 더많이 베풀어야 했다. 이를 게을리한 대가로 그들은 국민적 적대감을 자초했고, 기득권을 지키고 빼앗는 과정에서 이념 갈등은 필요 이상으로 첨예화되었다. 여기에 가세한 것이 대한민국의 소리 없는 침몰이었다"고 주장했다.[37]

한국 사회에 노블레스 오블리주가 없는 이유는 여러 가지지만, 가장 중요한 건 '압축성장'이다. 너무 빠른 시간 내에 빨리 성장했기 때문에 각 단계별

로 제대로 옷을 갖춰 입기조차 힘이 들었다는 뜻이다. 그런 압축성장은 이른
바 '천민 자본주의'를 낳았고, 또 그 과정에서 사회 전 분야에 걸쳐 공적 불신
이 팽배한 가운데 엘리트 계층은 출세 지향적인 삶을 살아왔다. 이종오는 한
국 엘리트층의 상당수는 좋은 학벌을 획득한 '벌거벗은 경쟁의 승리자들'로
서 '천민 엘리트'라고 꼬집었다.[38]

'천민 엘리트'라곤 하지만 그들은 믿기지 않을 정도로 겸허하다. 너무 겸
허해서 문제다. SKY 출신, 특히 SKY 총장들의 과공過恭은 경악할 만하다. 이
들은 한국 사회 전반의 교육 문제엔 별 관심이 없고 오직 자기 대학의 이익만
생각하는, 매우 낮은 곳에 늘 임하려고 하기 때문이다.

SKY가 잘되는 건 곧 국익으로 연결된다. 그러나 모든 경우에 다 그렇진
않다. 한국의 엘리트 시장에서 SKY에 의한 기존 독과점 체제의 강화는 SKY
의 이익엔 기여할 수 있을망정 대학 입시 전쟁을 더욱 격화시켜 이미 충분히
피폐해진 모든 한국인의 삶을 더욱 피폐하게 만들 수 있다.

지금 우리에게 가장 필요한 건 '다원적 경쟁 체제'다. 그래야 경쟁의 병목
현상에서 벗어나 합리적인 평생 경쟁 체제로 갈 수 있다. 즉, 대학의 기존 '고
정 서열제'를 노력하기에 따라 달라질 수 있는 '변동 서열제'로 바꿔야 한다
는 뜻이다. 이를 위해선 SKY가 기존의 문어발식 팽창주의를 지양하면서 소
수 정예주의로 내실화를 기해야 한다.

학벌 개혁을 바라는 사람들은 성에 차진 않겠지만, 방향이라도 제대로 잡
자는 뜻에서 SKY 소수 정예화 방안에 관심을 가져야 한다. 이는 입시 전쟁과
사교육 문제가 교육정책 때문만에 형성된 것도 아니고 교육정책만으로 바꿀
수 있는 게 아니라는 걸 인식해야 한다는 요청이기도 하다. 한국의 서열·연

고 문화는 하루아침에 바꿀 수 있는 게 아니기 때문에, 오랜 시간과 더불어 인내가 필요하다는 뜻이기도 하다.

장기적인 문화 개혁을 추진하려면 기존 학벌 엘리트의 행태를 사교육 문제와 연계시켜 생각하는 발상의 전환이 필요하다. 예컨대, 낙하산 인사와 전관예우가 사교육을 부추긴다는 걸 이해해야 한다. 좋은 학벌로 한 번 출세하면 죽을 때까지 돌아가면서 여기저기 좋은 자리와 기회를 독식하는 기존 풍토를 당연시하면서 사교육 문제를 해결하겠다는 건 앞뒤가 맞지 않는다.

끼리끼리 뜯어먹는 문화가 낳은 '학원 공화국' 체제의 수혜자로 살면서 학원들에게 감사하기는커녕 그들에게 따가운 시선을 보내는 것도 뻔뻔한 일이다. 우리가 지금처럼 미친 척하고 평준화 문제로 싸움만 하다 보면 '학원 공화국'은 우리의 영원한 숙명이 될 것이다. 지금 우리에게 필요한 건, 약육강식弱肉强食을 신봉하는 '사회진화론'과 불가능한 이상을 대안으로 삼는 '진보적 근본주의'를 동시에 넘어서는 '개혁적 리얼리스트'의 자세다.

진정한 경쟁을 위해

그간 우리가 지겹도록 보아온 바와 같이, 대입 선발 제도의 변화는 일종의 '쇼'였다. 기존 학벌주의를 깨지 않고선 사교육비 부담 완화와 고교 교육 정상화는 불가능하다는 것이 명백해졌지만 자꾸 대입 제도만 바꾸는 '쇼'를 반복하는 건 새로운 변화에 강하게 저항하는 기득권 세력이 있느냐 없느냐 하는 차이 때문이었을 것이다.

한국의 대학 입시 전쟁은 치열한 경쟁심을 배양함으로써 그간 한국의 경제 발전에 적잖은 기여를 해왔음을 부인하기 어렵다. 다만 문제는 그런 방식이 앞으로도 유효하냐는 것이다. 달라진 환경에서 국제 경쟁이라고 하는 본선에 진출하기도 전에 내부의 '밥그릇 싸움'만 하다가 모두가 기진맥진해 드러눕는 미련하기 짝이 없는 짓은 아닌가? 그렇지만 그 '밥그릇'을 차지하는 게 절체절명의 과제이기 때문에 기존 체제를 바꾼다는 건 거의 불가능한 일이 되고 말았다. 사실 학벌주의가 대학 입시 전쟁의 주범이라는 걸 모르는 사람은 거의 없다. 그런데도 학벌주의 완화는 쉽지 않다. 왜 그럴까?

첫째, 기존 학벌주의 체제의 수혜자들이 변화를 원치 않는다. 그 수혜자들의 수는 전체 국민에 비해 극소수에 지나지 않지만 언론言論의 위계질서에서 가장 막강한 위치를 점하고 있다. 그들은 학벌 문제에 대한 전면적 논의를 배제하거나 왜곡하는 '의제 설정' 권력을 행사하고 있다.

둘째, '학벌 완화'는 거의 모든 국민에게 큰 이익이 돌아갈 수 있는 일이지만, 그 이익이 다수에게 분산되고 간접적이라는 이유로 국민은 무관심하다. 오히려 개인적이고 직접적인 이익 때문에 비판적인 생각을 가진 사람도 적지 않다. 특히 자식들에게 비교적 좋은 교육 여건을 제공해줄 수 있는 여론 주도층에 속하는 사람들일수록 자기 자식이 공부를 잘해 좋은 학벌을 갖는 것이 학벌을 완화하는 것보다 이익이라고 보기 때문에 학벌 완화에 대해 시큰둥하게 생각한다.

셋째, '학벌 완화'를 '하향 평준화'나 '포퓰리즘'으로 매도하는 선전·선동이 제법 그럴듯하게 들린다. 고교 평준화도 그런 공격을 받고 있다. 그러나 '학벌 완화'는 하향 평준화가 아니다. 그건 '평등'의 문제가 아니라 '나라 살리기'의 문제인 것이다. 오랜 세월 온갖 특혜를 받아 비대해진 몸집과 그 몸집을 지칭하는 '간판' 하나로 경쟁 없이 거저먹으려 드는 건 나라 망치는 일이기 때문에 그 대안으로 '학벌 완화'가 제시된 것이다.

달리 말해, '상향 경쟁화'와 '평생 경쟁화'를 시도해보자는 것이다. 오랜 세월 자행된 불공정 경쟁의 결과 비대해진 명문대에 대한 특혜를 중단하고 그 몸집도 줄여 기존의 '1극' 또는 '3극' 체제에서 '다극 체제'로 전환을 꾀해 보자는 것이다. 진정한 경쟁을 해보자는 말이다. 또 기존 '정글의 법칙'이 과거엔 어떠했을망정 과연 오늘날의 디지털 시대에도 맞는 생존 방식인지 그것도 재검토해보자는 것이다.

학벌주의 문제는 소비 자본주의 체제하에서 파편화된 대중이 언제까지 모래알처럼 흩어져 자신들의 궁극적 이익에 반하는 행동을 할 것인지 그걸 검증하는 기회가 될 것이다. 한국 사회의 전반적인 개혁이 매우 어려운 이유가 학벌주의 완화에 따르는 어려움에 농축되어 있다고 해도 과언이 아니다.

'정글의 법칙'은 한국인의 숙명인가? 그렇진 않다. 그건 역사의 오래 묵은 때다. 워낙 오래 묵어 '이태리 타올'로도 잘 안 벗겨진다. 시간이 오래 걸릴 것이다. 또한 기존 '정글의 법칙'이 가져온 이익에도 주목하는 게 필요하다. 수익收益 계산을 통해 그 이익을 초과하는 손실이 발생하고 있다거나 더 큰 이익을 얻을 수 있는 방법이 있다는 대안 제시에 소홀하지 말아야 한다는 것이다.

이미 '정글의 법칙'에 찌들은 사람들을 상대로 "이건 너무 잔인하지 않느냐"는 호소는 무력하기 때문에 더욱 그런 작업이 필요할 것이다. 학벌주의 완화에 대해 '하향 평준화'니 '포퓰리즘'이니 하는 주문을 열심히 외워대는 사람들이 한국의 전형적인 엘리트로 행세하는 모습을 계속 지켜보아야 한다는 건 너무 슬픈 일이 아닐 수 없다.

영어 문제는 대학 입시 문제의 판박이라는 주장에 이견을 제시할 수도 있겠다. 그렇다 하더라도 한 가지는 분명하다. 대학 입시 문제가 그대로 온존하는 가운데 영어 문제의 개선은 어려운 정도가 아니라 불가능하다는 점이다. 두 가지 문제 모두 그 핵심은 서열에 관한 생각에 있기 때문이다. '서열 미화'와 '서열 타파'라고 하는 양극화된 대립 구도 속에서 '서열 유동화'라고 하는 제3의 길은 양쪽 모두에게서 욕을 먹는 게 현실이다.

나는 무엇보다도 진보적 근본주의에 실망하고 절망한 나머지 대학 입시 문제든 영어 문제든 개선은 어렵다는 비관주의 쪽으로 기운 지 오래다. 그래서 "영어 광풍에 너그러워지자"는 대안 아닌 대안을 제시하게 된 건지도 모르겠다. 어떤 현실에 대해 저주하면서 사는 것보다는 숙명임을 인정하면 마음이 편해진다. 그런 상태에서 타협할 마음이 생기고 성에 차진 않을망정 점진적이지만 실효성이 있는 대안 모색이 가능해질 것인바, "영어 광풍에 너그러워지자"는 건 괜한 푸념이나 헛소리만은 아닌 셈이다.

머리말 한국인의 영어 전쟁

1 이대혁, 「美軍 학교 보내려…맹모도 기막힌 '入養지교' : 美8군 고교 한국계가 30%…"친부모 집서 등교"」, 『한국일보』, 2009년 2월 12일.

2 이옥순, 「영어는 힘이 세다!」, 『교수신문』, 2009년 3월 16일.

3 김보미·황경상, 「휴대폰·무전기로 얻은 '토익 고득점'」, 『경향신문』, 2009년 6월 24일.

4 오창민, 「강남 영어 유치원 年 1800만원…국립대 연평균 등록금의 4.3배」, 『경향신문』, 2009년 7월 21일.

5 조백건 외, 「"잠꼬대도 영어로만…" 영어(英語) 감옥에서 보낸 40일」, 『조선일보』, 2009년 8월 4일.

6 정철훈, 「'영어 계급사회' 저자 남태현 "한국 사회 영어 광풍은 기막힌 사기"」, 『국민일보』, 2012년 2월 9일.

7 김수미·윤지로, 「영어유치원·사립학교에 가려 또 영어 과외…공교육은 들러리」, 『세계일보』, 2013년 8월 5일.

8 김지수, 「점수에 돈 거는 '토익펀딩' 성행…스펙 광풍의 '그림자'」, 『노컷뉴스』, 2014년 1월 13일.

9 최하은, 「수능 만점 받으려 영어 공부 하나요?」, 『중앙일보』, 2014년 2월 22일.

10 「"토익 성적표 위조합니다" 피해주의보」, 『서울경제』, 2014년 2월 26일.

11 허남설, 「매년 2만 가구 늘어 '기러기 가구' 50만 넘어…"건강·우울 악화 관리책 필요"」, 『경향신문』, 2013년 11월 11일.

제1장 영어는 처음부터 '권력'이었다

1 「헨드릭 하멜(Hendrik Hamel)」, 『네이버 지식백과』; 김명배, 문은경 엮음, 『개화기의 영어 이야기』(국제영어대학원대학교출판부, 2006), 17쪽.

2 송병기, 『한국, 미국과의 첫 만남: 대미개국사론』(고즈윈, 2005), 35쪽.

3 송준, 「한·영 만남 200주년/그날과 오늘 '닮은꼴' 역사는 반복되는가: 기념 행사 계기로 진단한 두 나라의 과거와 현재」, 『시사저널』, 1997년 6월 12일, 98면; 오상도, 「100년 전 고종도 절박함으로 대했다, 생존의 다른 이름 '영어'」, 『서울신문』, 2013년 11월 25일.

4 송병기, 『한국, 미국과의 첫 만남: 대미개국사론』(고즈윈, 2005), 28~31쪽.

5 유석재, 「상투 튼 '잉글리시 티처'를 아십니까?」, 『조선일보』, 2007년 5월 12일, D1면; 김명배, 문은경 엮음, 『개화기의 영어 이야기』(국제영어대학원대학교출판부, 2006), 19~21쪽.

6 이이화, 『한국사 이야기 16: 문벌정치가 나라를 흔들다』(한길사, 2003), 213~215쪽; 강재언, 하우봉 옮김, 『선비의 나라 한국유학 2천 년』(한길사, 2003), 424~425쪽; 강재언, 이규수 옮김, 『서양과 조선: 그 이문화 격투의 역사』(학고재, 1998), 200~201쪽; 한국기독교역사연구소, 『한국 기독교의 역사 I』(기독교문사, 1989), 102쪽; 김명배, 문은경 엮음, 『개화기의 영어 이야기』(국제영어대학원대학교출판부, 2006), 24~25쪽.

7 김태수, 『꽃 가치 피어 매혹케 하라: 신문광고로 본 근대의 풍경』(황소자리, 2005), 62쪽.

8 박용규, 「미국 선교사들, 조선을 가장 선호」, 『주간조선』, 2006년 5월 8일, 76~77면.

9 정성희, 『한권으로 보는 한국사 101장면』(가람기획, 1997), 247~248쪽.

10 정성희, 『한권으로 보는 한국사 101장면』(가람기획, 1997), 248~249쪽; 박은봉, 『개정판 한국사 100장면』(실천문학사, 1997), 291쪽; 이덕주, 『한국교회 처음 이야기』(홍성사, 2006), 66쪽.

11 유영렬, 『개화기의 윤치호 연구』(한길사, 1985), 273~274쪽.

12 김명배, 문은경 엮음, 『개화기의 영어 이야기』(국제영어대학원대학교출판부, 2006), 45~47쪽; 유영렬, 『개화기의 윤치호 연구』(한길사, 1985), 273~274쪽; 전봉관, 『럭키경성: 근대조선을 들썩인 투기 열풍과 노블레스 오블리주』(살림, 2007), 306~307쪽.

13 김명배, 문은경 엮음, 『개화기의 영어 이야기』(국제영어대학원대학교출판부, 2006), 58~59쪽.

14 김명배, 문은경 엮음, 『개화기의 영어 이야기』(국제영어대학원대학교출판부, 2006), 71~77쪽; 박광희, 「들뜬 김옥균 영어 한마디…"아차 실수"」, 『한국일보』, 2007년 5월 12일, 18면; 유석재, 「상투 튼 '잉글리시 티처'를 아십니까?」, 『조선일보』, 2007년 5월 12일, D1면.

15 이광린, 『개화당 연구』(일조각, 1997), 52쪽.

16 김인숙, 「무너져가는 나라가 기댈 것은 미래뿐…고종, 학교 설립 흔쾌히 허락: 광혜원·배재학당 등 설립…민간의 근대화 움직임」, 『조선일보』, 2004년 4월 9일, A26면.

17 김태익, 「최초의 대미사절 보빙사(유길준과 개화의 꿈 4)」, 『조선일보』, 1994년 11월 14일, 7면;

김정기, 「1882년 조미수호통상조약과 이권 침탈」, 『역사비평』, 계간 17호(1992년 여름), 29쪽.

18 전봉관, 『럭키경성: 근대조선을 들썩인 투기 열풍과 노블레스 오블리주』(살림, 2007), 307쪽.

19 김태익, 「최초의 대미사절 보빙사(유길준과 개화의 꿈 4)」, 『조선일보』, 1994년 11월 14일, 7면; 이광린, 『개화당 연구』(일조각, 1997), 52쪽.

20 김승태, 「한국 개신교와 근대 사학」, 『역사비평』, 통권 70호(2005년 봄), 125쪽; 김수진, 「[新한국교회사] (11) 일본 주재 선교사들의 역할」, 『국민일보』, 2001년 4월 4일, 18면; 이선민, 「미, 1884년 말 북장로회 · 감리회의 선교사 줄줄이 파견」, 『조선일보』, 2004년 4월 9일, A26면.

21 이광린, 『한국개화사상연구』(일조각, 1995), 240쪽.

22 미국은 보빙사를 보낸 보람도 없이 조선을 외면했다. 1884년 7월 7일부터 한국에 있는 전권 공사의 자리는 변리공사 겸 총영사로 격하되었다. 이 때문에 푸트는 사임하고 귀국했다. 1886년 6월 9일 파커(W. H. Parker)가 내한할 때까지 해군 무관 포크가 임시 대리 공사로 일했지만, 포크는 박봉에 시달려 업무 수행을 제대로 하기 어려웠다. 조선에 대한 미국의 무관심은 미국이 조선에 진출한 주요 국가 가운데 서울 이외의 지역에 영사관을 설치하지 않은 유일한 국가였다는 사실을 통해서도 짐작할 수 있다. F. H. 해링턴, 이광린 옮김, 『개화기의 한미관계: 알렌 박사의 활동을 중심으로』(일조각, 1973), 47쪽; 민경배, 『알렌의 선교와 근대한미외교』(연세대학교출판부, 1991), 66~67쪽; 류대영, 『개화기 조선과 미국 선교사: 제국주의 침략, 개화자강, 그리고 미국 선교사』(한국기독교역사연구소, 2004), 51쪽.

23 조현범, 『문명과 야만: 타자의 시선으로 본 19세기 조선』(책세상, 2002), 110쪽; 김수진, 「[新한국교회사] (12) 부활절의 새 나팔소리: 1885년 부활절에 한국 선교 첫걸음」, 『국민일보』, 2001년 4월 12일, 18면.

24 김수진, 「[新한국교회사] (12) 부활절의 새 나팔소리: 1885년 부활절에 한국 선교 첫걸음」, 『국민일보』, 2001년 4월 12일, 18면.

25 김수진, 「[新한국교회사] (15 · 끝) 아펜젤러의 '살신성인'」, 『국민일보』, 2001년 5월 2일, 18면.

26 손세일, 「[연재] 손세일의 비교 전기/한국 민족주의의 두 유형: 이승만과 김구」, 『월간조선』, 2001년 11월호.

27 김승태, 「한국 개신교와 근대 사학」, 『역사비평』, 통권 70호(2005년 봄), 125쪽.

28 한국기독교역사연구소, 『한국 기독교의 역사 I』(기독교문사, 1989), 197쪽.

29 임대식, 「이완용의 변신 과정과 재산 축적」, 『역사비평』, 계간 22호(1993년 가을), 145쪽; 김호일,

『다시 쓴 한국 개항 전후사』(중앙대학교 출판부, 2004), 314쪽.

30 박광희, 「들뜬 김옥균 영어 한마디⋯"아차 실수"」, 『한국일보』, 2007년 5월 12일, 18면; 김인숙, 「무너져가는 나라가 기댈 것은 미래뿐⋯고종, 학교 설립 흔쾌히 허락: 광혜원 · 배재학당 등 설립⋯민간의 근대화 움직임」, 『조선일보』, 2004년 4월 9일, A26면; 이해명, 『개화기 교육개혁 연구』(을유문화사, 1991), 129쪽.

31 허정헌, 「조선시대에 불어 닥친 '잉글리시 열풍': KBS1 '역사스페셜' 일제시대 왜곡된 영어 교육 등 추적」, 『한국일보』, 2012년 11월 8일.

32 손세일, 「[연재] 손세일의 비교 전기/한국 민족주의의 두 유형: 이승만과 김구」, 『월간조선』, 2001년 11월호.

33 김수진, 「[新한국교회사] (15 · 끝) 아펜젤러의 '살신성인'」, 『국민일보』, 2001년 5월 2일, 18면.

34 손세일, 「[연재] 손세일의 비교 전기/한국 민족주의의 두 유형: 이승만과 김구」, 『월간조선』, 2001년 11월호.

35 이화100년사편찬위원회 편, 『이화 100년사』(이화여자대학교출판부, 1994), 25쪽 · 56쪽.

36 강재언, 정창렬 옮김, 『한국의 개화사상』(비봉출판사, 1989), 280쪽; 김명배, 문은경 엮음, 『개화기의 영어 이야기』(국제영어대학원대학교출판부, 2006), 160~161쪽.

37 F. H. 해링턴, 이광린 옮김, 『개화기의 한미관계: 알렌 박사의 활동을 중심으로』(일조각, 1973), 88쪽.

38 전봉관, 『럭키경성: 근대조선을 들썩인 투기 열풍과 노블레스 오블리주』(살림, 2007), 311쪽.

39 김명배, 문은경 엮음, 『개화기의 영어 이야기』(국제영어대학원대학교출판부, 2006), 95~96쪽.

40 김태수, 『꽃 가치 피어 매혹케 하라: 신문광고로 본 근대의 풍경』(황소자리, 2005), 63~64쪽.

41 전봉관, 『럭키경성: 근대조선을 들썩인 투기 열풍과 노블레스 오블리주』(살림, 2007), 317~320쪽.

42 전봉관, 『럭키경성: 근대조선을 들썩인 투기 열풍과 노블레스 오블리주』(살림, 2007), 320~321쪽.

43 전봉관, 『럭키경성: 근대조선을 들썩인 투기 열풍과 노블레스 오블리주』(살림, 2007), 321~327쪽.

44 이이화, 「이완용의 곡예: 친미 · 친로에서 친일로」, 『역사비평』, 계간 17호(1992년 여름), 195쪽.

45 유석재, 「상투 튼 '잉글리시 티처'를 아십니까?」, 『조선일보』, 2007년 5월 12일, D1면.

46 이승원, 『학교의 탄생: 100년 전 학교의 풍경으로 본 근대의 일상』(휴머니스트, 2005), 223~225쪽.

47 카를로 로제티(Carlo Rossetti), 서울학연구소 옮김, 『꼬레아 꼬레아니: 백년 전 이태리 외교관이 본 한국과 한국인』(숲과나무, 1904/1996), 305쪽.

48 홍순일 · 정진석 · 박창석, 『한국영어신문사』(커뮤니케이션북스, 2003), 2쪽.

49 송우혜, 「고종의 친위쿠데타 실패하자 일본은 회심의 미소: 을미사변의 후폭풍… '춘생문 사건' 과 단발령, 을미의병」, 『조선일보』, 2004년 8월 4일, A18면.

50 손세일, 「[연재] 손세일의 비교 전기/한국 민족주의의 두 유형: 이승만과 김구」, 『월간조선』, 2001년 11월호; 로버트 올리버, 황정일 옮김, 『이승만: 신화에 가린 인물』(건국대학교출판부, 2002), 38~39쪽.

51 윤성렬, 『도포 입고 ABC 갓 쓰고 맨손체조: 신문화의 발상지 배재학당 이야기』(학민사, 2004), 39쪽.

52 김구, 도진순 주해, 『백범일지: 백범 김구 자서전』(돌베개, 2002), 90쪽.

53 주진오, 「청년기 이승만의 언론 · 정치활동 해외활동」, 『역사비평』, 계간 33호(1996년 여름), 160쪽.

54 손세일, 「[연재] 손세일의 비교 전기/한국 민족주의의 두 유형: 이승만과 김구」, 『월간조선』, 2001년 11월호.

55 손세일, 「[연재] 손세일의 비교 전기/한국 민족주의의 두 유형: 이승만과 김구」, 『월간조선』, 2001년 11월호; 서정주, 『우남 이승만전』(화산문화기획, 1995), 109쪽.

56 손세일, 「[연재] 손세일의 비교 전기/한국 민족주의의 두 유형: 이승만과 김구」, 『월간조선』, 2001년 11월호.

57 손세일, 「[연재] 손세일의 비교 전기/한국 민족주의의 두 유형: 이승만과 김구」, 『월간조선』, 2001년 11월호; 서정주, 『우남 이승만전』(화산문화기획, 1995), 114쪽.

58 손세일, 「[연재] 손세일의 비교 전기/한국 민족주의의 두 유형: 이승만과 김구」, 『월간조선』, 2001년 11월호; 유영익, 『이승만의 삶과 꿈』(중앙일보사, 1996), 28쪽.

59 김태수, 『꽃 가치 피어 매혹케 하라: 신문광고로 본 근대의 풍경』(황소자리, 2005), 68쪽.

60 손세일, 「[연재] 손세일의 비교 전기/한국 민족주의의 두 유형: 이승만과 김구」, 『월간조선』, 2001년 11월호.

61 손세일, 「[연재] 손세일의 비교 전기/한국 민족주의의 두 유형: 이승만과 김구」, 『월간조선』, 2001년 11월호.

62 강재언, 『한국의 근대사상』(한길사, 1987), 173쪽.

63 김태수, 『꽃 가치 피어 매혹케 하라: 신문광고로 본 근대의 풍경』(황소자리, 2005), 70~71쪽.

64 송남헌 외, 우사연구회 엮음, 『몸으로 쓴 통일독립운동사: 우사 김규식 생애와 사상 ③』(한울, 2000), 21쪽.

65 손세일, 「[연재] 손세일의 비교 전기/한국 민족주의의 두 유형: 이승만과 김구」, 『월간조선』, 2002년 7월호; 유영익, 『젊은 날의 이승만: 한성감옥생활(1899~1904)과 옥중잡기 연구』(연세대학교출판부, 2002), 74~75쪽.

66 김명배, 문은경 엮음, 『개화기의 영어 이야기』(국제영어대학원대학교출판부, 2006), 145~146쪽.

67 최봉영, 『한국문화의 성격』(사계절, 1997), 209~210쪽.

68 김명배, 문은경 엮음, 『개화기의 영어 이야기』(국제영어대학원대학교출판부, 2006), 175쪽.

69 정진석, 『언론유사』(커뮤니케이션북스, 1999), 315쪽.

70 손제민, 「외신 기자 눈에 비친 근현대사: 60여 명 취재기 '한국의 목격자들' 출간」, 『경향신문』, 2006년 6월 5일, 21면.

71 이광린, 「『대한매일신보』 간행에 대한 일고찰」, 이광린 외, 『대한매일신보연구: 인문연구논총 제16집』(서강대학교 인문과학연구소, 1986), 5쪽.

72 F. A. 매켄지, 신복룡 역주, 『대한제국의 비극: 한말 외국인 기록 2』(집문당, 1999), 200쪽.

73 이광린, 「『대한매일신보』 간행에 대한 일고찰」, 이광린 외, 『대한매일신보연구: 인문연구논총 제16집』(서강대학교 인문과학연구소, 1986), 11~12쪽.

74 이혜석, 「초기 미국 선교사들은 무엇을 전파하였나」, 역사문제연구소 편, 『바로 잡아야 할 우리 역사 37장면 1』(역사비평사, 1993), 26쪽.

75 무라세 신야, 「헤이그의 굴욕 경험한 이위종, 적군(赤軍)에 가담하다: 일본인 학자가 본 1907년 헤이그 밀사 사건」, 『월간조선』, 2007년 7월호, 194쪽; 유석재, 「헤이그 밀사 100주년 (1) 제대로 된 '신임장'도 없이 떠난 길: 급조한 '황제의 밀서' 내밀지도 못하고…」, 『조선일보』, 2007년 6월 23일; 최문형, 『국제관계로 본 러일전쟁과 일본의 한국병합』(지식산업사, 2004), 366쪽.

76 금동근, 「한국, 초청국 명단에 12번째 올라… '불청객' 아니었다: 1907~2007 헤이그 특사파견 100년」, 『동아일보』, 2007년 2월 17일, 3면.

77 금동근, 「한국, 초청국 명단에 12번째 올라… '불청객' 아니었다: 1907~2007 헤이그 특사파견 100년」, 『동아일보』, 2007년 2월 17일, 3면.

78 무라세 신야, 「헤이그의 굴욕 경험한 이위종, 적군(赤軍)에 가담하다: 일본인 학자가 본 1907년 헤이그 밀사 사건」, 『월간조선』, 2007년 7월호, 200쪽.

79 금동근, 「돌아오지 못한 그들의 길…우리가 가야 할 길: 헤이그 특사파견 100년」, 『동아일보』, 2007년 2월 17일, 1면.

80 임대식, 「이완용의 변신과정과 재산축적」, 『역사비평』, 계간 22호(1993년 가을), 142쪽에서 재인용.

81 김명배, 문은경 엮음, 『개화기의 영어 이야기』(국제영어대학원대학교출판부, 2006), 51~52쪽·
    131쪽·274~275쪽.

82 김명배, 문은경 엮음, 『개화기의 영어 이야기』(국제영어대학원대학교출판부, 2006), 284~285쪽.

83 허수, 「베스트셀러와 금서의 변주곡」, 한국역사연구회, 『우리는 지난 100년 동안 어떻게 살았을
    까 1』(역사비평사, 1998), 136쪽; 김명배, 문은경 엮음, 『개화기의 영어 이야기』(국제영어대학원
    대학교출판부, 2006), 194쪽.

84 윤수안, 윤수안·고영진 옮김, 『'제국일본' 과 영어·영문학』(소명출판, 2014), 173쪽.

85 홍순일·정진석·박창석, 『한국영어신문사』(커뮤니케이션북스, 2003), 168쪽.

86 박찬승, 『한국근대 정치사상사연구: 민족주의 우파의 실력양성운동론』(역사비평사, 1992),
    170~172쪽.

87 윤수안, 윤수안·고영진 옮김, 『'제국일본' 과 영어·영문학』(소명출판, 2014), 173쪽.

88 홍순일·정진석·박창석, 『한국영어신문사』(커뮤니케이션북스, 2003), 169쪽.

89 김영철, 「"이제 英語 모르면 패배자 됩니다"」, 『조선일보』, 2012년 11월 15일.

90 윤수안, 윤수안·고영진 옮김, 『'제국일본' 과 영어·영문학』(소명출판, 2014), 173쪽.

91 김명배, 문은경 엮음, 『개화기의 영어 이야기』(국제영어대학원대학교출판부, 2006), 197~198쪽.

92 최기영, 『한국근대계몽사상연구』(일조각, 2003), 339쪽.

93 소래섭, 『에로 그로 넌센스: 근대적 자극의 탄생』(살림, 2005), 29~30쪽.

94 김영철, 「"이제 英語 모르면 패배자 됩니다"」, 『조선일보』, 2012년 11월 15일.

95 김진송, 『서울에 딴스홀을 허(許)하라: 현대성의 형성』(현실문화연구, 1999), 163~165쪽.

96 김진송, 『서울에 딴스홀을 허(許)하라: 현대성의 형성』(현실문화연구, 1999), 161쪽.

97 최준, 『한국신문사』(일조각, 1987), 323~324쪽·334~335쪽.

98 김영철, 「"이제 英語 모르면 패배자 됩니다"」, 『조선일보』, 2012년 11월 15일.

99 최준, 『한국신문사』(일조각, 1987), 334~335쪽.

100 심지연, 『허헌 연구』(역사비평사, 1994), 85쪽.

101 성병욱, 「조선식산은행원, 식민지를 살다」, 『역사비평』, 통권 78호(2007년 봄), 348쪽.

102 유성운, 「일제강점기 조선은 '욕망의 식민지': 고려대 '식민지 근대를 가다' 학술대회」, 『동아일
    보』, 2006년 11월 14일, A23면.

제2장 영어는 '시대정신'이었다

1 김삼웅, 『한국현대사 뒷얘기』(가람기획, 1995), 106쪽; 진덕규, 『한국 현대정치사 사설』(지식산업사, 2000), 10~12쪽.

2 조용중, 『미군정하의 한국정치현장』(나남, 1990), 41~43쪽; 그레고리 핸더슨, 박행웅 · 이종삼 옮김, 『소용돌이의 한국정치』(한울아카데미, 2000), 205~206쪽.

3 송건호, 「미군정하의 언론」, 송건호 외, 『한국언론 바로보기』(다섯수레, 2000), 122~123쪽.

4 브루스 커밍스, 김자동 옮김, 『한국전쟁의 기원』(일월서각, 1986), 191쪽 · 207쪽; 송광성, 『미군점령 4년사: 우리나라의 자주 · 민주 · 통일과 미국』(한울, 1995), 95쪽.

5 홍순일 · 정진석 · 박창석, 『한국영어신문사』(커뮤니케이션북스, 2003), 165~167쪽.

6 이동현, 『한국신탁통치연구』(평민사, 1990), 136~137쪽.

7 안진, 「분단고착세력의 권력장악과 미군정」, 『역사비평』, 제6호(1989년 가을), 62~63쪽.

8 조순경 · 이숙진, 『냉전체제와 생산의 정치: 미군정기의 노동정책과 노동운동』(이화여자대학교출판부, 1995), 77쪽.

9 박영수, 『운명의 순간들: 다큐멘터리 한국근현대사』(바다출판사, 1998), 201~202쪽; 양병기, 「한국 군부의 역할과 공과」, 이우진 · 김성주 공편, 『현대한국정치론』(사회비평사, 1996), 412쪽.

10 피터 현, 『세계를 구름처럼 떠도는 사나이』(푸른숲, 1996), 29~30쪽.

11 최정호, 「해방 후 최초의 베스트셀러와 구인회」, 『우리가 살아온 20세기 1』(미래M&B, 1999), 198쪽; 김성진, 『한국정치 100년을 말한다』(두산동아, 1999), 72쪽.

12 조순경 · 이숙진, 『냉전체제와 생산의 정치: 미군정기의 노동정책과 노동운동』(이화여자대학교출판부, 1995), 79쪽.

13 「어머니학교에서 영어 강습회 개최」, 『조선일보』, 1947년 12월 11일, 조간 2면; 「영어 강습회 개최」, 『조선일보』, 1948년 4월 16일, 조간 2면.

14 윤대원, 『일하는 사람들을 위한 한국현대사』(거름, 1990), 35쪽; 한국민중사연구회 편, 『한국민중사 II』(풀빛, 1986), 248~249쪽.

15 이재선, 『현대한국소설사 1945~1990』(민음사, 1991), 66~67쪽.

16 홍정선 외, 『해방 50년 한국의 소설 2』(한겨레신문사, 1995), 187쪽.

17 최진섭, 『한국언론의 미국관』(살림터, 2000), 204~205쪽에서 재인용.

18 고은, 『만인보 16』(창비, 2004), 180~181쪽.

19 홍성원, 『남과 북 3』(문학과지성사, 2000), 378~379쪽.

20 권정생, 「영원히 부끄러울 전쟁」, 『역사비평』, 제29호(1995년 여름), 18~19쪽.

21 「영어 강습회」, 『조선일보』, 1951년 11월 16일, 조간 2면. 이후로도 한동안 영어 강습회 고지는 뉴스거리가 되었다. 「서대문서 영어강좌」, 『조선일보』, 1953년 3월 13일, 조간 2면; 「공무원에 영어 강습」, 『조선일보』, 1954년 11월 13일, 조간 2면.

22 「평택영어웅변대회」, 『조선일보』, 1952년 11월 15일, 조간 2면.

23 이영미, 『흥남부두의 금순이는 어디로 갔을까』(황금가지, 2002), 82~84쪽.

24 김원일, 『불의 제전 4』(문학과지성사, 1997), 10~11쪽.

25 이영미, 『흥남부두의 금순이는 어디로 갔을까』(황금가지, 2002), 84~85쪽.

26 이영미, 『한국 대중가요사』(시공사, 1998), 126쪽.

27 이영미, 『한국 대중가요사』(시공사, 1998), 134쪽.

28 리영희, 『역정: 나의 청년시대: 리영희 자전적 에세이』(창작과비평사, 1988), 265쪽.

29 임대식, 「1950년대 미국의 교육원조와 친미 엘리트의 형성」, 역사문제연구소 편, 『1950년대 남북한의 선택과 굴절』(역사비평사, 1998), 155~156쪽.

30 한교석, 「영어 교육의 긴급문제: 표준발음에 대하여」, 『조선일보』, 1954년 9월 20일, 조간 4면; 안호삼, 「진보냐 퇴보냐: 영어 교육에 관한 잡감」, 『조선일보』, 1955년 7월 10일, 조간 4면; 「구하기 어려운 영어교사」, 『조선일보』, 1955년 8월 5일, 조간 2면; 「저하되는 학생 실력: 근본적 검토가 긴요」, 『조선일보』, 1959년 7월 2일, 석간 4면.

31 「대통령상에 이웅구 군: 영어웅변 성황」, 『조선일보』, 1957년 10월 28일, 석간 3면; 「영어웅변대회 입상자 12명 30일 이 대통령 방문」, 『조선일보』, 1957년 10월 31일, 조간 2면.

32 「때는 영어만능시대?」, 『조선일보』, 1955년 10월 8일, 조간 1면.

33 선우종원, 『격랑 80년: 선우종원 회고록』(인물연구소, 1998), 143쪽.

34 유병은, 『방송야사』(KBS 문화사업단, 1998), 215쪽.

35 박기성, 『한국방송문화연구』(나남, 1985), 323~347쪽.

36 이성욱, 「엘비스와 매카시가 우리를 검열했다」, 『한겨레』, 2000년 5월 15일, 24면.

37 강인철, 『한국기독교회와 국가·시민사회 1945~1960』(한국기독교역사연구소, 1996), 198~199쪽.

38 한영선이 『기독교사상』 1959년 6월호에 쓴 「농촌교회의 전도문제」라는 글에서 한 말이다. 강인

철, 『한국기독교회와 국가 · 시민사회 1945~1960』(한국기독교역사연구소, 1996), 274쪽에서 재인용.

제3장 영어는 '선택'이 아닌 '필수'였다

1 심지연, 「민주당 결성과 윤보선의 리더십 연구: 1960년대 초를 중심으로」, 한국정신문화연구원 편, 『장면 · 윤보선 · 박정희: 1960년대 초 주요 정치지도자 연구』(백산서당, 2001), 106~110쪽.

2 김준하, 『대통령과 장군: 윤보선 대 박정희』(나남, 2002), 96~97쪽.

3 정윤재, 「장면 총리의 정치리더십과 제2공화국의 붕괴」, 한국정신문화연구원 편, 『장면 · 윤보선 · 박정희: 1960년대 초 주요 정치지도자 연구』(백산서당, 2001), 85쪽.

4 정대철, 『장면은 왜 수녀원에 숨어 있었나』(동아일보사, 1997), 272~273쪽에서 재인용.

5 조갑제, 『내 무덤에 침을 뱉어라 3: 혁명 전야』(조선일보사, 1998), 255쪽.

6 정윤재, 「장면 총리의 정치리더십과 제2공화국의 붕괴」, 한국정신문화연구원 편, 『장면 · 윤보선 · 박정희: 1960년대 초 주요 정치지도자 연구』(백산서당, 2001), 81쪽.

7 이용원, 「제2공화국과 장면: 요동치는 군 하(下)」, 『대한매일』, 1999년 5월 4일, 6면.

8 이영신, 『격동 30년: 제1부 쿠데타의 새벽 ①』(고려원, 1992), 63~64쪽.

9 임대식, 「1950년대 미국의 교육원조와 친미 엘리트의 형성」, 역사문제연구소 편, 『1950년대 남북한의 선택과 굴절』(역사비평사, 1998), 183쪽.

10 「영어」, 『조선일보』, 1961년 10월 22일, 석간 4면.

11 「조국을 버린 자들: '어글리 코리언'」, 『조선일보』, 1965년 6월 8일, 7면.

12 서중석, 「4월혁명운동기의 반미 · 통일운동과 민족해방론」, 『역사비평』, 제14호(1991년 가을), 133~134쪽.

13 김철, 「한국과 미국 (5) 통역」, 『동아일보』, 1978년 4월 6일, 4면.

14 「영어하는 가정부 양성」, 『조선일보』, 1967년 11월 12일, 5면.

15 김창훈, 『한국외교 어제와 오늘』(다락원, 2002), 137~138쪽; 특별취재팀, 「실록 박정희시대/수출 제일주의: 수출업자 특대…밀수에 걸려도 "봐줘라"」, 『중앙일보』, 1997년 9월 8일, 5면.

16 특별취재팀, 「실록 박정희시대/수출 제일주의: 수출업자 특대…밀수에 걸려도 "봐줘라"」, 『중앙

일보』, 1997년 9월 8일, 5면.

17 특별취재팀, 「실록 박정희시대/수출 제일주의: 수출업자 특대…밀수에 걸려도 "봐줘라"」, 『중앙일보』, 1997년 9월 8일, 5면.

18 「때아닌 영어 학구열」, 『조선일보』, 1970년 2월 5일, 2면.

19 「상점·백화점 간판 영자-한글로」, 『조선일보』, 1970년 9월 22일, 8면.

20 어경택, 「10년 논란 매듭 국교 영어교육」, 『동아일보』, 1981년 10월 14일, 3면.

21 전재호, 『반동적 근대주의자 박정희』(책세상, 2000), 100쪽.

22 정순일, 『한국방송의 어제와 오늘: 체험적 방송 현대사』(나남, 1991), 229쪽.

23 문화방송, 『문화방송사사(1961~1982)』(문화방송, 1982), 171쪽.

24 정순일, 『한국방송의 어제와 오늘: 체험적 방송 현대사』(나남, 1991), 229쪽.

25 정순일, 『한국방송의 어제와 오늘: 체험적 방송 현대사』(나남, 1991), 229쪽.

26 임택근, 『방송에 꿈을 심고 보람을 심고』(문학사상사, 1992), 284쪽.

27 정순일, 『한국방송의 어제와 오늘: 체험적 방송 현대사』(나남, 1991), 232~233쪽.

28 「외래어 간판 단속 7월 6일부터」, 『조선일보』, 1976년 5월 19일, 7면.

29 「영어 조기교육 위한 어린이용 교재 나와」, 『조선일보』, 1973년 11월 25일, 5면; 김희련, 「중학 들어가기 전에 알파벳은 가르쳐야」, 『조선일보』, 1977년 12월 15일, 4면.

30 「"국민교부터 영어교육 바람직"」, 『조선일보』, 1977년 12월 23일, 7면.

31 「국교에 영어바람: 문교부 '조기교육설'에 과외열풍」, 『동아일보』, 1978년 5월 9일, 7면.

32 이준우, 「영어 조기교육 바람직한가」, 『조선일보』, 1978년 9월 26일, 5면.

33 「벙어리 영어교육을 탈피한다」, 『조선일보』, 1978년 10월 18일, 7면.

34 이옥로, 「영어교육 빠를수록 좋다」, 『조선일보』, 1980년 12월 2일, 4면.

35 정운성, 「해외여행 크게 늘었다」, 『조선일보』, 1981년 12월 20일, 3면.

36 「주부들 영어회화 붐: "우리도 언젠가는 해외여행 간다"」, 『조선일보』, 1981년 7월 19일, 7면.

37 조화유, 「영어교육은 혁신돼야 한다」, 『조선일보』, 1981년 2월 6일, 10면.

38 「"듣고 말하는 영어교육 펴달라"」, 『조선일보』, 1981년 7월 24일, 2면.

39 고학용, 「생활영어」, 『조선일보』, 1981년 7월 14일, 3면.

40 어경택, 「10년 논란 매듭 국교 영어교육」, 『동아일보』, 1981년 10월 14일, 3면; 고학용, 「초등학교 영어교육 환영과 걱정의 현장」, 『조선일보』, 1981년 10월 15일, 3면; 「어문정책은 신중하게(사

설)」, 『조선일보』, 1981년 10월 15일, 2면; 이옥로, 「국민학교 영어교육 TV 이용하자」, 『조선일

보』, 1981년 12월 27일, 8면.

41 「일반인의 영어실력 가늠 토익 한국에 상륙」, 『동아일보』, 1982년 9월 10일, 6면.

42 「영어 청취력 시험 내년에 전국 확대」, 『조선일보』, 1982년 12월 18일, 10면; 「'영어 듣기' 성적

반영」, 『조선일보』, 1983년 3월 20일, 11면; 「영어 듣기교육의 허실(사설)」, 『조선일보』, 1983년 3

월 22일, 2면.

43 최윤호, 「우리말을 사랑하자」, 『동아일보』, 1983년 7월 8일, 8면; 최석채, 「'손님맞이'와 주체의

식」, 『조선일보』, 1983년 8월 31일, 3면; 김초혜, 「영어 배우는 어머니들」, 『동아일보』, 1984년 6

월 29일, 7면.

44 「국교생에 'TV영어' 매주 토요일 20분씩」, 『조선일보』, 1985년 2월 27일, 11면.

45 「엽색행각 미국인 영어강사 두 번째 추방」, 『조선일보』, 1985년 6월 30일, 11면.

46 「영어, 선택에서 필수로」, 『조선일보』, 1985년 9월 5일, 10면.

47 박세훈, 「면접서 판가름…대기업, 영어회화 중시」, 『조선일보』, 1985년 10월 24일, 5면.

48 이광훈, 「너무나 미국적인…」, 『경향신문』, 1985년 9월 24일, 5면; 이광훈, 「영어병에 시드는 '자

존(自尊)'」, 『경향신문』, 1985년 10월 29일, 5면.

49 「국제화 시대의 어학력(사설)」, 『조선일보』, 1986년 10월 8일, 2면.

50 최구식, 「잡지 제호…국적불명 외래어 "홍수"」, 『조선일보』, 1989년 10월 28일, 9면.

51 박원, 「관광지 영어안내문 고칠 것 많다」, 『조선일보』, 1988년 2월 18일, 12면.

52 고광헌, 『스포츠와 정치』(푸른나무, 1998), 193~195쪽.

제4장 세계화 시대에 영어 광풍이 불다

1 「고려대 내년 54개 강좌 영어로 강의/"학문 주체성 위협" 비판 여론」, 『한겨레신문』, 1990년 11월

8일, 15면.

2 김동섭·양권모, 「'망국과외' 다시 열병/"학교 공부론 안 된다"」, 『경향신문』, 1990년 12월 26일,

1면.

3 「한국 학생 25명 미서 구속/관광비자로 입국 영어교습 받다」, 『동아일보』, 1991년 6월 19일, 22면.

4 「"영어대화 아니꼽다"/대학생 때려 숨지게」, 『경향신문』, 1991년 7월 30일, 15면.

5 「외국어 간판(외언내언)」, 『서울신문』, 1993년 12월 23일, 2면.

6 김승현, 「여기가 한국인가 외국인가/우리글이 거리서 쫓겨난다」, 『세계일보』, 1991년 10월 9일, 1면.

7 손태규, 「높은 영어벽…수업시간이 두렵다(조기유학 이대로 좋은가:7)」, 『한국일보』, 1992년 2월 24일, 10면.

8 손태규, 「"한 달에 수만 불"…거액과외 열풍(조기유학 이대로 좋은가:8)」, 『한국일보』, 1992년 2월 25일, 10면.

9 「국교 영어 '학교과외' 급증/방과 후 강사 초빙 유료강의」, 『한겨레신문』, 1992년 5월 8일, 15면.

10 「유치원생까지 영어 교육 우리 말글살이 혼란 우려」, 『한겨레신문』, 1993년 1월 27일, 15면.

11 「코흘리개 영어교육과 말의 자주성(사설)」, 『한겨레신문』, 1993년 1월 28일, 2면.

12 최홍운, 「대도시/상호 26국 언어로 표기/국어학회, 전국 간판실태조사」, 『서울신문』, 1993년 12월 22일, 12면.

13 「서울 시내 간판 "외래어 사태"」, 『조선일보』, 1973년 5월 4일, 7면.

14 「삼성 올 공채방식 개편/전공시험 폐지… '영어 듣기' 도입」, 『경향신문』, 1993년 10월 9일, 6면.

15 박근애, 「'톰과 제리' 영어대사 방송 논란」, 『한겨레신문』, 1993년 10월 22일, 10면.

16 「영어대사 논란 '톰과 제리' 한글방송」, 『한겨레신문』, 1993년 11월 6일, 16면.

17 「국교 영어 · 한자 교육을/21세기위 건의」, 『경향신문』, 1993년 12월 15일, 2면.

18 허영섭, 「업소 간판 영어 병기/정부 '한국방문의 해' 맞아 추진」, 『경향신문』, 1994년 1월 8일, 22면.

19 조찬제, 「유아용 영어교재 "백만 원"/국제화 편승/학습지 · 비디오 한 세트로」, 『경향신문』, 1994년 1월 12일, 23면.

20 조찬제, 「세 살바기에도 "영어교육"(과외열풍:3)」, 『경향신문』, 1994년 2월 2일, 2면.

21 「주부들 '조기 영어교육 필요하다' 90%」, 『한겨레신문』, 1994년 6월 26일, 8면.

22 배국남, 「영어강좌 주부수강생 "북적"/국교 특활 · 96년 정규과목 포함에 대비」, 『한국일보』, 1994년 4월 28일, 16면.

23 이헌, 「영어 선생님들의 '면학'/유학 다녀 온 학생 회화 실력에 주눅」, 『동아일보』, 1994년 11월 13일, 31면.

24 「'꼴찌영어' 론 세계화 못해(사설)」, 『경향신문』, 1994년 12월 11일, 3면.

25 「택시 안서 엉터리 영어/잘못 지적에 기사폭행」, 『경향신문』, 1995년 1월 1일, 23면.

26 이용호, 「세계화 용어 16차례나 사용」, 『경향신문』, 1995년 1월 7일, 4면.

27 「"외국어를 잡아라"/직장인 학원수강 열기/대기업 위탁 교육 40% 늘어」, 『동아일보』, 1995년 2월 16일, 31면.

28 이인철, 「젖먹이도 영어 배운다/서울 강남 조기교육 바람」, 『동아일보』, 1995년 3월 12일, 22면.

29 박정숙, 「외국식 조기 영어교육 열풍」, 『한겨레신문』, 1995년 8월 24일, 11면.

30 「"카투사가 되고 싶어요"/미군부대서 어학 배우고 자유스러운 생활」, 『한국일보』, 1995년 8월 31일, 13면.

31 「삼성 사원 공채 방식 바꾼다/영어 'TOEIC 성적'으로 대체」, 『동아일보』, 1995년 6월 15일, 2면.

32 김희연, 「'영어로 듣고 말하라' 캠퍼스 삼키는 '토익열풍'」, 『경향신문』, 1995년 9월 5일, 27면.

33 남대희, 「"영어 잘 못하면 사표 써야 할 판"/대기업 어학열풍」, 『한국일보』, 1996년 2월 26일, 15면.

34 「"직원 조회 영어로" 삼성물산 신세길 사장/전 업무에 확대 추진」, 『경향신문』, 1996년 2월 4일, 9면.

35 장화경, 「초등학생 53만 명 영어 과외/교육부 조사/사교육비 연간 3천5백억」, 『경향신문』, 1996년 9월 22일, 23면; 이병기 · 조원표, 「조기 영어 열풍/"하이, 잉글리시" 연 6천억 시장」, 『동아일보』, 1996년 10월 6일, 6면.

36 부형권, 「'본토 영어' 배우러 미로…호로…/어린이 해외연수 열풍」, 『동아일보』, 1996년 7월 11일, 47면.

37 서규환, 「왜 다시 비판인가?: 우리 시대의 조건들에 대한 비판적 단상들」, 『황해문화』, 1997년 가을호, 54쪽에서 재인용.

38 최소영, 「영어공부 왜 하십니까?」, 『경향신문』, 1997년 4월 2일, 15면.

39 박인규, 「"한국인 영어 학습 열병"/WP지 1면 머리로 보도」, 『경향신문』, 1997년 4월 16일, 27면.

40 권혁철 · 안선희, 「유치원생 영어연수 열풍」, 『한겨레』, 1997년 4월 25일, 26면.

41 박종생, 「이대 신방과 94학번들이 절반도 안 남은 까닭은…」, 『한겨레』, 1997년 6월 21일, 11면.

42 유신모, 「무너지는 상아탑 '대4병' 앓는 소리/대학은 지금 취업전쟁」, 『경향신문』, 1997년 7월 12일, 25면.

43 「권두언: 이 중대한 국면을 어떻게 바라봐야 하는가」, 『황해문화』, 1997년 가을호, 6쪽.

44 유초하(충북대 철학과 교수), 「감성이 지성을 재는 잣대이다」, 『문화과학』, 1997년 가을호, 136~137쪽.

45 김완준, 「영어 유감」, 『상상』, 제18호(1997년 겨울호), 327~328쪽.

46 김용환(한남대 철학과 교수), 「위기의 한국 사회를 위한 실천적 제안」, 『사회비평』, 1999년 봄호, 155~156쪽.

47 복거일, 『국제어 시대의 민족어』(문학과지성사, 1998), 180~183쪽.

48 후나바시 요이치, 홍성민 옮김, 『나는 왜 영어 공용어론을 주장하는가』(중앙M&B, 2001), 64쪽.

49 박노자, 「영어공용화론의 망상」, 『한겨레』, 1999년 11월 30일, 9면.

50 이동준, 「'인터넷이 빈부차 심화'」, 『한국일보』, 1999년 7월 14일, 12면.

51 이인열, 「'스피킹 못하면 퇴출', 대기업 임원 영어회화 생존필수」, 『경향신문』, 1999년 9월 30일, 9면.

52 김선미, 「서울시청 젊은 사무관 "미래불안" 유학 열풍」, 『문화일보』, 1999년 10월 21일, 28면.

53 권재현, 「중고생 토익 열풍…14일 올 마지막 시험 10대 몰려」, 『동아일보』, 1999년 11월 15일, 31면.

54 이학준 · 강영수, 「초등교생 대상 불법 학원 과외 극성」, 『국민일보』, 1999년 12월 8일, 23면.

제5장 "한국에서 영어는 국가적 종교였다"

1 김동욱, 「'독자편지' 英語 조기 교육 정부 지원을」, 『문화일보』, 2000년 1월 22일, 7면.

2 정재숙, 「영어 열풍 기름 붓는 교육부」, 『한겨레』, 2000년 2월 22일, 8면.

3 강호식, 「장교들 '영어와 전쟁', '토익 등 진급심사 반영'」, 『경향신문』, 2000년 2월 24일, 22면.

4 홍성철, 「다시 부는 영어 열풍/"영어=생존수단" 확산」, 『동아일보』, 2000년 3월 1일, 29면.

5 정재숙, 「대학가 일그러진 '영어 열풍'」, 『한겨레』, 2000년 3월 7일, 17면.

6 홍성철, 「빗나간 열풍…中, 高 영어교육 멍 든다」, 『문화일보』, 2000년 5월 12일, 31면.

7 허엽, 「SBS '그것이 알고 싶다', '조기유학 열풍' 함정 사례 통해」, 『동아일보』, 2000년 3월 11일, 20면.

8 김용식, 「영어 과외 열풍 "아니 벌써…"」, 『한국일보』, 2000년 5월 5일, 29면.

9 이인철, 「불법 조기유학 급증…작년 1650명 전년比 46% 늘어」, 『동아일보』, 2000년 7월 3일, 30면.

10 민태원, 「공항은 대혼잡…어학연수 · 배낭여행 초등생까지 열풍」, 『국민일보』, 2000년 7월 21일, 27면.

11 이영미, 「[영어교육 열풍] (3) 부촌에 번지는 '고액' 영어 유치원」, 『국민일보』, 2000년 10월 16일, 31면.

12 이영미, 「[영어교육 열풍] (4 · 끝) 회원 100만 명 확보 학습지 '파워'」, 『국민일보』, 2000년 10월 23일, 31면.

13 박희제, 「육아/영유아 과외열풍 분다…조기교육 붐 타고 급속 확산」, 『동아일보』, 2001년 1월 4일, 25면.

14 김영명, 『나는 고발한다: 김영명 교수의 영어 사대주의 뛰어넘기』(한겨레신문사, 2000).

15 후나바시 요이치, 홍성민 옮김, 『나는 왜 영어 공용어론을 주장하는가』(중앙M&B, 2001), 63쪽.

16 복거일, 「영어 문제의 본질과 대책」, 『사회비평』, 2001년 여름호, 150쪽.

17 박선호 · 신보영, 「불법 고액 영어캠프 성행」, 『문화일보』, 2001년 1월 8일, 31면.

18 이동훈, 「[2001 한국인 이렇게 산다] (8) 조기유학 열풍」, 『한국일보』, 2001년 3월 2일, 24면.

19 차미례, 「[설왕설래] 외국인 영어강사」, 『세계일보』, 2001년 3월 9일, 2면.

20 김경달, 「코리안 English/(중) '찍기용 영어'로 세계화」, 『동아일보』, 2001년 3월 9일, 3면.

21 전상인, 「영어자본-영어권력 시대」, 『문화일보』, 2001년 3월 19일, 6면.

22 조진수, 「[여론마당] '묻지마 영어 투자' 나라 망친나」, 『동아일보』, 2001년 4월 10일, 5면.

23 마태운, 「국 · 영문 '퓨전시대' /(하) '국가적 열풍' 바람직한가」, 『문화일보』, 2001년 7월 11일, 3면.

24 마태운, 「국 · 영문 '퓨전시대' /(상) 일상에 범람하는 영어」, 『문화일보』, 2001년 7월 9일, 3면.

25 윤민용, 「'외화보기' 동호회 열풍 – '미국 사람들 이럴 때 웃는다'」, 『경향신문』, 2001년 9월 4일, 30면. 미드 열풍은 2006년 〈프리즌 브레이크〉의 주인공 웬트워스 밀러가 '석호필'이라는 애칭을 얻고 국내 대기업의 광고 모델로 등장하면서 정점에 이르렀다. 이 열풍은 회원 수 12만 명의 대형 미드 인터넷 클럽 '드라마 24'와 20만 명의 〈프리즌 브레이크〉 팬클럽의 결성으로까지 이어졌다. 케이블 TV를 거쳐 KBS · MBC · SBS 등 지상파 TV 3사도 미드 특수를 즐겼다. 이로 인해 해외 드라마 수입이 크게 늘었다. 이나리, 「케이블 시청률 부러웠나…지상파도 '미드' 열풍」, 『중앙일보』, 2007년 8월 26일.

26 유성식 외, 「포커스/영어! 영어! 영어!…요람에서 무덤까지 '영어 스트레스'」, 『한국일보』, 2001년 10월 23일, 33면.

27 김진각, 「포커스/영어! 영어! 영어!…영어 강박증의 원인은?」, 『한국일보』, 2001년 10월 23일, 33면.

28 김상훈, 「유아 원어민 과외 '열풍'」, 『문화일보』, 2001년 12월 21일, 31면.

29 조현철, 「있는 집 아이만 골라 뽑고 중국·일본어까지 교육, 강남 '귀족 유치원' 열풍」, 『경향신문』, 2001년 12월 20일, 27면.

30 홍성철·오남석·강연곤, 「'강남공화국' (2) 私교육 1번지」, 『문화일보』, 2002년 1월 11일, 1면.

31 주우진, 「조기 영어교육은 시장원리」, 『문화일보』, 2002년 1월 14일, 6면.

32 한학성, 「영어 열풍 이렇게 본다」, 『동아일보』, 2002년 2월 5일, 21면.

33 복거일, 「영어 열풍 이렇게 본다」, 『동아일보』, 2002년 2월 5일, 21면.

34 김영명, 『우리 눈으로 본 세계화와 민족주의』(오름, 2002), 108~109쪽.

35 박용 외, 「[영어 열풍의 허와 실] (1) 영어 학습 백태」, 『동아일보』, 2002년 2월 5일, 21면.

36 홍성철, 「영어권國, '한국 학생 잡아라'」, 『문화일보』, 2002년 3월 20일, 31면.

37 남혁상, 「엉터리 외국인 강사 '영어 열풍' 타고 판쳐」, 『국민일보』, 2002년 3월 27일, 35면.

38 하천식, 「LA타임스 "R·L 발음 잘하려 어린이들 혀 수술 성행"」, 『한국일보』, 2002년 4월 2일, 31면.

39 「"한국 영어 배우기 국가적 종교 방불"…LA타임스 "이상 열기" 보도」, 『국민일보』, 2002년 4월 1일, 31면.

40 노동일, 「영어 발음 때문에 혀 수술을?」, 『국민일보』, 2002년 4월 2일, 6면.

41 박병수, 「영어 조기교육 '광풍'」, 『경향신문』, 2002년 4월 9일, 7면.

42 김영화, 「학술지 『안과 밖』서 진단 "영어 열풍은 억압서 비롯된 병증"」, 『한국일보』, 2002년 5월 14일, 19면.

43 윤지관, 「영어의 억압, 그 기원과 구조」, 『안과 밖』, 제12호(2002년 상반기), 12쪽.

44 이보연, 「'2주간 550만 원' 호화판 美 어학 연수 내놔/야후코리아 '물의' 초중등생 대상 프로그램」, 『세계일보』, 2002년 5월 21일, 11면.

45 김정곤, 「키즈클럽 편코리아·원더랜드·스와튼·LCI·ECC·키즈헤럴드/6개 유아 영어 학원 거짓 광고 적발」, 『한겨레』, 2002년 9월 6일, 8면.

46 우승현, 「초중고생 토익 '이상열풍'」, 『문화일보』, 2002년 10월 11일, 31면.

47 김진각, 「초등생에 "토익 브리지" 열풍」, 『한국일보』, 2003년 3월 26일, 21면.

48 김영석·하윤해, 「세태기획/미니 토익 '토익 브리지' 열풍」, 『국민일보』, 2002년 9월 23일, 27면.

49 우승현, 「초중고생 토익 '이상열풍'」, 『문화일보』, 2002년 10월 11일, 31면.

50 조인직, 「영어 찍기 과외 열풍…대입 수시 모집 어학 특기생 제도 변질」, 『동아일보』, 2002년 10

월 24일, 31면.

제6장 영어, 정치와 유착하다

1 「"영어 위해 한국 어린이 혀 수술" AP통신 실태 보도」, 『세계일보』, 2004년 1월 3일, 7면.

2 남경현, 「메트로 쟁점/지자체 영어캠프 개설」, 『동아일보』, 2003년 12월 9일, 25면.

3 김영석·박진주·이경희, 「지자체 "영어마을" 조성 열풍…찬성·우려 교차」, 『세계일보』, 2004년
  9월 18일, 8면.

4 허윤, 「초등생도 영어시험(PELT·EEPA·TOEIC) 열풍…조기학습 '이상과열'」, 『국민일보』,
  2004년 10월 21일, 8면.

5 박동수, 「영어교육 혁명」, 『국민일보』, 2004년 12월 20일, 27면.

6 허윤, 「TOEIC 광풍시대」, 『국민일보』, 2004년 12월 13일, 1면.

7 김경수, 「한국은 세계의 '봉' 인가」, 『경향신문』, 2005년 3월 19일, 23면.

8 김남중, 「수준 낮은 외국인 강사 "한국 자존심 손상" 울분」, 『국민일보』, 2005년 2월 21일, 24면.

9 조호연, 「영어 광풍」, 『경향신문』, 2005년 4월 13일, 30면.

10 「경세특구 영어 공용 신중히 접근해야(사설)」, 『한국일보』, 2005년 10월 22일, 27면.

11 이인철, 「초등 1학년부터 영어 가르친다…교육부 하반기 시범교육」, 『동아일보』, 2006년 1월 12
  일, 2면.

12 오창민·김정섭, 「영어 조기교육에 '우르르', 2008학년부터 초등 1학년생도 의무수업 한다는
  데」, 『경향신문』, 2006년 1월 18일, 8면.

13 권혜숙, 「초등학생 영어능력시험 과열…사교육 방지대책 전혀 효과 없어」, 『국민일보』, 2006년
  2월 16일, 1면.

14 고재학 외, 「영어가 권력이다/(上) 신분과 계급을 결정」, 『한국일보』, 2006년 3월 6일, 6면.

15 한승주, 「1만 5,548시간 2148만 원…MBC 스페셜 '2006, 대한민국 영어보고서'」, 『국민일보』,
  2006년 5월 19일, 16면.

16 「영어 배우기 열풍 허와 실 'MBC스페셜' 현황·문제점 살펴」, 『경향신문』, 2006년 5월 18일,
  29면.

17 김동훈 · 황준범, 「선택 5 · 31 광역단체장 공약 따져보니/너도나도 '영어마을', 앞다퉈서 '국제 행사'」, 『한겨레』, 2006년 5월 20일, 5면.

18 김이삭, 「토플 대란」, 『한국일보』, 2006년 6월 10일, 12면.

19 허미경, 「서울대 '공인 영어시험 점수' 참고키로/일반 전형에 토익 반영? 불붙은 시장에 기름붓기」, 『한겨레』, 2006년 9월 12일, 3면.

20 홍진수, 「公교육마저 덮친 '영어 광풍', 사립 초등학교 한 달 500만 원 '귀족 연수'」, 『경향신문』, 2006년 9월 15일, 1면.

21 박창섭, 「'영어인증시험 열풍' 유치원생까지 덮쳐」, 『한겨레』, 2007년 1월 6일, 2면.

22 임지선 외, 「강남 일대 조기 영어교육 열풍 "수업료 아깝잖다" 年 1800만 원 '명품 유치원'」, 『경향신문』, 2007년 2월 28일, 8면.

23 장원주, 「"영어전쟁서 살아남으려면…" 식지 않는 캐나다 유학 열풍」, 『세계일보』, 2007년 3월 26일, 10면.

24 이윤주, 「기자메모: '토플 대란' 당하고도 목매는 교육 현실」, 『경향신문』, 2007년 4월 14일, 2면.

25 김기태, 「ETS "6월 특별시험"…'토플대란' 진정됐지만/미 '선처'에 울고 웃는 '영어 광풍'」, 『한겨레』, 2007년 4월 17일, 1면.

26 엄기영, 「'영어에 홀린 한국' 나홀로 출국 초등생 올 4500명 사상 최대」, 『국민일보』, 2007년 7월 19일, 7면.

27 이영미, 「미국 교과서 학습 열풍 거세다」, 『국민일보』, 2007년 9월 5일, 20면.

28 노현웅 · 이재휘, 「학생 "수업 질 불만" 속 대학 "영어 강의 확대"/독 · 불어권 전공자에 영어 강의 떠맡기기도」, 『한겨레』, 2007년 8월 24일, 10면.

29 「영어도 강의도 놓치는 대학 영어 강의 붐(사설)」, 『경향신문』, 2007년 10월 9일, 31면.

30 강병한, 「"영어 숭배는 新사대주의…" 서울大 이준구 교수 '쓴소리'」, 『경향신문』, 2007년 10월 12일.

31 박원기 · 김혜경, 「"맞아가며 공부해도 영어만 는다면…": '스파르타식 학원 성황' 성인 영어 스트레스 이 정도까지」, 『한국일보』, 2007년 10월 30일.

32 박원기, 「직장인 64% "영어 때문에 괴로워"」, 『한국일보』, 2007년 10월 30일.

33 황대진 · 김봉기, 「"영어교육은 국가가 책임" 모처럼 이심정심(李心鄭心)」, 『조선일보』, 2007년 11월 1일.

34 김영환, 「[왜냐면] 영어 사교육 부추기는 빗나간 대선공약」, 『한겨레』, 2007년 12월 7일.

35 강경희, 「영어, 나라가 책임져!」, 『조선일보』, 2008년 1월 3일.

제7장 '영어 망국론'이 등장하다

1 「영어로 회의하는 '똥판지' 서초구청(사설)」, 『한국일보』, 2007년 12월 28일.

2 설원태, 「[미디어 돋보기] 우리말 누가 오염시키나」, 『경향신문』, 2008년 1월 7일.

3 김이삭·이현정, 「[새 정부 대입자율화 긴급점검] (3) 영어 교육 강화 방안의 허와 실」, 『한국일보』, 2008년 1월 26일, 6면.

4 강홍준·배노필, 「"영어 잘하면 군대 안 간다"」, 『중앙일보』, 2008년 1월 29일.

5 권태선, 「영어는 만능이 아니다」, 『한겨레』, 2008년 1월 30일.

6 노현웅, 「"영어 숭배 정책 당장 폐기하라": 14개 사회단체, 인수위에 촉구」, 『한겨레』, 2008년 1월 31일.

7 최원형, 「학부모 영어반 '맘스터디' 까지…사교육 강박증」, 『한겨레』, 2008년 1월 31일.

8 박지훈, 「'너무 나간' 인수위원장」, 『국민일보』, 2008년 2월 1일.

9 김홍숙, 「[삶의 창] 영어, 영어, 영어!」, 『한겨레』, 2008년 2월 2일.

10 김일승, 「'오륀지' 면 영어 발음 문제 해결되나?」, 『한겨레』, 2008년 2월 6일.

11 김순덕, 「영어라는 이름의 '글로벌 사다리'」, 『동아일보』, 2008년 2월 1일.

12 김대중, 「'신해철' 인가, '박진영' 인가」, 『조선일보』, 2008년 2월 11일.

13 박노자, 「'영어 제국', 종말이 온다」, 『한겨레』, 2008년 2월 19일.

14 황춘화, 「인수위 교육정책 발표 뒤 사교육 과열/영어 학원 대기자 수십 명 몇 달씩 기다려 '입반시험'」, 『한겨레』, 2008년 2월 25일, 10면.

15 유희진·박수정, 「설익은 영어몰입…유치원까지 '광풍'」, 『경향신문』, 2008년 2월 26일, 9면.

16 유성보 외, 「무턱대고 '영어몰입' 전국이 몸살」, 『경향신문』, 2008년 3월 6일.

17 강성만, 「영어 광풍 사회에 몰입교육은 '오발탄' /한글문화연대 주최로 내일 토론회」, 『한겨레』, 2008년 3월 12일, 24면.

18 한동철·이화종, 「유치원생까지…영어 자격 시험 열풍」, 『문화일보』, 2008년 3월 24일, 9면.

19 최현준, 「한글도 못 뗐는데 영어 유치원으로…」, 『한겨레』, 2008년 4월 3일.

20 모규엽, 「'영어熱病' 도지나 새 정부 교육정책 영향 해외 연수 급증」, 『국민일보』, 2008년 4월 22일, 1면.

21 송창석, 「아파트 영어마을 '교습소' 수준/영어 광풍 업고 '분양 미끼 상품' 남발」, 『한겨레』, 2008년 4월 24일, 3면.

22 임현주, 「"美 가을 학기 신청 2월에 벌써 끝"−李 정부 이후 거세진 조기 유학 열풍 현장」, 『경향신문』, 2008년 4월 28일, 10면.

23 한동철, 「등록금 2000만 원에 학력 인정도 안되는데… '영어몰입 대안학교' 속속 등장」, 『문화일보』, 2008년 6월 5일, 8면.

24 조성돈, 「영어 망국론」, 『국민일보』, 2008년 4월 24일.

25 강철원, 「[기자의 눈] 영어가 뭐길래」, 『한국일보』, 2008년 6월 16일.

26 임지선, 「사교육 시장만 배불린 '아린지' 외국 자본 600억 원 투자 유치」, 『경향신문』, 2008년 7월 4일.

27 조국현, 「June · July도 구분 못하는 아랍계 '짝퉁' 영어 강사 6명 검거」, 『국민일보』, 2008년 7월 10일.

28 임현주, 「유치원 · 초등생 '태글리시 · 피글리시 학원' 열풍−영어 광풍에 예 · 체능 들러리」, 『경향신문』, 2008년 7월 19일, 9면.

29 조민진 · 임정환, 「돈 주고 '외친' 만들기…빗나간 영어 열풍」, 『문화일보』, 2008년 8월 19일, 8면.

30 이용균 · 임아영, 「외국인 강사 4만 명 시대/동네 학원도 '원어민 필수'…"한국은 기회의 땅"」, 『경향신문』, 2008년 12월 10일, 13면.

31 최재목, 「英語 에 미친 나라」, 『교수신문』, 2008년 10월 28일.

32 이태무, 「외국인 학교는 '검은머리 귀족' 판?: 내국인 비율 최고 60%…등록금 年 1000만 원 훌쩍」, 『한국일보』, 2008년 11월 14일.

33 이대혁, 「美軍 학교 보내려…맹모도 기막힌 '入養지교' : 美8군 고교 한국계가 30%…"친부모 집서 등교"」, 『한국일보』, 2009년 2월 12일.

34 조민진, 「토익 응시 지난해 첫 200만 명 돌파」, 『문화일보』, 2009년 2월 9일, 10면.

35 선근형 · 임지선, 「복지예산 깎아 영어 교육…작년 급식 지원 · 시설 등서 1941억 삭감」, 『경향신문』, 2009년 9월 10일.

36 박종성, 「[경향의 눈] 길 잃은 '오륀지' 교육」, 『경향신문』, 2009년 10월 6일.

37 김진우, 「정책 이름에 영어 범벅…정부가 '한글 파괴' 앞장」, 『경향신문』, 2009년 10월 9일.

38 배명재·김진우, 「내가 Green…투어토커…지자체, 어느 나라 사람들인가」, 『경향신문』, 2009년 10월 9일.

39 박영환, 「영어가 입에 붙은 '아륀지 정권'」, 『경향신문』, 2009년 10월 9일.

40 이인열, 「"영어가 학벌보다 낫다" 직장인들 학원 매달려」, 『조선일보』, 2010년 3월 26일.

41 강경희, 「영어에 '고문(拷問) 당하는 사회」, 『조선일보』, 2010년 3월 3일.

42 남태현, 『영어 계급사회: 누가 대한민국을 영어 광풍에 몰아 넣는가』(오월의봄, 2012), 79쪽.

43 김은남, 「전직 영어학원장의 '천기누설' 〉, 『시사IN』, 제124호(2010년 2월 1일).

44 양승식, 「"가짜 토익점수 전산조회까지 책임"」, 『조선일보』, 2010년 9월 1일.

45 김진호, 「[여적] 영어 격차」, 『경향신문』, 2012년 6월 5일.

46 이상언, 「'영어 불평등' 어찌할 것인가」, 『중앙일보』, 2012년 7월 7일.

47 오현태, 「구직자, 취업 때문에 영어 공부…토익 계급사회?」, 『세계일보』, 2012년 12월 27일.

48 최새미, 「'본분' 망각한 영어 교육, '숫자'로만 존재」, 『동아사이언스』, 2013년 12월 7일.

49 윤정아, 「6세 아이 영어 상담하니 "너무 늦었다"… '불안'을 파는 학원」, 『문화일보』, 2013년 2월 8일.

50 안석배, 「학원들의 '공포 마케팅'」, 『조선일보』, 2013년 6월 18일.

51 조성신, 「영어 교육 열풍에 덩달아 오르는 국제학교 주변 부동산 열기」, 『매일경제』, 2013년 9월 12일.

52 안성은, 「PD수첩, 영어 교육 열풍 다뤘지만 해결책 없었다」, 『매일경제』, 2013년 11월 13일.

53 김성덕, 「朴, 영어 열풍·체육계 비리 질타…귀화 안현수 거론」, 『평화방송』, 2014년 2월 13일.

54 「[사설] 영어를 하지 말라니, 교육부는 영어 계급사회 만들 건가」, 『한국경제』, 2014년 2월 13일.

55 최하은, 「[대학생 칼럼] 수능 만점 받으려 영어 공부 하나요?」, 『중앙일보』, 2014년 2월 22일.

56 「[사설] 영어 과잉 사교육에 신중한 대처를」, 『중앙일보』, 2014년 2월 17일.

57 강준만, 「왜 대학 입시 제도는 3년 10개월마다 '성형수술'을 할까?: 행동 편향」, 『감정 독재: 세상을 꿰뚫는 50가지 이론』(인물과사상사, 2013), 19~24쪽.

맺는말 영어 광풍에 너그러워지자

1 남태현, 『영어 계급사회: 누가 대한민국을 영어 광풍에 몰아 넣는가』(오월의봄, 2012), 127~129쪽.

2 이한수, 「서울대·연대·고대 사회과학 교수 86% 미국 박사」, 『조선일보』, 2005년 1월 19일, A13면.

3 신호철, 「한국 경제학계에 '한국경제' 학자 없다」, 『시사IN』, 제58호(2008년 10월 25일), 58면; 남태현, 『영어 계급사회: 누가 대한민국을 영어 광풍에 몰아 넣는가』(오월의봄, 2012), 129쪽.

4 신호철·채승희, 「도쿄대 교수, 미국 박사는 3.2%」, 『시사저널』, 2005년 1월 25일, 17면.

5 남태현, 『영어 계급사회: 누가 대한민국을 영어 광풍에 몰아 넣는가』(오월의봄, 2012), 129쪽.

6 김대호, 「한국 사회에 대한 새로운 통찰과 모색」, 사회디자인연구소 창립기념 심포지엄 '한국사회를 다시 디자인한다', 2008년 7월 12일, 국회의원회관 1층 소회의실, 28~29쪽.

7 김광수, 「외교부는 '미국 연수 중'」, 『한국일보』, 2008년 10월 4일, 2면.

8 유초하, 「감성이 지성을 재는 잣대이다」, 『문화과학』, 1997년 가을호, 136~137쪽.

9 최재목, 「'英語'에 미친 나라」, 『교수신문』, 2008년 10월 28일.

10 박노자, 「아류 제국주의 국가, 대한민국」, 『한겨레』, 2014년 1월 21일.

11 최재목, 「'英語'에 미친 나라」, 『교수신문』, 2008년 10월 28일.

12 장은교, 「1천만의 신드롬 괴물」, 『경향신문』, 2006년 8월 10일; 노재현, 「시네마 천국 vs 스크린 지옥」, 『중앙일보』, 2006년 8월 18일.

13 윤지관 편, 『영어, 내 마음의 식민주의』(당대, 2007).

14 김영명, 「영어 열풍을 잠재우려면」, 『한국일보』, 2007년 11월 22일, 39면.

15 최새미, 「'본분' 망각한 영어 교육, '숫자'로만 존재」, 『동아사이언스』, 2013년 12월 7일.

16 이에 대해 서울대 보건대학원 조영태 교수는 "지금까지 정부는 저출산 대책 예산의 70퍼센트를 보육 환경 개선에 집중해왔는데, 이게 먹혀들지 않고 있다"고 진단했다. 이지혜·이동휘, 「한국에 몰려오는 저출산 후폭풍] 한국, 13년째 출산율 1.3명 못 넘긴 세계 유일한 나라(OECD가입국 기준)」, 『조선일보』, 2014년 2월 28일. 기존 입시 전쟁과 영어 전쟁의 양상이 바뀌지 않으면 아무리 보육 환경 개선을 한다 해도 저출산 기조는 바뀌지 않을 것이다.

17 이범, 「영어 교육, 진보의 콤플렉스를 깨라」, 『한겨레』, 2013년 12월 26일. 이범은 '진보의 콤플렉스'를 깬 성공 사례를 이렇게 제시한다. "제주도에 이석문이라는 교육의원이 있다. 내가 오륙 년 전부터 그를 눈여겨봐온 것은 그가 '영어'와 '진보'의 함수관계를 풀어갈 실마리를 보여주었

기 때문이다. 그는 해직교사 출신이자 전교조 제주지부장이라는 타이틀에 얽매이지 않고, 자신의 영어 교육 원칙에 동의하는 학생과 학부모를 모아 '들엄시민'이라는 대안적 영어 교육 모임을 운영했다. 그리고 경쟁과 평가에 매달리지 않는 저비용·고효율 영어 교육 방법으로 아이와 부모를 모두 만족시키는 영어 교육에 성공하였다. 최근에 이러한 경험담을 담은 『듣고, 즐기고, 소통하자』라는 책을 펴내기도 했다."

18 권혁철, 「나의 사교육 투항기」, 『한겨레』, 2014년 2월 26일.

19 정운찬은 서울대 총장 시절인 2005년 1월 "현재 서울대는 학부생 2만 1,000명에 대학원생이 1만 1,000명가량 됩니다. 전체 3만 2,000명인데, 아주 많은 것이죠. 이것은 하버드대의 2배, 예일대의 3배, 프린스턴대의 5배입니다"라고 말했다. 그는 인구 2억 8,000만 명인 미국의 상위 10개 대학의 총 졸업생이 매년 1만 명에 불과한데 인구 4,700만 명인 한국에서는 SKY에서만 1만 5,000명의 졸업생이 나온다고 지적하면서, 형평성·효율적인 학교 운영·연구와 교육의 질 등을 위해 SKY의 정원 대폭 감축이 필요하다고 주장했다.

20 온형주, 「서울대 학부·대학원 축소 발언 파문」, 『한국대학신문』, 2003년 11월 3일, 11면.

21 성지훈, 「[왜냐면] 스카이대 소수 정예주의는 답 아니다」, 『한겨레』, 2008년 10월 16일. 이 글은 강준만, 「사교육 착취 시스템」, 『한겨레』, 2008년 10월 13일, 26면에 대한 반론이다.

22 강준만, 『오버하는 사회』(인물과사상사, 2003), 150쪽.

23 박거용, 『350만의 배움터 한국대학의 현실: 신자유주의 교육정책 비판』(문화과학사, 2005), 205쪽.

24 김기수, 『아직 과외를 그만두지 마라』(민음사, 1997), 285쪽.

25 Saul D. Alinsky, 「Afterword to the Vintage Edition」, 『Reveille for Radicals』(New York: Vintage Books, 1946/1989), pp.224~225.

26 김종엽, 「그들이 평준화를 싫어하는 이유」, 『한겨레』, 2003년 10월 17일, 8면.

27 김용일, 「고교평준화 논쟁의 정치적 의미」, 『역사비평』, 제67호(2004년 여름), 86~101쪽.

28 이와 관련, 서울시립병원 정형외과 전문의 김현정은 이렇게 말한다. "친한 의대 교수를 만나 의료계 이슈를 놓고 얘기하던 중, 왜 생각이 있으면서도 평소 학회에 가선 아무 말 안 하고 가만히 있냐고 물은 적이 있었다. '루저로 보일까봐….' 그의 대답이다. 그 솔직함에 나는 그만 웃음이 빵 터지고 말았다. 의료계 자성이 필요하다는 것에는 완전 동감이지만 그런 얘기를 함부로 떠들다가 사람들이 자기를 루저로 보면 어떡하냐는 것이다." 김현정, 「루저로 보일까봐…」, 『한겨레』, 2014년 2월 27일.

29 허행량, 「중앙지 편집국장 영남·서울대·법대 출신 주류」, 『미디어오늘』, 2000년 8월 24일, 6면.

30 박홍기·김재천, 『학벌리포트』(더북, 2003), 51쪽.

31 『언론노보』, 1993년 12월 11일, 3면.

32 박홍기·김재천, 『학벌리포트』(더북, 2003), 52쪽.

33 김동훈, 『한국의 학벌, 또 하나의 카스트인가』(책세상, 2001), 165쪽.

34 박홍기·김재천, 『학벌리포트』(더북, 2003), 52쪽.

35 「'한국의 오바마'를 길러낼 대입제도(사설)」, 『한겨레』, 2008년 11월 7일, 27면.

36 하재근, 『서울대학교 학생선발지침』(포럼, 2008), 249쪽.

37 전상인, 「대통령, 길 위에서 길을 잃다」, 『동아일보』, 2008년 6월 18일.

38 이종오, 『한국의 개혁과 민주주의』(나남출판, 2000), 93쪽.

한국인과 영어

ⓒ 강준만, 2014

초판 1쇄 2014년 4월 10일 찍음
초판 1쇄 2014년 4월 16일 펴냄

지은이 | 강준만
펴낸이 | 강준우
기획 · 편집 | 박상문, 안재영, 박지석, 김환표
디자인 | 이은혜, 최진영
마케팅 | 이태준, 박상철
인쇄 · 제본 | 대정인쇄공사

펴낸곳 | 인물과사상사
출판등록 | 제17-204호 1998년 3월 11일

주소 | (121-839) 서울시 마포구 서교동 392-4 삼양E&R빌딩 2층
전화 | 02-325-6364
팩스 | 02-474-1413
www.inmul.co.kr | insa@inmul.co.kr

ISBN 978-89-5906-254-6 03300
값 14,000원

이 도서의 국립중앙도서관 출판시도서목록(CIP)은 서지정보유통지원시스템 홈페이지(http://seoji.nl.go.kr)와
국가자료공동목록시스템(http://www.nl.go.kr/kolisnet)에서 이용하실 수 있습니다.
(CIP제어번호: CIP2014010709)